高等学校财务工作质量保证体系研究

李文豪 著

武汉大学出版社

图书在版编目(CIP)数据

高等学校财务工作质量保证体系研究/李文豪著.—武汉:武汉大学
出版社,2014.4
ISBN 978-7-307-12732-6

Ⅰ.高…　Ⅱ.李…　Ⅲ.高等学校—财务管理—研究—中国
Ⅳ.G647.5

中国版本图书馆CIP数据核字(2014)第004214号

责任编辑:陈　红　　责任校对:鄢春梅　　版式设计:马　佳

出版发行:**武汉大学出版社**　　(430072　武昌　珞珈山)
　　　　(电子邮件:cbs22@whu.edu.cn 网址:www.wdp.com.cn)
印刷:武汉中远印务有限公司
开本:720×1000　1/16　印张:25.75　　字数:369千字　插页:1
版次:2014年4月第1版　　2014年4月第1次印刷
ISBN 978-7-307-12732-6　　定价:54.00元

前　　言

　　随着我国改革开放的深入，国民经济得到了迅猛的发展，高等学校进入了快速发展的时期，截至 2011 年全国高等学校约 2200 所，普通在校生约 2500 万人，高等教育实现了从精英教育向大众教育的跨越发展。随着招生规模的扩张，高等学校的收支规模大幅度增加，资金需求规模不断扩大，规模大的大学的年收入高达几十亿元，相当于一个中小城市的财政收入，加强高等学校的财务工作显得举足轻重。

　　关于高等学校的财务工作，一方面要加强财务管理，合理地配置资源，提高资金使用效率，另一方面要扩大教育经费来源，推动高等学校的发展。高等学校日益复杂的经济活动，巨大的资金供求压力，导致财务管理任务十分繁重。而国家实施公共财政政策，推行了部门预算、收支分类、国库集中收付制度、政府集中采购等一系列的改革，使高等学校的财务工作更加难以适从。高等学校的财务工作质量得不到保证，财务工作质量保证体系存在严重的缺陷，导致高等学校的财务工作出现了很多的问题。

　　高等学校的财务工作存在的突出问题主要包括：一是预算管理责任不清、管理乏力，预算缺乏刚性和执行力，预算不能全面反映学校的经济活动，学校综合预算与公共财政下达的部门预算要求不符，缺乏资金使用绩效评价；二是在收支管理不规范，乱收费、"小金库"、重大项目支出决策失误、人员经费支出占总支出比例偏高、经费支出绩效欠佳。可见，加强高等学校的财务管理，提高高等学校财务工作水平刻不容缓。

　　必须建立健全高等学校财务工作质量保证体系，强化高等学校财务管理的组织建设和制度建设，使高等学校的财务工作在规定的框架内，健康、高效地运行，才能实现规范校内财务行为，加强财务管理，提高资金使用效益，使财务工作更好地为教学、科研工作服务，完成学校事业改革与发展的财务工作目标。

本书试图从高等学校财务工作的组织建设和制度建设入手，全方位地对高等学校财务工作进行绩效分析和理论探讨，以便找到高等学校财务工作质量保证的关键环节。笔者认为高等学校财务工作存在的问题，归根结底是人的问题和办事制度的问题，也即组织建设和制度建设的问题。高等学校的组织建设是以人为本，建立健全一套符合高等学校发展实际的高效能的财务管理体制，并按体制和机构设置配备财务管理人员，形成一个强有力的财务管理组织架构；而制度建设是管理制度的重要组成部分，完善、有效的财务制度体系能规范、约束学校的财务收支行为，提高资源配置效率，为学校的健康、持续发展提供保障。

全书共分十六章，主要框架结构为：第一章，绪论；第二章，高等学校财务工作质量保证体系的组织建设保证；第三章，高等学校财务工作的岗位责任制；第四章，高等学校财务制度体系的建设；第五章，高等学校财务制度建设的基本理论；第六章，国家及主管部门财务法律法规的质量保证；第七章，高等学校财务管理的经济责任制；第八章，高等学校的预算管理；第九章，建立健全收入管理财务制度的质量保证；第十章，支出管理的质量保证；第十一章，高等学校资产及负债管理的质量保证；第十二章，会计电算化财务制度的质量保证；第十三章，高等学校内部会计控制的质量保证；第十四章，高等学校财务监督的质量保证；第十五章，高等学校内部非财务制度的财务工作质量保证；第十六章，高等学校财务工作质量保证体系的评价。

笔者发现，涉及高等学校财务工作领域的研究很少，系统研究高等学校财务工作质量保证体系的研究更少，本书填补了这方面的空白。这对于加强高等学校的财务工作，特别是提高高等学校的财务工作质量，将起到积极和显著的作用。

由于笔者的理论水平有限，书中部分章节的文字还未提升到理论的层次，个别地方出现土话或口语化的现象，恳请见谅。

李文豪

2013 年 8 月

目　　录

第一章 绪 论

第一节 高等学校财务工作的基本概念

一、高等学校财务管理

(一) 高等学校财务管理的概念

高等学校财务管理是指高等学校为完成人才培养、科学研究等的整体目标而对资产购置（投资），资本融通（筹资）、现金流量（营运资金）与收入结余分配的管理。财务管理是高等学校管理的一个重要组成部分，它是根据财经法规制度，按照财务管理的原则，组织高等学校的财务活动，处理财务关系的一项经济管理活动。

(二) 高等学校财务管理的基本原则

1. 遵循法规原则

高等学校财务管理必须遵循法规、遵纪守法，全面贯彻执行国家有关法律、法规和财务规章制度，坚持勤俭办学的方针。

2. 效益性原则

高等学校财务管理应正确处理事业发展与资金供给的关系，社会效益与经济效益的关系，国家、学校、校内各单位及个人利益的关系，以确保高等教育事业健康快速发展。

3. 合理配置资源原则

随着社会主义市场经济体制的逐步建立，高等学校由政府机关的附属机构转化为面向社会自主办学的法人实体，高等学校财务管理也由计划经济财务制度向新型的市场经济财务制度过渡，资源分配的财务制度向资源效用优化的财务制度转型。

二、高等学校会计核算

(一) 高等学校会计核算的概念

高等学校会计核算是以货币为主要量度，对高等学校教学科研等活动或预算执行的过程与结果进行连续、系统的记录，定期编制会计报表，形成一系列财务、成本指标，据以考核目标或计划的完成情况，为管理层提供可靠的信息和资料。

(二) 高等学校会计核算的基本方法

主要有设置账户和账簿、复式记录、填制和审核凭证、登记账簿、成本计算、财产清查和编制会计报表等。

(三) 高等学校会计核算的基本特点

1. 以货币为主要计量尺度，具有综合性

会计核算要反映和监督会计核算内容，就需要运用多种计量尺度，包括实物尺度、劳动尺度和货币尺度。实物尺度和劳动尺度能够具体反映各项财产、物资的增减变动和生产过程中的劳动消耗，对核算和经济管理都是必要的，但这两种尺度都不能综合反映会计的内容，而综合是会计的一个主要特点。会计以货币作为综合计量尺度，通过会计的记录就可以全面、系统地反映和监督高等学校的财务收支、教学科研过程中的劳动消耗和成果，并计算出最终财务成果。

2. 会计核算具有完整性、连续性和系统性

会计对经济业务的核算必须是完整、连续和系统的。所谓完整是指会计核算对属于会计内容的全部经济业务都必须加以记录，不允许遗漏其中的任何一项。所谓连续是指对各种经济业务应按其发生的时间，顺序地、不间断地进行记录和核算。所谓系统是指对各种经济业务要进行分类核算和综合核算，并对会计资料进行加工整理，以取得系统的会计信息。

3. 会计核算要以凭证为依据，并严格遵循会计规范

会计记录和会计信息讲求真实性和可靠性，这就要求高等学校发生的一切经济业务，都必须取得或填制合法的凭证，以凭证为依

据进行核算。在会计核算的各个阶段都必须严格遵循会计规范，包括会计准则和会计制度，以保证会计记录和会计信息的真实性、可靠性和一致性。

三、高等学校财务工作

高等学校财务工作是学校整体工作的重要组成部分，包括财务管理和会计核算两大部分。

（一）财务管理工作的主要任务

建立健全财务管理规章制度和内部会计控制制度，规范校内经济秩序；对校内各项经济活动的合法性、合理性、有效性进行监督；合理编制学校财务预算，对预算执行过程进行有效控制管理；依法积极组织收入，依法多渠道筹集事业资金；科学配置学校资源，努力节约支出，杜绝浪费，提高资金使用效益；加强资产管理，防止国有资产流失；认真做好会计信息处理工作，如实反映学校财务状况。

（二）会计核算工作的主要任务

针对高等学校的经济业务特点，理顺国库集中支付、政府收支分类、部门预算、工资津补贴、国有资产管理的会计核算制度，建立健全会计科目的设置、预算会计科目设置，提供绩效评价需要的财务信息和预算管理需要的预算收支信息，进一步规范高等学校财务报表包括资产负债表、收入费用表、预算收支表、基建投资表及报表附注等制度。

四、高等学校财务工作质量保证体系建设

高等学校财务工作质量保证体系的建设包括组织建设和制度建设两大方面，首先必须弄清楚下面几个概念。

（一）组织建设方面的概念

1. 财务管理体制的概念

高等学校财务管理体制是指划分高等学校财务管理方面的权责利关系的一种制度，是财务关系的具体表现形式。高等学校财务管理体制是明确高等学校内部各财务层级的财务权限、责任和利益的

3

制度，其核心是配置财务资源，它对高等学校的财务收支行为起着推动、规范和导向作用，是高等学校内部为实现学校整体目标而制定的经济责任制。

2. 财务组织机构的概念

财务组织机构就是按照高等学校财务管理目标，结合高等学校的实际规模，依据分工合理、权责明确原则而建立的相互联系、相互制约的财务组织结构。

3. 财务岗位责任制的概念

财务岗位责任制是根据各个工作岗位的工作性质和业务特点，明确规定其职责、权限，并按照规定的工作标准进行考核及奖惩而建立起来的制度。具体而言就是规范岗位设置、明确岗位职责、强化岗位职责检查、实施岗位责任制考核奖罚的制度。

（二）制度建设方面的概念

1. 高等学校财务制度的概念

高等学校财务制度是根据《中华人民共和国会计法》和《高等学校财务制度》、《高等学校会计制度》等国家统一会计制度的规定，结合高等学校的实际和管理需要而建立的内部财务管理制度。财务制度包括财务管理制度和会计核算制度。

（1）高等学校财务管理方面的制度

高等学校财务管理方面的制度，是关于处理高等学校财务管理工作的规则、规范与程序。它是为实现高等学校教学科研目标，规范财务收支行为，强化财务管理的一种手段，是党和国家财经工作方针、政策及有关法律，法令规章的具体体现，是我国法制建设的重要组成部分。

高等学校主要的财务管理制度包括：财务计划和财务决算方面的制度、预算管理制度、基建财务管理制度、收费标准管理制度、费用开支标准管理制度、财产物资管理制度、工资基金管理制度、资金结算管理制度、收据和发票管理制度和会计档案管理制度。

（2）高等学校会计核算方面的制度

高等学校会计核算方面的制度是指规范收支核算等相关制度的总称。应针对高等学校的业务特点，理顺国库集中支付、政府收支分类、部门预算、工资津补贴、国有资产管理的会计核算制度，建立健全会计科目的设置，提供绩效评价需要的财务信息和预算管理需要的预算收支信息，进一步规范高等学校财务报表包括资产负债表、收入费用表、预算收支表、基建投资表及报表附注等制度。

高等学校主要的会计核算制度包括：款项和有价证券的收付制度、财物的收发、增减和使用制度、债权债务的发生和结算制度、资本和基金的增减核算制度、收入、支出、费用、成本的核算制度和财务成果的计算和处理制度。

2. 高等学校财务制度体系的概念

高等学校的财务制度体系是财务制度的总称，是为满足管理需要所涉及和涵盖的所有财务制度的总和。高等学校应当建立内部财务制度管理体系。主要内容包括：单位领导人、总会计师对会计工作的领导职责；会计部门及其会计机构负责人、会计主管人员的职责、权限；会计部门与其他职能部门的关系；会计核算的组织形式等。

第二节　高等学校财务工作质量保证体系的缺陷

由于各方面的原因，高等学校财务工作长期不被重视，财务工作的组织建设和制度建设明显滞后于国家高等教育的发展，高等学校财务工作质量保证体系不健全，存在这样或那样的缺陷。

一、组织建设方面的缺陷

（一）高等学校领导机制的缺陷

1. 缺乏具有财务会计专业背景的校领导

凡未配置总会计师的高等学校，由副校长分管财务工作，大部分副校长不是从事财务出身的，不具备财务会计专业化领导素质，这是高等学校财务工作的硬伤。《高等学校财务制度》第6条明确规定："符合条件的高等学校，应设置总会计师，协助校（院）长全面领导学校的财务工作。"但据统计，教育部所属76所高等学校中，原来仅吉林大学1所设置了总会计师，最近有8所部属高等学校公开招聘总会计师；地方公办大学 2000 余所，设置副校级总会计师 11 人，虽有陆续配备的趋势，政府也出台了多种文件强调在高等学校必须设置总会计师，但实际状况是总会计师的设置并未落到实处，这削弱了高等学校财务工作的专业化领导。随着学校办学规模扩大、经济业务的日益复杂，各大学财经活动面临的风险加大。一些重大财经活动对于高等学校可能是攸关生存的，对财经领导专业化要求提升，由主管财务工作的校（院）长代行总会计师职权的模式难以适应高等学校财经工作的领导要求。

2. 总会计师的地位与作用未被重视

高等学校财务领导体制是，作为法人代表的校（院）长不仅是学校各项日常工作的总负责人，同时也负责领导学校的各项财经工作。虽然政府以及相关主管部门在各种相关政策、法规、制度中提出设立总会计师，协助校长领导学校财经工作，但是总会计师的地位与作用仍然处于被忽视状态。在高等学校的校领导当中，总会计师一般是排名最末位的，他们的地位比较低，很难发挥其应有的作用。

（二）财务工作管理运行机制的缺陷

1. 财务处未切实履行统一管理高等学校财经工作的职能

大部分高等学校设立了二级财务部门，二级财务部门有相对独立的财会核算权力，但是要接受财务处的统一领导。在实际工作中，由于各个部门拥有资源的使用权，因而形成部门利益，导致学校财务处只发挥了预算控制、会计核算、现金出纳等"小财务"的职能。对后勤、基建、校办产业等部门的财务活动缺乏行之有效的管理，对全校的财经活动不能有效地管理和监控。改革开放后，中国大多数高等学校实行的财务管理体制为"统一领导、分级管理"。学校设置的财务处为一级财务机构，后勤、基建、校办产业等设立二级财务机构。一些学校在长期的财会管理实践中，形成了这样一种管理模式：对于二级机构，财务处只负责业务指导，行政方面的管理职权归其所在单位。二级财务机构接受双重领导的身份，导致一级财务机构对二级机构的监管作用被弱化，而二级机构为其所主管的部门所左右，形成各自为政、利益分化的局面，从而损害学校利益。现实情况显示，大部分高等学校存在各部门、各院系贫富不均的现象，甚至是"穷学校、富院系"。

2. 财务工作人员数量和质量不适应高等学校快速发展的需要

由于高等学校重视教学和科研，缺乏对财务工作足够的重视，使得作为"人才高地"的高等学校，从事财务工作的专业队伍状况相形之下却是"低谷"，低学历、低职称、低素质"三低"为老师所诟病，财务人员年龄及知识老化现象普遍，尤其是缺乏高学历、具有现代经营意识和懂得教育经济管理的高层次复合型财会人才。这是高等学校财务工作组织建设的缺陷之一。

（1）财务人员的政策业务素质偏低，影响财务工作质量的提高

财务人员应熟悉国家的财经法律、法规、规章制度和方针政策，掌握本行业的业务与财务的有关理论知识和技能。财务人员在从事财务会计管理工作中不了解，不掌握这些方面的知识和相关管理知识及实务操作技能，容易导致单位的经济管理工作陷入法律的"盲区"或"误区"，带来危险的后果。有的高等学校聘任财务人员不符合《会计基础工作规范》的要求，一些尚不具备财务从业资格的人员上了岗，他们对财经法律、准则、制度缺乏认识，因而在实务操作中往往只凭自己的意志办事，难免做出违背财经法规之事，不但害单位，害领导，也会害了自己。由于一些历史或客观的原因，财务人员的业务素质偏低，不能较好地辨别经济活动的真伪，对经济业务也缺乏敏感性和分析能力，而导致不能准确反映经济活动，所提供的财务信息失真，其执业水平严重影响了财务核算的工作质量。

（2）财务人员的政治素质偏低，法律意识淡薄

财务人员应坚持原则，做到廉洁奉公。财务人员在从事财务会计管理工作中，直接处理经济业务，其经济上的问题必然会在会计处理中反映出来。不能坚持原则，就不能揭发已经出现的问题，就不会去纠正违反财经纪律和财务会计制度的行为；没有廉洁奉公的品质，还可能犯下通同作弊的错误，甚至会走上犯罪的道路，一些财务人员政治素质差，思想境界低，不能做到清正廉洁，为个人或

小团体的利益而不顾国家的利益，缺乏正气，面对不正之风，不能坚持原则，甚至为一己私利知法犯法，侵吞公产，损害国家利益。尽管自 1992 年开始实行会计人员职称考试制度以来，在一定程度上改善了会计人员业务水平不高的状况，但在财务人员法律意识和职业道德的培养方面仍存在不足。

（3）财务人员的职业道德有待进一步提高

财务人员的职业道德水平，在很大程度上影响着他们对业务的主观判断以及对技术规范的执行，从而影响到财务工作的质量。在有些高等学校，财务人员职业道德要求与现实社会环境反差很大。职业道德要求财务人员应具有客观、公正、严谨的工作态度和工作作风，要有敢于坚持原则和勇于执法、守法、护法的责任感，但财务人员受本单位领导管理，对上级领导的一纸白条或"一支笔"签批的超标准的招待费、餐费等不符合财务制度要求的费用的报销，财务人员很难坚持原则，处于国家法规制度和单位经济利益的夹缝中。

二、制度建设方面的缺陷

（一）经济责任制度难以落到实处

随着市场经济体制的建立和高等学校管理体制改革的不断深化，新的情况和新的问题不断涌现，经济责任制度的建设已经成为刻不容缓的一项议题。随着国家以及各高等学校对于经济责任制度的关注程度逐渐加强，高等院校都制定了部门岗位经济责任制度，但在具体实施和执行过程中呈弱化状态。比如，有的学校虽然制定了岗位经济责任制度，但其规定并不具体明确，导致日常工作中出现问题后，责任人难以认定，各部门相互推诿扯皮。学校内部虽然也对各个部门的工作进行监督和考核，但是年终考核的结果往往是皆大欢喜。

（二）预算管理的缺陷

预算管理包括预算编制与审批、预算执行与控制和预算考核与评价三个环节。高效的预算管理需要科学、合理的预算编制，规范、严格的审批程序；需要建立完善的组织体系进行预算执行的监控；需要建立完善的评价与考核制度进行正确的评价。一些高等学校在预算管理方面，存在着诸多问题。

1. 预算编制存在的缺陷

（1）预算编制内容简单、粗糙

高等学校进行预算编制时，通常在既定的格式、程序以及上级审批的预算目标下，编制完成预算报表，以此结束预算编制工作，并未注重预算构成内容的合理程度，预算项目的规范与准确细化问题。如果预算的精确细化以及数量化程度不够，则难以发挥其管理调控的功能。

（2）高等学校预算编制的参与度不够

预算同时具有制约与促进两项功能，其功能的发挥仅靠财务部门的推动难以得到较好实现，需要全员的参与才能高效地实现。高等学校预算管理不只是财务部门的事。预算对于学校的各级部门不能仅限于制约功能，应该在预算目标的确定、预算编制时，兼顾学校各级部门的利益，发挥预算的促进功能，使预算在基层部门执行时有更好的效果。

（3）预算编制方法需要改进和创新

在编制预算时，高等学校一般采用"基数+增长"来分配预算经费，这种方法依据以前年度预算情况，在此基础只增不能减，既造成了部门经费的浪费，又不利于收支的合理统筹规划。应该进行编制方法的改进与创新，比如借鉴一些企业事业单位所采用的零基预算、滚动预算、绩效预算等方法。另外，高等学校只进行年度预算规划编制，缺乏中长期的规划，不利于高等学校的发展。

（4）编制方法不科学

高等学校预算经过不断的改进，具有一定的科学性和精细程度。但由于零基预算法等操作复杂，对技术层面要求比较高，加上在管理意识上对预算管理的重视不够，还有一些高等学校仍然采用增量法进行财务收支的预算编制。这一做法，是在上一年的数额之上，简单加上所预测发展要求以及预防意外因素的数额，由于其预算安排的先天不足，难以适应日益复杂的高等学校经济活动，在执行过程中问题不断，调整、追加频繁，预算管理的作用难以发挥。

（5）编制时间、周期不合理

高等学校预算编制时间短，质量难以保证。从高等学校预算编制到预算最后审批下达，整个时间一般半年左右，与年底单位会计决算、年终考核相冲突，预算时间仓促。再加上预算一般多由计财部门完成，缺乏全员参与，预算的科学性和准确性很难保证。在预算编制过程中经常出现问题，如一些项目未经过科学、充分的论证就匆匆立项；一些重点项目经费计量方面缺乏科学、详细的数据，由此导致追加经费、追加项目报告的现象屡屡出现，预算的约束严重弱化。

从编制周期来看，高等学校预算编制周期与高等学校日常工作周期存在不协调的问题。高等学校现行预算编制是以自然年度为准，从每年的1月1日到12月31日，而学校的日常工作周期是依据学年来安排的。这种不协调的情况必然给预算编制带来问题，高等学校事业收入的主要来源学费一般在当年9月份收取，其使用期限则要一直延续到下一年8月底，由此导致收入实际使用会计期间与预算核算期间的不一致。因此，一般学校要在10月份对预算进行调整。这种情况不仅给预算编制带来难度，同时也给决算、核算、监督和管理增加了难度。

（6）赤字预算

《高等学校财务制度》规定预算要做到收支平衡，不得编制赤字。然而近些年来，一方面是高等学校规模扩大，对基建等经费需求大增，一要吃饭，二要发展；另一方面是国家财政对高等学校投入经费严重不足，因此出现资金紧张，经费缺口大。为了缓解资金供需矛盾，大部分高等学校借助银行贷款来满足学校的发展需求，这一做法虽然短期内解决了资金困难，但是高等学校收入来源难以弥补偿还贷款利息与本金的支出，使高等学校出现了很大甚至是巨额的负债。负债导致学校不得不出现赤字，甚至形成赤字逐年滚动。除了显性的赤字预算外，还有隐性的预算赤字存在。尤其是专项资金，项目完成所需时间较长，不能在当年内完成，需三五年才完成。学校年度综合预算执行账面处于收支平衡状态，但是根据项目计划安排，有部分项目没有支出或者没有全部支出，需结转下年

10

使用。这些资金用于抵补当年经费超支。这一预算安排就是年度潜在赤字，它必然带来潜在的经济风险。

2. 预算执行存在的缺陷

（1）预算执行随意性大，约束力较弱

高等学校在预算管理控制中，偏重于对预算执行结果的监控，缺乏对预算执行过程中的跟进管理及监控，导致在预算执行过程中问题众多：预算分配指标到位率低，预算执行过程中出现随意追加问题，并且预算支出改变中人为因素较多。预算执行过程中人为因素频繁出现以及随意性大，在一定程度上削弱了预算的约束性以及预算资金分配的科学性、合理性，进一步加大了资金供需矛盾，甚至有可能导致重要项目因缺乏资金无法启动的现象出现。

（2）预算编制时间滞后，降低了预算的控制力度

高等学校编制预算存在一个突出问题，即预算编制时间滞后的问题。会计核算年度起止时间为 1 月到 12 月，但高等学校的预算编制通常开始于三四月份，中间还需要耗时一个月进行上报、批复，具体预算指标分配到院、系等二级部门的时间已接近第三季度。这种滞后的预算，不仅难以做到预算前瞻管理，缺乏对预算执行进程的控制，也难以具有对以后年度的指导性、参考性价值。

3. 缺乏严格的考核制度，预算管理效率低

大多数高等学校预算管理缺乏业绩考核和奖惩机制，因此难以对预算执行情况进行正确的考核及相应的奖惩。一些高等学校业务部门关注于资金的争夺，财务部门疲于各项支出的审核，而预算执行情况的考核则被忽略。然而，对于预算管理而言，对此项的忽视，必然会挫伤相关部门执行预算的积极性，导致效率低下。

4. 投资决策不科学，降低了资金的使用效率

高等学校在投资特别是基建投资之前没有进行科学的可行性论证，造成盲目投资、过度投资，甚至过度奢侈、豪华校园问题，比如造价 600 万元的超级校门，大学食堂观光电梯等。高等学校中进行此类的基建投资必然是不合理、不科学的，同时大量挤占资金，降低了高等学校资金的利用效率。高等学校在固定资产购置方面存在重复购置、随意性大等问题，存在大量闲置、浪费、损坏严重等

现象。

5. 高等学校部门预算与校内预算 "两张皮"

高等学校普遍有两套预算,一套是根据预算法编制的部门预算,需上报到教育、财政部门,经人大会议进行审议批复;另一套是根据学校实际发展需要所编制的校内预算。从理论上讲,部门预算是学校的全面预算,而校内预算是部门预算的细化与落实,然而在实际运行过程中两套预算存在很大差距,呈现两张皮的现象。部门预算一般在预算年度的前一年 10 月份开始编制,经过两上两下的预算流程,经过人大会议审批,一般到预算年度的 3 月才下达。而此时高等学校的许多经济业务已经发生,校内预算已经开始执行,作为全面预算的部门预算难以做到事前预测、事中控制,因此缺乏预算的严肃性、约束力。

6. 预算执行缺乏刚性

发达国家预算草案一经法定程序通过,立即成为具有法律效力的文件,必须严格执行。而高等学校预算,虽然强调非经法定程序不得修改,各级单位必须严格执行,但由于编制方法相对落后,缺乏科学论证、量化分析,编制的时间短,编制的周期与高等学校的工作周期不相匹配等问题存在,高等学校预算的权威性、执行刚性上有严重欠缺。预算方案批复之后,对于部门分配下来的经费不严格按照申报执行,存在项目经费挤占、挪用甚至是虚列支出等情况;在执行中还存在自作主张随意改变预算申报,预算追加频繁的状况;不能做到以收定支,年终支出超过预算支出。

(三) 高等学校财务收入制度存在的缺陷

高等学校财务管理虽然实行收支两条线,但是由于相关法律、法规、制度的不健全,在收入管理,尤其是收费方面存在一些突出问题。

(1) 一些高等学校在扩招和收费过程中出现了乱收费的现象。擅自提高标准,擅自增加收费项目。比如举办各种成人培训班、短期培训班,自行制定收费标准。

(2) 院系创收管理混乱。由于缺乏相应约束,各个院系部门利用所占有的资源,自行收费,形成 "谁有资源谁收费,谁有办法谁创收"，如医院收体检费，图书采购收回扣，体育场馆收使用费等。尤其是图书回扣的私分、截留问题。图书回扣的比例一般为15%～25%，甚至更多。如此巨额资金被不规范操作，是高等学校存在"小金库"，甚至发生腐败案件的原因之一。

（3）自收自支，坐收坐支。学校的一些部门将获得的收入自行留用，不上交到学校财务部门，或是只将收支发票相抵后的余额上缴。甚至将各种创收，不上缴，私设"小金库"。这些截留、坐收坐支、账外循环等不规范现象，导致学校收入管理混乱，为高等学校腐败的滋生，违法乱纪现象的出现提供了温床。

（四）高等学校财务支出制度存在的缺陷

1. 支出结构不合理

在教育经费支出管理中，一般认为教育经费的支出结构对教育绩效的影响很大，个人方面的经费支出会影响到教学质量，公用经费支出、基建支出会影响到教学设施的质量。高等学校教育经费支出中的人员经费支出比例不合理。受到高等学校管理行政化的影响，高等学校内部存在"重官轻学"观念，行政管理呈现人浮于事，政务繁杂、办事成本居高不下的状况。后勤等非教师人员比例过大。教育部2003年的统计表明，全国高等学校授课及科研教职工占全体教职工的比例不到35%，有的学校仅为20%。从费用支出标准看，高等学校一线教学、科研人员与行政、后勤等教辅人员工资并没有什么区别，有些学校甚至还低于行政管理人员的工资。以上种种问题导致高等学校经费支出中有助于提高教学、科研质量的经费支出比例不合理，这必然阻碍高等学校的可持续发展。

2. 科研经费使用效率低下

（1）重项目申报，轻预算编制。科研人员为了申请项目的通过所进行的预算编制通常都是凭借个人经验估计，很少进行科学论证，并合理地分配支出。这样的预算在执行中，往往存在很大的偏差，因此，在执行过程中屡屡出现预算支出未经批准调整，课题扩大开支范围等现象，导致预算失去了权威性、严肃性，造成科研经费监管困难。

（2）科研经费存在着严重的滥用现象。在科研经费的使用过

13

程中存在着大量不合理支出，甚至存在违规违纪操作。例如在报销时，通过巧立名目进行虚支冒领，而实际使用到项目的经费则很少。中国科协的调查表明，仅40%左右的科研资金用于项目本身，大量资金流失在项目之外，由此，催生了中国高等学校众多富翁。

3. 重大项目支出管理的缺陷

（1）项目支出存在管理权限不明确，多头管理、交叉管理的现象。在一些高等学校重大项目管理过程中，管理权限被分割到基建、设备、后勤，形成分块管理。管理权限的分割导致"政出多门，交叉管理"，进而导致分工不明、权责不明，因此在项目建设过程中易出现缺乏统一规划，资金使用效率低下的问题。

（2）在基建项目支出中，存在着不规范操作。随着高等学校招生规模的扩大，基建项目支出已成为高等学校的第三位大型支出，然而在建设过程中，存在诸如修改设计、增加设备、提高建设标准等问题，导致基建项目经常出现工期延长、严重超出投资预算等现象。由于基建项目管理、监控不严格，滋生出许多贪污、腐败现象。

（五）高等学校资产制度存在的缺陷

1. 管理机构设置分散，管理混乱

高等学校资产大多实行"归口管理，分类负责"的管理模式。以固定资产管理为例，财务处负责资金管理、资产价值核算，管账不管物；设备处管理设备仪器；后勤处管理校舍、家具；图书馆管理图书、杂志，形成归口管理，各负其责的管理模式。在这一模式下，一方面看似分工清晰，权责明确；另一方面缺乏统筹管理，各自为政，管理混乱。在多部门管理模式下，按权限各负其责进行管理，部门之间缺乏有效的沟通、协调渠道，再加之监督与控制不力，导致诸多问题的产生。由于缺乏统一规划，各个部门重资产购置，轻视管理，资产大量闲置；固定资产占有和使用归属职能管理部门，出于自身利益考虑，它们经常擅自处置资产，无偿利用部门资产创收、低价转让等，导致资产流失；不及时盘点、清查，导致资产管理部门对学校的家底不清；资产在使用部门已经报废，但没有及时报账以及账外资产的存在，导致账实不符。

14

2. 配套管理机制不健全

高等学校资产管理存在取得、配置、使用、处置等众多环节。目前，多数高等学校实行的是多部门分块管理，存在沟通、协调、监督、控制管理机制不完善问题，致使高等学校资产管理效率低下。在资产的形成和配置机制上，缺乏与预算管理的有效结合，缺乏全面、统筹规划，往往根据职能部门规划或者项目规划进行资产的购置，存在重复购置现象，导致资源大量闲置、资金浪费。在资产使用管理机制上，缺乏资产共享机制，导致资产部门分割，利益多元化，表现为谁占有谁有权使用谁获益的现象。有时一些院系、单位资源闲置、浪费，另一些单位的资源紧张，所以需要对于资产进行合理的整合、统筹，以提高资源使用效率。在资产控制、监督机制上，一是缺乏定期的盘点、清查、报账制度，致使资产管理部门对学校的"家底不清"，从而导致监管不力；二是缺乏完善的资产处置制度，导致资产处置时没有规范的程序和科学的方法，因此难以做到在决策阶段进行充分、科学的论证，规范的申报，在资产处置时进行正确的评估，导致资产处置随意，资产流失；三是缺乏有效的国有资产监管责任体系，高等学校资产一般归口分类管理，职能部门凭借其对资产的占有、使用对其实行管理，财务处只负责的资产的账面核查，管账与管物不能很好衔接，管理脱节。职能部门资产的具体使用效率如何、存量资产质量状况如何难以掌握并实施奖惩。在资产监管方面缺乏有效的考核、监管机制，资产增值、保值难以保证，资产流失严重。

3. 管理方法与手段滞后

随着高等学校资产规模越来越庞大，资产形式日益多元化，资产管理成为一项综合复杂的工程。要对资产进行准确的描述和科学的分析管理，科学、先进的管理方法必不可少。先进方法不仅仅表现在是否使用先进的工具，比如是否使用电脑，是否利用专用的财务软件进行管理，还表现在是否有规范、合理的流程，科学合理的指标分析体系，完善的法律保障。当前虽然从上到下一直在强调提高资产的使用效益，但是在实际中依然是"家底不清"，不能及时、准确掌握资产的总量、结构构成状况，不能确定资产的合理比

15

例，缺乏正确的评价、估算指标，难以对资产尤其是无形资产进行科学的估价，致使资产流失严重，对外投资管理效率低下，违规、违法现象时有出现。

（六）内部控制制度不健全

内部控制制度是指一个单位为了保护经济资源的安全、完整以及会计信息的真实、完整，提高经济活动效率，利用单位内分工相互制约、相互关联的关系，形成的系统的具有控制职能的方法、措施、程序的总和。内部控制制度包括两个主要组成部分，一个是会计控制，一个是管理控制。高等学校内部控制方面存在的主要缺陷有：

（1）内部控制环境不合理，不完善。高等学校内部财务管理控制，一直沿用传统习惯，重视财务计划制订，缺乏针对计划执行、资金使用效果的监控措施。财务管理监控的重视程度不够。虽然制定了一些相关的监管制度，但并没有认真贯彻执行，同时缺乏有关考核、奖惩的规章制度，高等学校管理监控效果被弱化。

（2）高等学校缺乏内部牵制制度，缺乏人员监控，尤其是管理层的监控。高等学校内部监控职能，主要是由财务、审计、监察等部门行使，监控的效果与合理的职位分工、相互制约、相互监督有直接的关系，而在高等学校中经常是一身兼多职，难以形成有效监督。

（3）监控目标不明确，缺乏成本、绩效分析制度。高等学校常见的是一方面存在严重资金不足，另一方面存在严重的资源闲置、浪费。因此，需要高等学校加强内部成本监控、资源配置监控，提高资金配置效率，从内部资金使用效率上抓起，从自身抓起。

（七）高等学校财务管理缺乏系统的评价指标

伴随着高等教育的发展，高等学校的办学规模、可控资源发生了深刻变化，社会主义市场经济的建立和发展，加快了高等学校融入社会的进程，高等学校经济活动内容日益广泛，财务风险也在不断加大，财务分析、财务决策已越来越成为高等学校财务管理的重要内容。尽管高等学校财务会计制度统一了核算口径、提供了财务分析指标，但财务分析指标没有包括事业发展速度、经济效果等方面的内容，财务分析指标不健全；同时，长期以来，忽视财务分析，没有研究数据间的内在联系，高等学校财务管理缺乏经验分析数据。因此，在高等学校财务管理实践中，仁者见仁，智者见智，要么不知道如何评价财务活动而放弃财务管理，要么不知道财务状况的好坏而造成财务控制不力，严重影响了高等学校财务管理水平的提高。

(八) 高等学校财务管理缺乏风险意识

高等学校为了搞好基本建设，非常艰难地通过多种渠道筹措建设资金，利用银行贷款改善办学条件，解决了事业发展过程中的实际困难。但是，部分高等学校对贷款的风险认识不够，责任意识不强，贷款规模大大超过了经济承受能力，依靠贷款盲目扩征地、上项目，给高等学校的发展留下了隐患。

第三节　高等学校财务工作的作用和主要任务

一、高等学校财务工作的作用

高等学校的快速发展使得高等学校财务工作显得十分重要。随着我国改革开放的深入，国民经济得到了迅猛的发展，高等学校也进入了快速发展的时期。规模大的大学的收入高达几十亿元，相当于一个中小城市的财政收入，加强高等学校的财务工作显得举足轻重。高等学校发展的新趋势以及高等学校财务工作中存在的突出问题，使得财务管理成为高等学校管理工作的一个焦点。高等学校财务工作一方面要在有限资金的情况下，合理地配置资源，提高资金使用效率；另一方面要扩大教育经费来源，推动高等学校发展。高等学校日益复杂的经济活动，巨大的资金供求压力，需要高等学校的财务运行机制不仅具有规范、约束财务行为的功能，而且还要具备生财、聚财、理财的功能。高等学校的财务制度已经难以适应高等学校发展的需求，改革成为一种迫切需要。国家开始实施公共财政政策，在高等学校实行了部门预算、收支分类、国库集中收付制度、政府集中采购等一系列的改革。高等学校财务管理工作存在的问题归根到底是人的问题和制度的问题，也即组织建设和制度建设的问题。切实加强高等学校组织建设和制定建设，建立健全高等学校财务工作质量保障体系，使高等学校财务工作在规定的框架内健康、高效地运行，这是规范校内财务行为，加强财务管理，提高资金使用效益，使财务工作更好地为教学、科研工作服务，促进学校事业改革与发展的根本保证。

高等学校财务制度是高等学校管理制度的重要组成部分，完善、有效的财务制度能规范、约束学校的经济行为，提高资源配置效率，为高等学校的健康、持续发展提供保障。财政资金不再是高等学校教育经费的唯一来源，"财、费、产、捐、基、科、息"多元化的教育经费筹资渠道基本形成。根据《高等教育法》等法律规定，高等学校形成了多渠道筹集资金的投资体制。高等学校的招生规模、办学规模呈急速扩张状态，面临资金严重短缺问题。高等学校筹资能力普遍偏弱，政府拨款、学费收入难以在短时间内迅速提升，因此，许多高等学校选择银行贷款这一方式解决资金短缺问题。但是，高等学校属于非营利性部门，自身还款能力有限，如何化解巨额负债成为中国高等学校财务工作急需解决的问题。

二、高等学校财务工作的主要任务

（1）建立健全学校财务制度，加强经济核算，实施绩效评价，提高资金使用效益。进行会计核算。办理经费领拨、各种支出、各种收入、往来款项、财产物资、专用基金、各种代管经费、经费包干结余等会计事项的核算，编制会计报表。学校还要科学配置各种经济资源，努力节约支出，加强经济核算，建立绩效考核和追踪问效制度，提高资金的使用效益。

（2）实行会计监督。建立健全内部会计控制制度和内部稽查核算制度，严格执行国家财经法规，从制度建设上营造廉洁环境。对不真实、不完整、不合法的原始凭证不予受理，对违反国家财政、财务制度规定的收支不予办理。

（3）合理编制学校预算，对预算执行过程进行控制和管理。

高等学校应按照"量入为出，收支平衡，积极稳妥，统筹兼顾，保证重点，勤俭节约"的原则编制学校预算，将学校各项事业活动所发生的财务收支都纳入预算管理的范围。负责组织编制学校综合财务预算，报校财经工作领导小组成员审议，校长办公会审定，党委会审批，负责学校预算的执行、考核、分析和预算调整等日常管理工作，对各单位执行预算提出改进和奖惩方案。

（4）负责编制年度财务决算，全面、真实、及时、准确地编制财务决算报表，并编写财务状况说明书和编表说明，对财务管理和资金营运进行综合财务分析。

（5）根据有关规定，结合学校的实际情况，制定本单位办理会计事务的具体办法。负责学校内部报账单位和二级核算单位的会计工作的业务领导、监督和管理。

（6）负责学校会计人员（包括独立核算单位）的管理，填报会计人员情况表；组织全校会计人员参加财政部门或上级主管部门举办的继续教育培训；负责全校会计人员的会计从业资格证的领取、登记和年检。

（7）高等学校应当依照国家有关法律、法规和财务规章制度，结合学校实际情况，及时制定或修订校内各种财务规章制度，对学校经济活动的合法性、合理性进行监督。根据国家有关财经法规，结合学校实际情况，制定学校财务管理制度，并负责贯彻执行。

（8）加强资产管理，真实完整地反映资产使用状况，合理配置和有效利用资产，防止资产流失。负责学校国有资产管理，定期检查资产管理部门账卡物情况。负责组织清产核资，确保国有资产的完整和安全，防止国有资产流失。

（9）加强对学校经济活动的财务控制和监督，防范财务风险。高等学校应强化风险意识，建立健全防范财务风险的机制，加强对学校经济活动的财务控制和监督，防范财务风险。参与审议重大支出项目、重大经济合同（协议）和重大经济事项。

（10）参与有关业务会议，提出有关财务开支及经济效益方面的意见和建议。

（11）负责校内各非独立核算单位服务收入等的分配及控制。

（12）负责教职工工资、奖金、学生奖贷学金及助学金的汇总转存及发放。

（13）负责票据的购买、保管、领用、核销及相关证照年审等工作。

（14）按时办理各项税收的缴纳及税务部门布置的税务工作。

（15）负责办理住房公积金的缴存及个人按政策领取业务。

（16）根据国家有关规定，统一管理学校的收费工作，严格执行"收支两条线"政策，款项及时上缴财政专户，严禁私设"小金库"。

（17）积极依法筹措办学经费，负责筹资融资的各项工作。

（18）在校财经工作领导小组的领导下，负责做好校财经工作领导小组办公室的日常工作。

（19）完成校领导临时交办的其他工作。

第四节　高等学校财务工作质量保证体系的主要内容

高等学校财务工作质量保证体系，包括组织建设和制度建设两方面。

一、组织建设

组织建设就是加强财务领导层建设和财会队伍建设，建立健全财会人员正常的工作制度。

（一）配备总会计师，实现决策和领导的专业化

总会计师协助校长分管财务工作，对校长负责，有权制止违法决策的实施，发生冲突时必须按《中华人民共和国会计法》第十九条办理，即对违反国家统一的财政制度、财务制度规定的收支，不予办理；单位行政领导人坚持办理的，可以执行，同时必须向上级主管单位行政领导人提出书面报告，请求处理，并报审计机关。

（二）充分发挥财经工作领导小组和预算与投资委员会的作用

财经工作领导小组最好是 5 ~ 7 人。预算与投资委员会全部由专家组成，不需要校领导和财务处领导，便于客观真实，作为常设

机构，定期解决财经问题。

（三）　财务机构和财务队伍建设

明确财务处是唯一的一级财务机构，财会队伍建设就是配备好处长、科长，充实各级财务人员，处长原则上是从事财会实务出身的，同时要根据高等学校的人才特点，引导高层次的学术人才（教授、专家）投身财务管理工作，学术人才可先任财务处副处长，设两位副处长的，一位为学术人才，一位为业务人才，几年后业务熟悉了转为处长。要重视财务处科长的学历和职称，让他们尽快成长以适应高等学校财务管理的需要。

具备独立法人资格的校内二级单位，实行独立核算，坚持独立自主、自负盈亏的原则，可设置独立的二级财务机构。财务机构设置、财务制度制定、财务主管任免等纳入学校统一管理。

二级财务机构必须接受财务处的统一领导和监督，实行主办会计委派制，也可由财务处代理记账。二级财务机构必须遵守和执行学校统一制定的财务规章制度，定期向财务处报送财务会计报表，接受财务处和审计处的监督和检查。

校内设置的各级财会机构，必须按规定配备专职财会人员。校内各级财务机构的财会人员必须取得会计从业资格证书，按照上级部门和学校要求接受会计业务的继续教育、业务考核和培训。校内一级财务机构主管人员由校财经工作领导小组拟定人选报学校党委批准，二级财务机构（含财务处科级机构）财务负责人的任免、会计人员的岗位聘任、轮岗交流等方案由财务处负责拟定报有关部门按有关程序批准。不得任意调动、撤换。财会人员的调入、调出、聘用、专业技术职务评聘需由财务处会同有关部门办理。

二、制度建设

按 ISO9000 标准建立健全经济责任制、内部会计控制、工程计量管理办法等一系列系统性、规范性、可操作性强的财务制度体系。制度体系应体现内部制衡，防止窝案，要特别明确科长、处长、总会计师必须每月审签银行对账单，以确保资金的安全。

（一）经济责任制度建设

财务工作实行校长负责制，校长作为法定代表人对全校的财经工作负有法律责任。校内各单位实行行政首长负责制，严格执行学校、院（系、部）、处（室）及附属单位各级主管财务领导和各项目负责人财务管理"一支笔"审批权限制度。

根据教育部、财政部《关于高等学校建立经济责任制加强财务管理的几点意见》（教财〔2000〕14号）的要求，建立健全校内各级经济责任制，坚持党委统一领导、党政齐抓共管、纪检审计组织协调的工作机制。各级经济责任制具体包括：日常预算收支的经济责任制；经济政策和财经制度制定与调整的经济责任制；财务管理体制确立与改变的经济责任制；财务主管人员任用与变动的经济责任制；国有资产完整和保值增值的经济责任制；重大支出项目安排和对外投资的经济责任制。

学校应按要求成立由学校主要领导负责、相关领导和部门负责人参与的财经工作领导小组，统一领导和协调学校的财经工作，提高学校对财经工作的统筹调控能力。校财经工作领导小组办公室挂靠财务处。

（二）预算管理制度建设

学校各单位经费的审批，必须在年度财务预算或财务收支计划数额以内使用。充分调动二级单位理财的积极性，实行"经费本"控制管理，并用计算机进行跟踪监控。对于有些经费可实行单项承包，节约有奖的管理办法，如水电暖、电话费等，制定承包的目标、内容、范围，加强承包费用管理，努力降低支出；对于经费预算执行较好的单位，其正常经费结余按一定比例给予奖励；对执行比较差的单位负责人将给予批评或作相应处罚，预算执行造成经费严重流失，保证不了正常运转的单位，对其责任人给予严肃处理。多渠道筹集教育资金，加快资金周转。学校应制定内部收费管理办法，明确收费项目两条线，努力提高资金的使用效益。对于专项经费的预算管理，由学校和承办单位签订合同，实行目标责任制，保证经费专款专用。

预算的分类。预算是学校根据综合财力、事业发展计划和任务编制的财务收支计划，包括收入预算和支出预算。学校预算包括报送省财政厅、教育厅的部门预算和学校综合财务预算。学校综合财务预算由校级预算及院（系）各级预算组成。

预算编制的基本原则。预算编制要"量入为出，收支平衡"，不搞赤字预算。收入预算坚持积极稳妥的谨慎性原则；支出预算坚持先维持、后发展，统筹兼顾、保证重点、勤俭节约等原则。

预算编制的方法。学校综合财务预算于预算年度的前一年进行编制，收支预算以编制年份的前一年为参照基数。每年6月30日前，各单位应向财务处报送（一上）下一预算年度的预算草案。财务处按省教育厅、省财政厅有关预算编制的时间等规定要求，根据学校综合财力、事业发展计划任务和各部门的预算草案编制部门预算，一上报送省教育厅、财政厅，并根据批复二上报送部门预算。每年10月31日前财务处编制下一预算年度的学校综合财务预算草案，经学校财经工作领导小组审议后报送学校校长办公会议批准，财务处根据学校批准的综合财务预算草案下发（一下）征求意见。每年11月15日前财务处根据各单位上报（二上）意见提出学校下一预算年度综合预算方案，经学校财经工作领导小组审议后再报学校校长办公会议批准，于12月31日前下达（二下）执行。

预算的执行。各单位应根据学校综合财务预算下达的预算经费指标，按照"切块包干、超支不补、结余留用、自求平衡"的原则安排使用，努力提高资金使用效益。教育事业基本支出经费结余年终结转至下一年度滚存使用，列作学校下一年度预算方案，阶段性经费支出项目不得滚存使用。专项支出参照立项项目管理的有关规定，按项目提交项目支出预算申请书和申请表。专项支出需加强经济责任审计，按照有关规定实施绩效评价。凡上一年度及以前立项的项目未按要求进行绩效评价或绩效评价不合格的项目，下一年度暂不安排预算。

预算的调整。预算执行过程中原则上不予调整，特别是学校明文规定不得调整的项目。任何单位不得使用无预算或超预算的项目经费，预算外10万元以上或一定额度以上的投资项目或财政支出需由校长审议后报党委审批。如遇特殊情况需调整预算，必须提出预算调整申请，按预算调整程序，由学校决策机构或权限审批人审批后由财务处进行调整。

（三）收入管理制度建设

依法组织收入，多渠道筹措事业资金。严格执行国家有关政策规定，规范自筹资金行为，保证各项收入来源正当、合理、合法。

学校收入包括财政补助收入、上级补助收入、预算外资金收入（包括学历教育学费收入和住宿费收入）、教育事业收入（指非学历教育收入）、科研事业收入（含纵向拨款和横向收入）、经营收入、学校自筹的基本建设收入（含负债类收入）和其他收入。

（1）财政补助收入按《省属高等学校经费预算管理暂行办法》规定的生均综合定额、普通在校生人数和学生当量系数计算确定年度财政拨款额。

项目支出拨款按《省级部门项目支出预算管理试行办法》规定的申报文件范本上报省教育厅，经专家评审后的下达数形成。

基本建设财政拨款和政府贴息贷款贴息拨款由省发改委、省财政厅、省教育厅立项确定。

（2）上级补助收入是指正常财政补助收入和项目拨款以外的上级单位拨款收入。包括由省民政厅医改办按省有关医改政策核定的医疗补助收入和有明确来源的其他上级补助收入。

（3）预算外资金收入包括全日制普教生和成教学历教育的学杂费、住宿费。按预算年度在校生和新生招生计划的学生总数和学杂费收费标准、住宿费收费标准计算确定预算外资金收入额，预算外资金收入必须先全额上缴财政专户，财政专户返还后才能列作收入和支出。教育收费必须向物价主管部门办理收费许可证，实行教育收费公示制度，使教育收费成为"阳光工程"。

（4）教育事业收入是指学历教育以外的教育事业收入，按《非独立核算单位服务性收入管理暂行办法》执行。

（5）科研事业收入是指科技三项经费、纵向国家及省市基金等科研项目拨款、横向科研收入。学校应加大对科研的投入，鼓励、协助教职工申请科研经费，对高层次的科研项目由学校自筹经费按比例给予配套经费拨款。

（6）经营收入是指校内不具有独立法人资格的经济实体从事经营活动的收入，如附属车队经营收入、学生食堂经营收入、校产收入等收入。

（7）学校自筹的基本建设收入（基建财政拨款除外）是指学校预算安排的结转自筹基建拨款和基建负债类收入，结转自筹基建拨款由学校综合财务预算安排，负债类收入由学校贷款资金管理领导小组论证后报校长办公会议批准实施。

（8）其他收入是除以上各项目以外的收入，包括利息收入、捐赠收入等。

各单位必须严格按照有关政策、规定，依法合理组织收入，各项收费及各种创收活动必须按规定办理报批手续。

各单位不得私自利用学校场地、仪器设备及其他资产开展创收活动，不得私分收入或隐瞒收入，私购收款收据自行收款。严禁非独立核算单位开设银行账户、私设小金库。所有收费必须统一使用从财务处领取的票据。

各项收入必须及时、足额上缴学校，统一核算、统一管理，严格执行"收支两条线"的管理办法。任何单位及个人均不得截留、拖欠、坐支收入，私设"小金库"。违者除没收全部收入外，视情节轻重给予经济和行政处分，触犯刑法的移交司法机关处理。

各部门的临时零星收款，一般由该部门从财务处领取收款收据自行收取，定期缴交。

创收及其他有偿服务收入的分配比例及管理办法按《高等学校非独立核算单位服务性收入管理办法》执行。

（四）支出管理制度建设

1. 支出的分类

支出是学校为开展教学、科研、科技开发、行政管理、后勤服务及其他活动发生的各项资金耗费和损失。支出按经济科目可分为工资福利支出、商品和服务支出、对个人和家庭的补助支出、债务利息支出、债务还本支出、基本建设支出、其他资本性支出、其他支出。

（1）工资福利支出

分为基本支出和项目支出两部分，具体包括基本工资、津贴补贴、奖金、社会保障缴费、其他工资福利支出等项目，其中基本支出以定员定额方法实行学校一级管理模式，按正式在编、聘任制、外籍教师分块管理，院系除服务性收入安排的人员经费外全部由学校统管。

（2）商品和服务支出

基本支出包括办公费、印刷费、手续费、维修费（含设备维修费）、本专科业务费、体育维持费、专用材料费、招待费、教学差旅费、行政差旅费、会议费、交通费、水电费、邮电费、培训费、劳务费、福利费、工会经费、其他商品和服务支出项目。

学校教学经费安排的非基建立项项目支出是指因特殊工作需要在基本支出中需专门立项的专项业务费、专用材料、一般设备购置费、招待费、维修费（含设备维修费）、部门会议费等项目。根据学校事业发展计划，由有关部门提出专项经费申请报告，说明项目的必要性、合理性、可行性；同时编制基本专项事业经费用款项目明细表详细填列项目所需设备及其他费用预算，按单项核定。

学校应加强对使用教育事业经费安排的科研事业支出（非项目支出）、科研配套项目支出的管理，以确保按项目申报书规定的范围使用经费，专款专用，提高科研经费使用效果。

项目支出由各部门按照有关项目支出预算管理办法规定的项目申报文件范本向财务处提交项目支出预算申请书和项目预算支出申报表。财务处根据学校的发展要求，在省教育厅下达的项目支出限额范围内，择优选择确定项目支出预算。

（3）对个人和家庭的补助支出

包括离退休支出、退职费、住房公积金、助学金、医疗费等项目。以定员定额方法为主编制，严格按照国家的工资制度、有关政策规定的开支范围、开支标准和省财政厅核定的定额标准及人数核定。

（4）债务利息支出

包括向国家政策银行借款付息、商业银行借款付息、金融机构借款付息、委托贷款借款付息。

（5）债务还本支出

包括归还银行借款、金融机构借款、委托贷款本金支出。

（6）基本建设支出

由各部门按照有关项目支出预算管理办法规定的项目申报文件范本向财务处提交项目支出预算申请书和项目预算支出申报表。基本建设支出分为财政拨款项目、政府贴息贷款项目和自筹资金项目。

财政拨款项目必须是项目建议书已经省发改委会同省财政厅审核后报省人民政府审批确认的项目。由省财政厅根据项目前期准备工作或工程进度情况决定是否纳入年度部门预算安排。

政府贴息贷款项目是经省发改委立项纳入事业发展计划，由省教育厅和省财政厅贴息学校还本的基建项目。

（7）其他资本性支出

包括房屋建筑物购建（省发改委立项以外基建项目和自筹经费购建基建项目）、办公设备购置、专用设备购置、交通工具购置、基础设施建设、大型修缮、信息网络购建、其他资本性支出等。

（8）其他支出

包括预留准备金（各项特支费）、未划分的项目支出、其他支出等。

2. 加强支出管理，优化支出结构

（1）严格执行支出预算。支出项目要逐步细化分解到单位或个人，审批人对经费使用效果承担完全责任，财务部门对各项开支进行审核，保障其开支的合法性。严格控制人员经费开支比例。财政拨款除按政府规定标准发放工资、福利外，不得任意提高个人分配标准。

高等院校应落实国家"奖、贷、助、补、减"政策，按标准计提勤工助学基金，规范使用勤工助学贷款金额，并按与经办银行约定的比例提取国家助学贷款风险补助基金。

（2）经营支出与经营收入配比。严格划分经营支出与事业支

27

出的界限。凡是直接用于经营活动的材料、人工等费用，直接记入经营支出；在事业支出中统一垫支的各项费用，应当按规定比例合理分摊，在经营支出中列支，冲减事业支出。经营活动要实行尽可能完整的成本核算，准确反映经营活动成果。

（3）各单位取得的有指定项目和用途的专项资金，应按要求定期报送资金使用情况说明；项目完成后，报送资金支出决算和绩效评价的书面报告，并接受有关部门的检查、验收。项目结题后，原则上不得开支，按专项资金管理办法进行分配。学校必须根据《教育部、财政部关于进一步加强高等学校科研经费管理的若干意见》（教财〔2005〕11号）制定或修订科研经费管理的实施办法。

（4）加强各项开支审核，根据真实、有效的凭据按实际支出数办理报销手续，任何单位不得以预算数或计划数列报支出。校内各单位包干使用的经费和核定定额的费用，其包干数和定额标准本着勤俭节约原则科学合理地确定。

（5）严格执行国家有关财务规章制度规定的开支范围及开支标准。加强管理，优化支出结构，提高资金使用效益；勤俭节约，精打细算，坚决反对铺张浪费。

（五）资产及负债管理制度建设

1. 资产管理制度建设

资产是指学校占有或使用的能以货币计量的经济资源，包括各种财产、债权和其他权利。

资产包括流动资产、固定资产、无形资产和对外投资等。

（1）流动资产管理制度建设

流动资产是指可以在一年内变现或消耗的资产，包括各币种现金、存款、应收及暂付款、借出款和存货等。

各单位必须建立健全现金及存款的内部管理制度。应收及暂付款项应当及时清理结算。

存货是学校在开展教学、科研及其他活动过程中为消耗而储存的资产，包括各类材料、燃料、消耗物资、低值易耗品等。存货应定期或不定期清查盘点，保证账实相符。存货盘盈或盘亏，应及时调账。

（2）固定资产管理制度建设

固定资产是指一般设备单价在 500 元以上、专用设备单价在 800 元以上、使用期限在一年以上、并在使用过程中基本保持原有物质形态的资产。单位价值虽未达到规定标准，但耐用时间在一年以上的大批量物质，也作固定资产管理。

固定资产分房屋及建筑物、专用设备、一般设备、文物和陈列品、图书、家具、其他固定资产。

固定资产应定期或不定期清查盘点，保证账实相符。

固定资产的购入、报废和转让，必须按规定程序办理报批手续。一般固定资产经主管职能部门审查、学校批准后可办理报废或转让手续核销；大型精密贵重设备、仪器需经职能部门鉴定、校长办公会讨论通过后办理报废或转让手续核销。

固定资产的变价收入，应当转入修购基金。未设定修购基金前可先转入其他收入。

（3）无形资产管理制度建设

无形资产是指不具有实物形态而能为使用者提供某种权利的资产，包括专利权、商标权、著作权、土地使用权、非专利技术、商誉及其他财产权利。

无形资产转让或对外投资时，必须按有关规定进行资产评估。

无形资产转让收入记入教育事业收入，取得无形资产的支出记入教育事业支出。

（4）对外投资管理制度建设

对外投资是指学校利用货币资金、实物、无形资产等向校办企业和其他单位进行的投资。

以实物资产、无形资产对外投资的，必须进行资产评估，按评估价作为对外投资价值入账。

学校对外投资，应当按国家有关规定报经主管部门、国有资产管理部门和财政部门批准或备案。

学校对外投资必须在保证资金安全的前提下坚持效益优先的原则。对外投资取得的收益，记入有关投资收益科目，按照有关规定分配。

2. 负债管理制度建设

（1）负债是指学校承担的能以货币计量、需要以资产或劳务偿还的债务，包括借入款、应付及暂存款、应缴款项、代管款项等。

（2）学校是唯一的负债主体，具体管理职能归口财务处。

（3）学校应当对不同性质的负债分别管理、核算，及时清理并按照规定办理结算，保证各项负债在规定期限内归还。

（4）借款必须坚持慎重稳妥原则，严格控制借款规模。学校一般不为所属企业和单位申请借款和提供借款担保。

所属企业或其他单位借款必须慎重进行可行性研究，落实还款渠道和计划，防止出现无力偿还的情况。借款利息本着"谁使用、谁付费"的原则，由借款使用人或项目承担。

（5）应缴款项是指按税法等相关经济法规计提但尚未清缴完毕的应交税款等款项。

（6）代管款项是指学校按规定接受其他单位或个人委托代为管理的各类款项。如工会会费，挂靠各类专业协会学会款项等。对代管款项可适当收取管理费。

（六）会计电算化管理制度建设

应进一步完善现代信息化的高等学校财务管理模式，积极开发数字校园"一卡通"系统。有的高等学校已经运用，有的高等学校正在积极研发。校园"一卡通"将智能 IC 卡的强大功能与计算机网络的数字化理念融入校园，将学校各个系统连为一体，动态掌握每一持卡人的情况，极大地提高了学校的管理水平。一卡通能改进财务管理方式，提高财务管理效率。每个校园卡的用户都将拥有自己的个人银行账户，学费的收缴就可以方便地由传统的学生交现金或通过电子汇兑将学费汇入学校指定账户的方式转变为银行代扣的方式。这种方式省却了电子汇兑学费核对的麻烦，提高了学费收取的效率。职工工资的发放、学生奖学金、贷款、助学金等的发放也可以直接划入个人账户，免除了发放现金的繁琐。校园卡中的电子钱包方便了学生交纳重修费，补交学费等小额的零星交费，减少了现金的流动。以上事例表明，就财务信息的内部处理而言，校园卡的使用将改变财务工作中某些事务的处理方式，提高财务管理的效率。

（七）会计控制制度建设

建立健全高等学校内部控制制度，要对以下五个方面加以认真研究。

（1）加强预防控制措施，防患于未然；

（2）加强程序流程设计，形成有效的全流程各环节有机的系统控制，尤其是针对易于出问题的重要业务，如基建项目、银行贷款、大型设备采购等，从规划、招标、授权、执行、审查、监督等方面完善流程管理；

（3）明确各部门人员的权力、责任范围及应承担的岗位经济责任；

（4）健全内部牵制制度，做到不相容的职务相分离，形成合理的职位分工。通过分工相互制约，相互监督；

（5）加强内部审计控制。

（八）财务监督制度建设

学校应发挥审计部门的职能作用，审计不仅参与经济决策的研究，校领导还应授予审计、监察部门以制约权，使他们能客观、公正地提供情况报告，以避免或减少决策的失误，起到校领导的参谋和助手作用。高等学校领导层在决策过程中，应将有关事项的基本情况交由扩大的校务委员会充分酝酿和研究，在听取各方面意见和建议的基础上将拟议中的项目、主要内容向群众宣传说明，按照"少花钱、多办事、办好事"的节约原则，围绕实质性问题，发动群众提合理化建议，提出最科学、最节约、最优化的方案，集思广益，使决策更符合客观实际。要提高资金使用的经济效益，按照国家现有财政金融政策，采取合适的方式，把分散的资金集中起来，实行总量控制，增强学校财务部门的宏观调控能力。建立"校内结算中心"就是学校集中财力，改革管理，提高资金使用效益的一种好方式。

（1）财务监督是贯彻国家财经法规及学校财务规章、制度，维护财经纪律的保证。学校财务工作应当接受审计、财政、物价、税收、人民银行等有关经济部门的监督，学校应当建立严密的内部会计控制制度。

（2）学校财务监督包括事前监督、事中监督和事后监督三种形式。学校可根据实际情况，对不同的经济活动，实行不同的监督方式。建立健全各级经济责任制和独立审计制度是实施财务监督的主要内容。

（3）学校应设置审计处并制定相关的独立审计制度，对各项经济事项进行审计。财务人员有权按《中华人民共和国会计法》及其他相关规定行使财务监督权。对违反国家财经法规及学校财务制度的行为，财务部门及财务人员有权根据有关规定提出意见并向学校主管领导及上级主管部门和其他有关部门反映。

（4）学校及各部门以学校名义对外签订的经济合同，需经财务、审计部门会签、鉴证后，报学校并经法定代表人（或授权代表人）审签才能生效。

（九）建立健全高等学校财务工作质量保证体系的评价体系

建立健全高等学校财务工作质量保证体系的评价体系的目的是通过高等学校的财务管理水平和办学效益状况，反过来检验高等学校财务工作质量保证体系，验证其是否科学、合理。建立健全高等学校财务管理工作质量保证体系的评价体系，从根本上是为进一步加强财务管理，使财务管理有一套科学、全面、完整的反映学校财务管理状况的指标，促使学校财务管理水平不断提高。通过经费来源结构分析、支出结构分析、投资效益分析、资产使用效果分析等一系列方法，反映高等学校的财务管理水平和办学效益状况。现在高等学校的经费来源已从单一的财政拨款变成了多渠道筹措资金，经济活动多元化，如对外投资、银行贷款、创办校企、后勤社会化等，这些活动都给学校的发展造成了影响，所以应进行相关信息的分析。创新报表内容，使分析更加全面，今后高等学校的报表应增设无形资产分析表、预算指标与实际支出分析表、对外投资效益分析表、人力资源分析表、固定资产分析表、科研经费收支情况分析表等。改革财务分析必须在现代化手段上下工夫，财务分析的内容要做到全面、及时，就必须努力开发一些管理分析软件，使报表分析所需的数据能直接从计算机上提取，以提高分析的效率。

第二章 高等学校财务工作质量保证体系的组织建设保证

　　高等学校财务工作的组织机构设置、财务人员配备等组织建设工作，是由高等学校的财务管理体制决定的，财务管理体制决定高等学校财务管理的组织结构和组织体系。财务人员管理是组织建设的重要组成部分。确立高等学校财务管理体制，完善财务机构设置，配备专职财务人员，加强财务监督机构的建设，是高等学校财务工作质量保证体系的组织建设保证的关键。

第一节 高等学校财务工作组织建设概述

一、高等学校财务管理体制的概念

　　高等学校财务管理体制是指划分高等学校财务管理方面的权责利关系的一种制度，是财务关系的具体表现形式。高等学校财务管理体制是明确高等学校内部各财务层级财务权限、责任和利益的制度，其核心是配置财务资源，对高等学校的财务收支行为起着推动、规范和导向作用，是高等学校内部为实现学校整体目标而制定的经济责任制。

　　财务管理体制是财务管理工作的核心内容，它是组织财务活动、划分财权和处理财务关系的一项根本制度。《高等学校财务制度》规定高等学校可实行两种财务管理体制，即"统一领导、集中管理"的财务管理体制和"统一领导、分级管理"的财务管理体制。

二、"统一领导，集中管理"的财务管理体制

（一）"统一领导"的含义

高等学校财务管理体制是国家预算管理体制的具体化，"统一领导"要在国家的财政框架下运行，要体现国家对高等学校的宏观管理，具体应做到以下"五个统一"：

1. 统一财经方针政策

这要求各个高等学校的财经方针政策要在国家大政方针和法律规章的规范下，根据学校的具体情况和各个时期承担的事业发展任务，由学校财务处（室）在学校财经领导小组或相应的财经领导机构组织和协调下统一制定和颁布，特别是学校重大的财务分配政策和财务开支制度必须统一制定和颁布。统一的财经方针政策一经学校最高财务决策机构批准，就必须严格执行，绝不允许校内部门、单位各自为政，只顾小集团、局部的利益，制定与学校政策相违背的部门政策或单位政策，损害学校的整体利益。

2. 统一财务收支计划

学校的财务收支计划是根据《中华人民共和国预算法》的要求和学校各项事业发展的需要与财力可能进行综合平衡后编制而成的，是学校经济工作的"指挥棒"。校内各部门、单位都必须严格遵照执行，并按财务收支计划积极组织收入，按事业进度合理安排和使用资金，以维护预算的严肃性和权威性。事业单位财务制度改革取消了原来对事业单位的三种预算管理方式和全额预算单位的预算内外资金的界限，要求学校把整个财务收支活动都纳入年度财务收支计划，编制综合财务收支预算。这是一项根本性的改革，它要求高等学校把各项财务收支活动都纳入综合财务收支预算，绝不允许学校、校内各部门各单位安排无计划无预算的财务开支，更不允许超预算超计划的财务开支。所以，统一学校的财务收支计划比任何时候都重要。

3. 统一财务规章制度

财务规章制度是贯彻执行学校财经方针政策和财务收支计划的重要保证，是学校办理各项财务收支业务必须遵守的依据。高等学

校应在《高等学校财务制度》、《高等学校会计制度》及国家有关法律规章的规范下，根据学校的财经方针政策，结合学校的具体情况和管理要求制定统一的财务规章制度并颁布实施，绝不允许各部门各单位自行其是地制定与财务规则和财务制度相违背的本部门本单位的财务制度。

4. 统一资源调配

这在教育经费极其紧张的情况下显得更为必要。学校的资源是保证完成教育科研事业的重要物质基础。为了提高学校资源的使用效率，降低教学科研成本和资源耗费，各高等学校应根据资源的分布情况和各部门承担年度事业发展任务的需要，统一调配，合理安排，避免教育资源闲置、重复购置，防止滋生部门所有、单位所有的本位主义思想。

5. 统一财会业务领导

由校级财务机构统一领导校内各岗位财务人员的业务工作、业务培训、业务考核，并参与财会人员专业技术职称的评聘。

（二）"集中管理"的含义

集中管理是指在不损害教职工和校内单位经济利益的前提下，对学校的财经工作和财务活动由学校集中统一管理。

1. 财权的集中管理权

财权主要是指学校办学经费或资金的统筹安排和使用权。高等学校为了促进各项事业的发展，各项办学经费除独立核算的校内单位可以根据现行国家体制和有关财务规章制度的规定，自行管理和使用资金外，其他校内单位的资金不论其来源如何，都必须由学校进行集中管理，并由学校根据事业发展需要和财力可能，进行统筹安排、合理使用，防止财权分散、财源流失。

2. 制度的集中管理权

财务制度管理和维护学校正常的财经秩序，学校应根据实际情况和加强财务管理的需要，制定有关财务规章制度，并监督其贯彻实施，绝不允许校内各单位任意制定"部门政策"或曲解学校统一规章。

3. 会计事务的集中管理权

学校的财经政策、财务收支计划和财务规章制度的执行情况和结果主要是通过会计核算来反映的。为了保证会计核算资料能够客观真实、全面系统地反映学校财务收支活动和规章制度执行的情况和结果，高等学校应根据财务规章制度，制定相应的会计制度，集中统一核算学校财务收支，并对学校日常会计事务包括财会人员的业务培训和管理等事务进行集中管理。

实行"统一领导、集中管理"体制是为了维护学校的正常财经工作秩序、规范财务行为，使学校的财务活动在法制化的轨道上顺利运行的一种手段。学校财务机构和财会人员必须大力做好体制的宣传工作，确保这种体制的贯彻执行。

三、"统一领导，分级管理"的财务管理体制

《高等学校财务制度》在强调高等学校应实行"统一领导、集中管理"的体制的同时，根据我国一些高等学校目前的具体情况和管理需要，规定规模较大的学校实行'统一领导、分级管理'的财务管理体制。

（一）"分级管理"的含义

分级管理是指学校财经工作和财务收支在建立健全财经规章制度、明确校内各级各单位权责关系和学校统一领导的基础上，根据财权划分、事权与财权相结合的原则，由学校和校内各级各单位（即二级单位）进行分级管理。分级管理是深化教育改革、落实自主权和调动校内各单位积极性，理顺财务关系和加强经济责任制的重要举措，但分级管理并不等于校内各部门各单位可以各自为政，其前提是"统一领导"，即在严格执行学校统一的财经方针政策、财务收支计划和财务规章制度的基础上，给校内各单位以下几个方面的管理权：

（1）在学校统一财务收支计划和资源配置条件下，二级单位有权对学校下达的预算经费和分配的资源进行统筹安排和使用。高等学校为了充分调动教职工、校内各单位当家理财和增收节支的积极性，采取了各种措施进行校内体制改革。其中一个重要的举措就是在集中学校必要财力的前提下，将财权适当下放到校内二级单

位；对学校预算经费实行限额使用。二级单位可以根据其所承担的事业任务和财力可能，按照收入和事业进度，统筹安排、合理使用学校预算分配的资金。

（2）在学校统一财务规章制度下，二级单位有权制定财务规章制度的实施办法。校内各单位在不违反国家及学校统一财经政策和财务规章制度的前提下，可以根据本单位事业活动的具体情况和加强财务管理的需要，制定各种管理条例和财务规章制度的具体实施办法。

（3）在学校统一财会业务领导下，二级单位有权管理本级会计事务。校内各单位可以根据业务工作需要，按照法定的程序和手续，申请并设立本单位的财务机构，在校级财务机构的指导下，根据学校统一制定的财务规章制度和会计制度具体组织、核算和管理本单位的财务收支活动，并定期向校级财务机构报账和报送财务报表，以便校级财务机构汇总成能够反映学校财务收支全貌的财务报表。

（二）"分级管理"的前提

财权下放并不等于可以把学校的资金分散到各个二级单位。为了增强学校对整个财经工作和财务活动的宏观调控能力，保证学校有一定的财务实力，适当集中学校的必要财力，校内二级单位必须把资金集中到学校的财务处（室），绝不允许二级单位私设"小金库"，将公款私存，或逃避学校财务处（室）的管理和监督；禁止校内二级单位任意开设银行账户，如确实因业务工作需要在银行开户的，应经财务处（室）和总会计师批准，并上报省财政厅批准或备案；禁止各二级单位截留应纳入学校统一管理的各项事业收入，更不允许任意转移或挪用学校预算安排的资金。

四、高等学校财务管理体制的适用

高等学校实行"统一领导、集中管理"的体制还是"统一领导、分级管理"的体制，应根据其办学规模、年度资金流量、财务规章制度的健全情况和加强学校财务管理的实际需要，在不违背国家和教育主管部门的有关规定，不影响学校各项财经工作和财务管理的前提下，认真研究确定。对于实行"统一领导、分级管理"体制的学校，必须做到各项财经政策和财务规章制度健全、机构设置完善、人员配备齐全、财务关系清楚、权责利明确，使学校具有强劲的宏观调控能力，以确保学校各项财经工作的顺利进行。一般情况下，为适应高等学校发展的新要求，集中财力办大事，高等学校主要选用"统一领导、集中管理"的体制。

第二节　高等学校财务工作的领导体制

财务工作的领导体制是学校财务管理体制的重要内容，建立健全科学规范的财务工作领导体制是维护高等学校财务工作秩序、理顺财务关系、贯彻落实经济责任制的有力保证。《高等学校财务制度》明确规定："高等学校财务工作实行校（院）长负责制。高等学校应设置总会计师，协助校（院）长全面领导学校的财务工作。凡设置总会计师的高等学校，不设与总会计师职权重叠的副校（院）长。"

一、建立健全财务工作的校（院）长负责制

（一）建立健全财务工作的校（院）长负责制的政策依据

《高等学校财务制度》突出强调高等学校应建立健全财务工作校（院）长负责制，以增强学校对财务工作领导的宏观管理和协调能力，把高等学校的经济责任制进一步落到实处。

（二）经济责任制是搞好财经工作的一项基本制度

在高等学校，经济责任制是否得到充分的贯彻落实，是关系到学校财务工作是否能够顺利运行的全局性问题。从加强高等学校财务工作宏观调控能力和强化财务管理的需要出发，根据权责利结合的原则，高等学校的财务工作应建立健全校（院）长负责制。以前，在建立总会计师制度的高等学校，其财务工作的经济责任主要落在总会计师身上。建立以总会计师为首的经济责任制对于集中学校财权，解决多支笔审批财务开支的混乱局面，使总会计师能够积极参与学校整个经济工作的预测和决策，从组织和管理上保证学校

39

各项事业的顺利进行等方面起到了一定的作用。但总会计师只是学校的一名副校级行政领导成员，与其他副校（院）长一样，只能是校（院）长的助手，协助校（院）长归口领导和管理学校的财务工作。校（院）长是学校的法人代表，是学校各项工作的总负责人，具有全权领导和管理学校各项工作的法定权力，必须相应地承担包括财经工作经济责任在内的各种责任，把经济责任制落到实处。所以，建立校（院）长经济负责制不仅与法定的权力相匹配，而且也明确了总会计师在学校财务工作和财务管理中的领导作用，有利于总会计师开展工作。

（三）校（院）长履行职责的途径

校（院）长主要是通过校（院）长办公会履行职责，高等学校有关工作条例明确规定了高等学校党委、校（院）长、教代会的权利和义务，校（院）长履行管理学校财务工作职责的途径主要是通过校（院）长办公会来实现的。

二、建立健全总会计师领导财务工作的领导体制

（一）总会计师在学校财经工作和财务管理中起领导作用

（1）突出建立健全高等学校财务工作的校（院）长经济负责制，并不是削弱总会计师的职权和其在学校财经工作中的领导作用。它的目的是进一步理顺总会计师与校（院）长之间的权责关系，摆正相互的位置。它强调了总会计师在学校财经工作和财务管理中的领导作用，明确总会计师协助校（院）长全面领导学校的财务工作；要求高等学校必须设置总会计师，不再设置与总会计师职权重叠的副校（院）长。总会计师是学校财经工作的重要负责人，行使《总会计师条例》及《高等学校总会计师工作试行规程》中规定的职权，并直接对校（院）长负责。

（2）总会计师在高等学校财经工作中进行专业领导和管理的重要作用是毋庸置疑的。凡是设置总会计师的高等学校，应充分发挥总会计师的领导作用和管理才能，赋予其法定的职权；没有设置总会计师的高等学校，应创造条件，培养和造就具有较高财经理论和政策水平，熟悉国家财经法律、法规、方针、政策和制度，掌握

现代化管理知识和熟悉高等学校情况，有较强的组织领导能力的人才，尽快选送配备总会计师，以切实加强高等学校财经工作的专业化领导。

（二）设置总会计师必须与建立健全经济责任制相匹配

学校的各项事业活动要得以顺利进行，单单强调经济工作校（院）长负责制还远远不够。因为学校事业活动的广泛性和复杂性，要求对各项事业必须实行分工协作、层层管理、层层负责，使各级领导、各财经工作主管人员分别承担起与其职能相应的经济责任，把权力与责任结合，不能只强调权力，而忽视应承担的经济责任。只有这样，才能确保学校的财经工作有序地进行。各高等学校应逐步建立健全一套完善的经济责任制度，经济责任制的层次应分为校（院）长、总会计师或主管校（院）长、财务处长、二级单位财务负责人和基层财务人员等若干个层次，其内容应贯穿高等学校财经工作的全过程。具体地说，应建立和健全日常预算收支的经济责任制、经济政策和财经制度的制定与调整的经济责任制、财经管理体制的确立与改变的经济责任制、财经主管人员任用与变动的经济责任制、重大支出项目安排的经济责任制和对外投资的经济责任制等。

为了减少高等学校财经工作失误，提高财经工作管理水平，增强高等学校财经工作宏观调控能力，应强调校（院）长的经济责任制，确立总会计师协助校（院）长全面领导高校财经工作的地位。同时，必须增加学校财经工作和财务管理的透明度，提倡科学理财、民主理财，防止个别领导大权独揽，独断专行；对于学校一些未纳入预算管理的特殊、重大的财务开支和对外投资等必须经校务会议集体研究通过。但学校财经工作的领导和管理权限也不能过于分散，以防止在存在问题或出现失误的时候无人负责的情况出现。

（三）设置总会计师的必要性

高等学校应当设置总会计师岗位，总会计师为学校副校级行政领导成员，协助校（院）长管理学校财务工作，承担相应的领导和管理责任。

高等学校的经济运行和财务管理出现的诸多新特征决定了高等学校财务工作领导的变革。

（1）学校规模的快速扩大，带来了财务收支数额的大幅度增加，一般高等学校的年经费收支规模，并不亚于一个大中型企业的经营收支规模。

（2）学校收支中，有预算拨款收支、社会服务收支、事业性收费收支、科研收支、校办企业收支、基本建设收支，也有投资性收支，经济活动涉及面更为广泛、内容复杂。

（3）学校的收入大部分来源于国家和学生，高等学校必须对国家和社会负责。

校（院）长不能直接管理财务，副校（院）长不专业，总会计师能发挥作用，是财务工作质量保障体系的重要补充。高等学校设置总会计师职位，进入校党委和校级领导班子，负责统一管理校财务处和校办产业等，实现学校总体财力的统一管理，便于各财务核算机构协调交流，能够有效避免各自为政，也可以防止各级核算单位财务自主权过大现象的发生。高等学校应尽快引入总会计师制度，保障收费透明度，让高等学校的钱花得更明白，让纳税人看得更清楚。教育部曾在《建立健全教育、制度、监督并重的惩治和预防腐败体系实施纲要》中提出，要积极推行直属高等学校总会计师制度。

三、高等学校的其他财务工作领导决策机构

高等学校应明确学校党委、财经工作领导小组、预算与投资委员会、贷款资金管理领导小组等机构的职责，切实加强对预算的领导。

（一）党委

高等学校有关工作条例明确规定了高等学校党委的权利和义务，党委领导下的校长负责制，确立了党委对高等学校财务工作的绝对领导地位，党委履行管理学校财务工作职责的途径主要是党委会。

（二）财经工作领导小组

财经工作领导小组的职责：根据上级要求，结合本校实际，制订工作计划，组织制定相关规章制度，并督促落实，使学校的各项经济活动规范化、制度化。分解下达经济责任目标，并组织实施。对学校重大支出项目安排、对外投资、未纳入预算管理的特殊、大额财务开支严格按照决策程序，集体讨论研究决定，提倡民主理财，实行财务公开，防止个别领导大权独揽，独断专行。对负有经济责任的领导进行监督、检查和考核；并逐步完善各级领导离任、届满审计制度；研究解决学校在各项经济活动中存在的问题，并加以整改，促进教学、科研事业有序的发展。负责贯彻执行国家有关法律法规、方针政策。协调学校的财经工作，按照省教育厅等上级主管部门文件操作制定学校重要经济政策、分配制度和财务管理制度（办法）；负责确立学校财务管理体制。

（三）预算与投资委员会

预算与投资委员会的职责：负责对年度预算的编制；审议预算调整；审议追加或新增预算项目；审议投资项目；年度预算中大额度机动经费的具体安排；重大经济决策的论证和审议。

（四）贷款资金管理领导小组

高等学校的债务反映为国家或地方性债务，最后是要由国家或地方政府承担的，政府三令五申要求高等学校加强债务管理，控制借款规模，防范财务风险。高等学校应建立有效的财务运行管理机制、财务风险预警机制、全方位的财务控制体系及财务监督措施，设立多层递进的财务安全防控制度，对财务收支行为进行有力的控制。

成立由校长任组长的贷款资金管理领导小组。每笔基建资金贷款，都必须经过科学论证和可行性分析，经贷款决策领导小组讨论通过后方可实施，对建设项目实施刚性预算，严格控制项目经费支出，力求将贷款风险降到最低。

严格控制高等学校负债规模。高等学校发展高等教育事业要从实际出发，根据其发展需要和自身经济实力，分清轻重缓急，合理确定建设项目和安排建设进度。高等学校贷款项目和额度需经过严格、科学的论证，贷款前应制订切实可行的还贷计划，贷款额度不得超出学校预期的偿还能力，以保证高等学校教育事业的可持续发展。

第三节 高等学校财务工作的管理机构建设

一、高等学校应当单独设置一级财务机构

《高等学校财务制度》规定，高等学校应当单独设置一级财务机构，财务机构的设置是财务管理体制的一个重要内容。

高等学校是一个具有独立开展各项事业活动资格的事业法人单位，它在国家财政预算管理体系中是一个基层单位，必须根据《中华人民共和国会计法》及有关财务会计的法律规章制度的要求，设置专门的财务机构，独立开展会计核算，为财政部门、上级主管部门，学校领导及其他有关使用者提供财务信息资料。高等学校的财务机构，在校（院）长和总会计师的领导下，统一管理学校财务工作，完成学校的财务管理和会计核算工作，并提供真实、及时、完整的财务信息。

财务组织机构是组织管理学校各项经济活动的专门机构，是高等学校财务管理体制的重要组成部分。科学规范的财务组织机构设置有助于学校经济活动、财务管理的开展，是建立高效的财务管理体制与运行机制必不可少的组成部分。在高等学校财务机构设置中，财务处是学校唯一的一级财务机构，直接接受校（院）长和总会计师领导，统一管理学校的各项财务活动、管理二级财务机构以及基层单位的财经工作。校内后勤、基建、资产等管理部门以及因需要设置的财务机构只能作为二级财务机构，在学校统一财务规章制度下开展工作，接受财务处的统一领导、监督、检查。

高等学校必须单独设置财务处（室），作为学校的一级财务机构，在校（院）长和总会计师的领导下，统一管理学校的各项财务工作，不得在财务处（室）之外设置同级（即一级）的财务机构。高等学校校内非独立法人单位因工作需要设置的财务机构，应当作为学校的二级财务机构。二级财务机构应当遵守和执行学校统一制定的财务规章制度，并接受学校一级财务机构的统一领导、监

督和检查。

二、高等学校财务工作的管理组织机构的设置

（一）设置要求

高等学校应按照高等学校财务管理目标，结合学校的实际规模，根据事先确定的财务管理体制，依据分工合理、权责明确原则，建立相互联系、相互制约的财务组织结构。

（1）设立财务处为一级财务管理部门，领导管理学校财务工作。

（2）建立审计、纪检监督部门与财务处形成平行机构，对财经活动进行监管。

（3）在财务处下设财务管理、会计核算等科（中心），加强对预算和日常经济活动的管理。

（4）已事先确定为"集中领导，分级管理"的高等学校，可设置二级财务机构，应在二级单位采用会计委派制，以加强对二级单位的财务管理。

（二）财务管理机构及岗位设置

1. 财务管理机构

高等学校财务管理机构是财务处，财务处是学校唯一的一级财务管理机构，不得设置与财务处并列的一级财务管理机构。

2. 财务管理机构的内设机构

财务处的内设机构是财务处的办事机构，可根据工作需要设置科、室、中心等科级建制。常规的财务处内设机构图见图2.1。

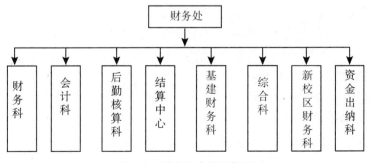

图2.1 财务处内设机构图

3. 财务工作岗位

财务工作岗位是根据财务处内设机构（科、室、中心）的工作要求设置的岗位，是配备工作人员的依据。

第四节　高等学校财务人员的配备及管理

为便于组织、核算、管理和监督学校的财务收支活动，高等学校内部设置的财务机构，必须根据《高等学校财务制度》的规定，相应配备专职的财务人员。财务人员应按照《中华人民共和国会计法》的要求履行其职责和权限，并建立内部控制制度，以避免由于分工不清、职责不明，造成财务管理混乱。

一、高等学校财务人员的配备

（一）财务人员配备的有关规定

（1）高等学校财务机构应当配备专职财务人员。

（2）财务人员应当具备与其工作岗位相适应的资格和能力。

（3）财务人员的调入、调出、专业技术职务评聘以及校内二级财务机构负责人的任免、调动或者撤换，应当由学校一级财务机构会同有关部门办理。

（4）高等学校校内设置二级财务会计机构，必须相应配备专职财务人员。校内各级财务主管人员的任免应当经过上一级财务主管部门的同意，不得任意调动或者撤换。二级财务机构的财务人员的调入、调出、专业技术职务的评聘需由财务部门会同有关部门办理。

（5）为加强财务管理，各学校应对配备的财务人员进行严格的财务知识培训和政治思想教育，不断提高财务人员的业务素质和政治素质，并定期组织考核，保证财务人员廉洁奉公，为学校教学科研等各项事业发展服务。

（6）高等学校校内各级财务主管人员的任免应符合有关制度的规定，并需经过上一级财务主管部门的同意，二级财务机构主管人员的任免需取得总会计师和财务处的同意。

（二） 高等学校财务人员配备的质量保证

1. 高等学校财务人员配备存在的主要问题

（1） 高等学校财务人员的编制不够

财务人员配备数量存在的问题是高等学校财务人员的编制不够，原有的财务人员不能满足高等学校快速发展的需要，或者说，高等学校财务人员的配备还来不及适应高等学校快速发展的要求。随着高等学校的大幅度扩招和科研经费的大幅度增加，即使高等学校计划增加财务人员编制和人员，但由于发展太快了，财务人员增加的速度赶不上高等学校发展的速度。

（2） 高等学校财务人员的素质偏低

高等学校财务人员素质偏低，很多是照顾教授的配偶调进学校的，他们进财务处名声好听一些，其学历偏低、职称偏低、年龄偏大，男女结构、职称结构、年龄结构都不尽合理。

（3） 财务机构负责人实际工作经验欠缺

随着高等学校重视职称，很多高等学校将从事教学的教授调到财务处来当处长，这些人可能是博士，但没有财务工作实务经历，工作不踏实，夸夸其谈，对高等学校的财务工作十分不利。

2. 高等学校财务人员配备的质量保证

（1） 对学术型人才合理使用

院系的院长、副院长、教授等学术型人才，当财务处长前，最好先在财务处副处长的岗位熟悉情况，了解高等学校财务的实际情况后再任财务处长。这样既能发挥其作为高级人才应有的作用，又能尽快熟悉业务，提高财务管理水平，一举两得。

（2） 增加财务人员编制，配备优秀的财务人员

给财务处以足够的人员编制，并配备优秀的专业人才，可以优先在高等学校自身的会计专业挑选优秀的本科生，充实到财务人员的队伍中来。

二、高等学校财务人员管理制度的质量保证

为加强对高等学校会计人员的管理，提高财务管理和会计核算工作质量，必须建立健全高等学校财务人员管理制度，从制度建设

入手强化管理措施。

（一）会计人员从业资格管理

凡是从事会计工作的人员，必须取得会计从业资格证书，才能从事会计工作；不具备条件的人员，不能从事会计工作，有关单位也不能聘用；不依法履行职责的会计人员，不应当允许其继续从事会计工作。

不符合条件的人员不得从事会计工作。会计人员必须具备下列任职基本条件。

（1）具备从事会计工作所必需的专业知识和专业技能；

（2）熟悉和遵守国家财经法规以及国家统一的财务会计制度；

（3）热爱会计工作，秉公办事，遵守会计职业道德；

（4）取得会计资格证书。

《中华人民共和国会计法》规定，因有提供虚假财务会计报告、做假账、隐匿或者故意销毁会计资料、贪污、挪用公款、职务侵占等与会计职务有关的违法行为被依法追究刑事责任的人员，不得取得或者重新取得会计从业资格证书，不得从事会计工作。

会计从业资格实行吊销证书制度。被吊销会计从业资格证书人员，自被吊销之日起五年内，不得重新取得会计从业资格证书。会计从业资格证书由省财政厅会计处吊销。根据《中华人民共和国会计法》的规定，会计人员有下列情形之一，且情节严重的，将被依法吊销会计从业资格证书：不依法设置或私设会计账簿的；未按规定填制、取得原始凭证或者填制、取得的原始凭证不符合规定的；以未经审核的会计凭证为依据登记会计账簿或者登记会计账簿不符合规定的；随意变更会计处理方法的；向不同的会计资料使用者提供的财务会计报告编制依据不一致的；未按规定保管会计资料致使会计资料毁损的；未按照规定使用会计记录文字或者记账本位币的；拒绝外界依法实施监督或者隐匿、谎报有关情况的；伪造、变造会计凭证、会计账簿，编制虚假财务会计报告的；隐匿或者故意销毁依法应当保存的会计凭证、会计账簿、财务会计报告的；不按规定参加会计人员继续教育的。

（二）会计人员通用岗位职责

（1）负责对本单位各种会计事项按照国家有关的财务会计规定进行会计核算，编制、填报会计凭证、会计账簿、会计报表和其他会计资料，并保证会计资料的合法、真实、准确和完整。

（2）参与拟订本单位的经济计划、业务计划等，分析财务预算及收支计划的执行情况。合理使用现有资金，加强资金收支管理，充分发挥资金的使用效果。负责固定资产验收、折旧、报废、清理和在建工程费用核算等会计核算工作。妥善保管会计凭证、账簿、报表，建立完整的会计档案，由专人负责管理。

（3）按章交纳各种税费；二级核算单位的会计人员应及时定额向财务处上交各种应交款项，报送会计报表及财务分析说明。

（4）负责对本单位实行财务会计监督，对不真实、不合法的原始凭证不予受理；对记载不准确、不完整的原始凭证予以退回，要求更正、补充；发现账簿记录与实物、款项不符合时，按照有关规定进行处理或向单位领导报告，请求查明原因，做出处理；对违法违规收支不予办理，并向单位领导报告。

（5）协助、配合省教育厅、省审计厅、省财政厅、人民银行、税务等部门开展财务检查、清产核资、审计等工作，不得拒绝、隐匿，谎报。

（三）财务人员考勤制度的建设

1. 考勤办法

（1）严格考勤制度，每月公布考勤情况，考勤情况与年终考核挂钩。

（2）全体人员应自觉遵守劳动纪律，按时上下班，按时参加有关会议和其他活动，每天上下午上班时，主动到指定考勤人员处打考勤，考勤工作由处长指定专人负责。

（3）为保证考勤表真实、准确地反映考勤情况，负责考勤的人员应坚持原则，克服情面观点，实事求是地将各种考勤情况记在考勤表上，并妥善保管考勤表和请假条。

（4）每月月初由负责考勤人员对全员考勤情况进行核实，汇总后由处长签字并将全员考核情况在本部门公布，需上报人事处的按要求上报。

2. 请假制度

（1）坚持请假制度，严格按规定权限审批，事假超过 3 天，经财务处领导审批后，报人事处批准；3 天内由处长批准；病假原则上需医生证明。凡请假需填写教职工请假申请表。

请假需逐级审批，先由科长审批后报处长审批，需人事处或校领导审批的按程序申报。

（2）因事不能上班的，必须事前书面请假，得到批准后，才可不到岗（半天累计计算）。

（3）因病不能上班的，必须事前书面请假，来不及可口头打招呼，事后补假条（医生开具的休息证明和本人要求休病假的假条均可），经过批准才可休息（半天累计计算）。

（4）无故不来上班且事前未请假，事后无正当理由的，作旷工处理。

（5）上班到岗后不到一小时，因私事外出，应口头向负责考勤人员请假，并尽量在下班前赶回来。利用上班时间看病的也要事前口头向负责人请假，不打招呼的，按事假计算。看病提倡利用上班早段或末段时间，早段时间看完病未到下班时间需回办公室报到。

（6）事前未书面请假，也未口头打招呼，或未经批准擅自离岗办理私事，时间超过 60 分钟，按半天旷工计算。

（7）参加各类学历教育、职称考试的，经批准可给予适当上课或复习时间。相关人员事前应提交书面请假报告。

3. 加班规定

（1）全体人员均应踏实工作，提高工作效率，努力在上班时间完成岗位任务。如在上班时间无法完成工作或有紧急任务，确实需要加班或由领导安排加班的，需做好加班登记，详细记录加班日期、加班事由、加班时间、批准人、证明人。

（2）加班必须在办公室或其他公共办公场所进行，在家进行的一般不予认定。

（3）根据学校规定，加班可采取领加班费或补休两种方式。

补休应提前一天提出并经财务处领导同意，在业务多、任务重或遇特殊工作任务的情况下，一般不予安排补休。

4. 考勤的检查考核

（1）负责考勤人员或财务处长需定期或不定期到各个科室检查考勤制度的执行情况。

（2）考勤情况作为年终考核因素。

（四）会计人员的职业道德教育

1. 会计人员职业道德教育的主要内容

会计人员职业道德教育是高等学校财务工作质量保证体系的补充，是财务工作组织建设的重要组成部分。

（1）会计人员在会计工作中应当遵守职业道德，树立良好的职业品质、严谨的工作作风，严守工作纪律，努力提高工作效率和工作质量。

（2）爱岗敬业。会计人员应当热爱本职工作，努力钻研业务，使自己的知识和技能适应所从事工作的要求。

（3）熟悉法规。会计人员应当熟悉财经法律、法规、规章和国家统一会计制度，并结合会计工作进行广泛宣传。

（4）依法办事。会计人员应当按照会计法律、法规和国家统一会计制度规定的程序和要求进行会计工作，保证所提供的会计信息合法、真实、准确、及时、完整。

（5）客观公正。会计人员办理会计事务应当实事求是、客观公正。

（6）搞好服务。会计人员应当熟悉本单位的生产经营和业务管理情况，运用自己掌握的会计信息和会计方法，为改善单位内部管理、提高经济效益服务。

（7）保守秘密。会计人员应当保守本单位的商业秘密。除法律规定和单位领导人同意外，不能私自向外界提供或者泄露单位的会计信息。

2. 会计人员职业道德的检查和考核

（1）学校应当定期检查会计人员遵守职业道德的情况，并将其作为会计人员晋升、晋级、聘任专业职务、表彰奖励的重要考核依据。

（2）会计人员违反职业道德的，由学校进行处罚；情节严重的，上报省财政厅会计处（会计从业资格证发证机关）吊销其会计从业资格证书。

（五）会计人员的继续教育

会计继续教育，是对会计人员不断进行知识、技能更新和补充，以拓宽和提高其创造、创新能力和专业技术水平，完善其知识结构的教育，是对会计人员进行的终身教育。继续教育是培养会计人员遵守会计人员职业道德规范，敬业爱岗，热爱本职工作，熟悉财经法规，依法客观公正地从事会计工作的重要途径。

会计人员必须按照有关规定完成继续教育任务。会计人员继续教育包括接受培训和自学两种形式。继续教育时间每年累计不少于68小时，其中接受培训时间累计不少于16小时，自学时间每年累计不少于52小时。会计人员完成继续教育情况作为会计人员考核的重要内容之一。

（六）财务人员的任用和委派制

1. 政策依据

（1）根据财政部《关于印发〈内部会计制度规范——基本规范（试行）〉的通知》精神，会计人员任用要实行回避制度，不相容职务必须相分离。

（2）会计人员应具备会计工作所必需的专业知识和专业技能，熟悉国家的有关法律、法规、规章及有关会计制度，遵守职业道德，身体健康。未取得会计证的人员不得从事会计工作。非学校正式员工，不得兼任会计、出纳。出纳人员不得兼管稽核、会计档案保管和收入、费用、债权债务账目的登记。

（3）各单位可根据需要，对会计人员岗位定期轮换，以全面熟悉业务，提高业务素质。会计人员调动工作或者离职，所在单位必须书面通知财务处，办清交接手续。未经财务处同意并签署意见的，人事处不予办理调动手续。

（4）财务处负责对全校会计人员进行行业管理和业务指导，包括：

①全校所有财务人员必须在财务处登记，由财务处建立会计人员档案。因工作需要轮岗的非会计岗位人员也必须由财务处建立会计档案。

②财务处备案的会计人员，其任免需先征得财务处同意，所在单位不得任意调动、撤换。

③财务处是学校会计人员管理的职能部门，应定期组织培训、学习、交流、考核；同时配合人事处进行会计人员职称考试、聘任、资格审定等工作。

④财务处可根据二级单位需要，推荐委派会计人员，或代理记账。未取得财务处同意，不得自行调入或聘任会计、出纳。

2. 财务人员的任用程序

（1）财务机构负责人任用程序。财务处是学校唯一的一级财务机构，其机构负责人任免由学校财经工作领导小组拟定、校长审定，报党委批准任命。

（2）财务处科级干部任用程序。财务处科级干部任免由财务处负责人拟定人选，经校长审定后，报党委批准任命。科级干部处内平级调整，由财务处负责人商校长确定后，报党委组织部办理相关手续。

（3）财务处会计人员任用程序。财务处会计人员由财务处负责人拟定人选，报人事处办理任用手续。

3. 财务人员委派制

（1）财务人员委派制是一种财务人员管理体制，是国家以所有者的身份，凭借其管理职能对国家所属的企业、事业单位的会计机构负责人和主管会计进行委派的一种制度。它使得资产所有者可以直接对会计流程和会计人员进行管理，可以第一时间对出现的问题和矛盾提出解决办法，提高了办事效率，遏制了会计核算流程中的违规行为，是我国会计管理工作改革中的有益尝试。

（2）实行财务人员委派制的高等学校财务人员的编制在学校财务处，其工资待遇不由被委派的二级单位负担，避免了财务人员受财务处和二级单位的双重领导，摆不正位置，损害学校的利益。

第五节 财务工作组织建设对质量保证的作用

一、财务管理体制与质量保证体系的关系

(一) 财务管理体制是质量保证体系的基础

高等教育经费以各级财政拨款为主，学生缴纳学费以及杂费，社会团体、企业、华侨的赞助，校办产业利润上交，形成了高等学校多方位、多元化、多渠道筹集教育经费的财务管理体制。高等学校教育经费分配方式也由财务管理体制给予了进一步的规范和理顺，财务管理体制以经济责任制的形式从制度保证的角度，规范高等学校的财务收支行为，是高等学校强化质量保证的基础。

(二) 财务管理体制对高等学校财务工作组织建设的作用

高等学校有了法律法规做保障，根据国家规定的制度体系进一步建立健全高等学校的组织建设架构，使其成为高等学校财务架构设置和财务人员配备的依据。

确立了"大收大支"的财务管理理念，进一步理顺了高等学校校内各种利益关系。财务管理就是为理顺各种利益关系，配置资源服务的，既定利益格局确定了财务机构和财务人员的组织建设要求。

二、组织建设对财务工作质量保证的作用

切实做好高等学校财务工作的组织建设，是高等学校财务工作质量保障体系的重要组成部分，这对于高等学校加强财务管理、提高会计核算水平将发挥积极的作用。

(一) 领导和决策层的作用

高等学校应配备总会计师，加强对高等学校财务工作的领导，选配具有财会专业背景的财务管理人才充实高等学校的领导层，实行专业化的决策，以便提高财务决策效果。

(二) 建设一支优秀的财务人员队伍，是完善财务工作质量保证体系的关键

(1) 财务人员是高等学校人才资源的重要组成部分；

（2）高等学校财务管理工作离不开会计人员；

（3）财务人员是提高财务管理水平的重要保证；

（4）财务人员工作的好坏在某种程度上反映高等学校的管理水平；

（5）财务人员是高等学校决策的重要力量；

（6）财务主管是高等学校领导的左膀右臂。

第三章　高等学校财务工作岗位责任制

第一节　岗位责任制的相关概述

一、基本概念

（一）岗位责任制的概念

岗位责任制是根据各个工作岗位的工作性质和业务特点，明确规定其职责、权限，并按照规定的工作标准进行考核及奖惩而建立起来的制度，要求做到规范岗位设置、明确岗位职责、强化岗位职责检查、实施岗位责任制考核与奖罚。

会计岗位是对一个单位的会计核算和财务管理进行具体分工而设置的各个职能岗位。在会计机构内部设置会计岗位，有利于明确分工和各个岗位的职责；有利于会计人员钻研业务，提高工作效率和质量；有利于会计核算和财务管理的程序化和规范化，加强会计基础工作；有利于强化会计管理职能，发挥会计核算和财务管理的作用，是配备数量适当的会计人员的客观依据之一。

（二）会计核算

会计核算是根据实际发生的经济业务事项进行连续、系统、全面的记录、计算、反映和监督。具体包括填制会计凭证，登记会计账簿，编制财务会计报告等。任何单位不得以虚假的经济业务事项或者资料进行会计核算。会计核算是财务管理的基础。

（三）财务管理

财务管理是在一定的整体目标下，关于资产的购置（投资），资本的融通（筹资）和经营中现金流量（营运资金）以及利润分配的管理，财务管理以会计核算为基础。

（四）会计报表体系

会计报表体系是由若干法定会计报表、管理辅助报表、财务状况说明书、编表说明、附注组成的，能满足不同会计报表使用者对会计信息的不同需要的会计信息披露体系。

（五）会计信息系统管理员

会计信息系统管理员是组织协调会计电算化工作的管理人员，对系统（局域网系统）运行软硬件的配置及系统的安全性、正确性、及时性负责，根据电算化主管的指示对操作人员进行口令设置和权限分配以及系统分析设置。

二、高等学校财务工作岗位责任制的作用

（1）规范学校财务会计行为，强化会计核算和财务管理职能。

（2）提高工作效率和服务质量，充分调动和发挥财会人员的积极性。

（3）更好地履行会计核算、财务管理和会计监督职能，为教学科研行政后勤等服务，促进各项事业的发展。

三、制定高等学校财务工作岗位责任制的依据

高等学校应依据《高等学校财务制度》、《高等学校会计制度》、《内部会计控制规范》、《会计基础工作规范》及有关法律法规对会计机构职责、会计机构设置、岗位设置、岗位职责、不相容职务相分离的基本要求，结合单位财会工作的实际情况，制定岗位责任制。

四、财务会计岗位设置的原则

（1）实事求是，充分考虑、体现高等学校的实际情况，使得其可操作性强。

（2）财务会计岗位设置力求"横向到边、纵向到底"，岗位职责规范明确。

（3）不相容职务相分离。

（4）加强考核监督，奖惩结合。

第二节　建立健全高等学校财务工作岗位责任制

一、财务处各岗位公共职责

（1）熟练掌握国家和学校有关财经政策法律法规，并严格认真贯彻执行。坚持原则，秉公办事。严格按《会计基础工作规范》的要求办理各项会计事务。

（2）熟悉财务处各项管理流程，熟悉业务和财务审批权限，严格按制度、程序、标准办事。

（3）熟悉各类财务软件的功能，操作流程，严格按规定操作电脑，确保会计信息安全准确、真实完整。上机操作必须严格尊重有关事实，对原始凭证数据不得随意修改，对会计业务差错不得随意修改（自行录入错误除外），发现其他会计人员办理会计事务发生的差错，需按规定程序办理。

（4）服务态度好，对所有前来办理会计事务的人员要热情接待，不得有意挑选简易的业务办理，不得对复杂工作量大的业务拒不办理。耐心宣传、解释国家和学校的财经纪律和各项财务会计制度。

（5）经费核算应首先办理对外报账业务再作内部账务处理，岗位设置属于一岗多人的应主动招呼排队等候的人员到自己岗位办理核算业务，经费核算人员不得因业务难度大或繁琐而挑选报账者。

（6）在处领导指导下，各科科长、中心主任应积极做好本单位岗位分工和人员配置工作，做到分工合理，各项工作均有人员负责，做到"横向到边、纵向到底"，不留死角。

（7）加强业务学习，不断提高会计工作业务水平，对办理会计事务的人员的解释和业务要求一步到位，以减少办理同一项业务跑几次的现象。

（8）财务会计人员应遵守会计职业道德规范，做好会计信息

58

保密工作，在职责范围内符合规定的信息可以上传下达，非职责范围的信息未经许可不得随意泄密。

（9）必须按时保质保量地完成岗位职责未明确但确属于自身岗位职责的业务，按时保质保量地完成领导临时指派的有关工作。

二、财务处长岗位职责

（1）在校长直接领导下，负责财务处的全面工作。制定财务工作岗位责任制并采取有效措施科学设置内设机构职能，指导各岗位会计人员履行其职责。

（2）组织制定并监督贯彻执行学校各项财务会计制度，及时总结经验，不断修订和完善各项财务会计制度。

（3）参与学校重大经济问题的决策，参与拟订经济合同、协议及其他经济文件。

（4）组织领导学校报账单位及独立核算单位的财务会计工作，协调各单位之间的经济关系。

（5）坚持勤俭办学方针，开展增收节支、开源节流活动。搞好各项资金的综合平衡，讲求资金的使用效益，按权限审批各项用款。

（6）组织编制学校年度财务收支预算。草案交财经领导小组审议，校长审定，呈报党委批准实施。负责预算贯彻执行和预算检查监督，强化预算刚性，严禁预算项目指标超支，项目预算超支必须严格按规定程序办理手续。

（7）组织并主持财务处的年终决算工作。对决算报表的真实性、准确性和完整性负责。

（8）积极宣传，严格遵守财经纪律和各项规章制度，发现违反财经纪律或财务会计制度的，要及时制止及纠正，涉及重大问题的要向校领导或有关部门报告。

（9）组织会计人员开展业务学习活动，不断提高会计人员的业务水平，落实会计人员继续教育工作。

（10）研究、布置、检查和总结财务处工作，充分发挥会计职能的作用，为财务处工作人员年度考核评比，提出奖惩建议，办理工作人员年度考核工作。

（11）负责审查对外提供的会计信息和会计资料，保证会计信息和会计资料的真实可靠。

（12）及时提供准确的经济会计信息，分析、考核各项资金的使用效果和学校的综合经济效益，预测经济前景，为领导决策当好参谋。

（13）收集整理有关会计资料，定期、不定期地进行综合分析和专题分析，重大问题会同有关人员深入调查研究，找出出现问题的原因，提出解决问题的措施和建议。

（14）按年按季编写财务情况说明书，说明报告期内财务收支情况连同会计报表一并上报，月份中间如有重大问题，也应在月报中附简要说明。

（15）负责学校领导交办的其他工作。

三、财务处副处长岗位职责

（1）协助财务处长管理财务处的各项工作。

（2）参照财务处长岗位职责做好处长授权分管的对内设机构的各项管理工作。

四、财务科职责、岗位设置和岗位责任制

（一）财务科职责

（1）贯彻执行国家的各项财经方针政策、法令，维护财经纪律，严格执行财会制度。负责起草学校财务管理规章制度，加强调查研究，对不合时宜的提出修订意见，使会计核算、财务管理工作规范化、制度化、科学化。

（2）负责编制省级部门预算和学校综合财务预算，对预算执行实行动态管理，定期提交预算执行情况报告，负责预算调整的具体工作。

（3）负责按时申请省级部门预算财政拨款，定期对账，定期报告财政拨款完成情况。

（4）负责财政收付系统管理，负责财政下达的用款计划的申请和网上支付操作业务。对下达的用款计划要及时申请，对网上支付的要确保客户资料（户名、开户银行、银行账号等）准确无误。负责办理财政收付系统有关公务员卡业务，加强公务员卡管理，及时办理公务员卡结算业务。

（5）负责学校会计核算系统项目编码管理，根据财务处其他科室意见报处领导同意，修改会计核算系统科目。

（6）负责学校立项项目的初审工作，加强调查研究，编制立项项目可行性分析报告，为领导决策提供依据。负责对对外投资方案进行可行性分析，为领导决策提供可靠依据。

（7）负责按省财政厅、教育厅关于绩效评价的要求对上级规定的绩效评价项目和学校立项项目实施绩效评价，完成后提交报告，对社会效益、经济效益差的项目提出处理意见，属于学校项目的在下一年度不予安排预算。

（8）负责财经工作领导小组办公室的日常工作，做好财经工作领导小组相关会议的记录和起草会议纪要。

（9）参与学校经济管理活动，参与学校经济决策。充分利用会计资料，分析经济活动情况，提供可靠信息，预测经济前景，为校领导决策当好参谋。负责提供年度学校收支状况经济活动分析和专项项目经济活动分析。

（10）根据《高等学校财务制度》的规定，高等学校进行对外投资，特别是开展对外经营投资活动，应"报主管部门、国有资产管理部门和财政部门批准或备案"，凡涉及"非转经"的则按照国家国有资产管理局颁发的《事业单位非经营性资产转经营性资产管理实施办法》中有关审批程序的规定办理。负责涉及上述业务的报批手续，并对未办理或拒不办理手续的对外投资不予执行。全面了解学校的财务状况，参与制订学校的对外投资计划。负责将对外投资的资金运用到编制年度、月份的资金作业计划中。

（11）负责筹资融资（基建筹资除外，基建筹资融资由基建财务科负责）工作。

（二）财务科岗位设置（见图**3.1**）

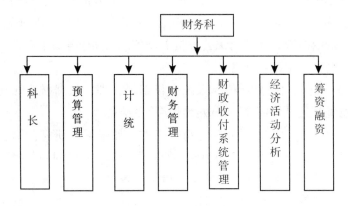

图 3.1　财务科岗位设置

（三）财务科岗位责任制

1. 财务科长岗位职责

（1）在学校和财务处领导的领导下，根据《预算管理办法》的规定，负责学校预算编制的具体工作，包括省级部门预算和学校综合财务预算。制定和调整有关预算的定额、标准，制定学校预算编制指南。经常检查预算的执行情况，并对预算的执行情况进行经济活动分析，实行动态管理。对预算执行过程中的违纪违规现象给予纠正，提出预算考核奖罚建议。对预算调整提出初步建议，负责预算调整过程中的具体操作。

（2）负责制定学校"统一领导，集中管理"的财务管理体制。设置法人单位二级财务管理机构，提出配备财务机构负责人的建议人选，贯彻执行"收支两条线"政策，对属于报账单位的经济实体和各院（系、部）、各单位实施监督管理，严禁私设"小金库"。

（3）负责起草学校和财务处会计制度，征求意见。对不合时宜的提出修订意见，使会计核算、财务管理工作规范化、制度化、科学化。加强调查研究，为加强财务管理和会计核算提出改进工作的方法，提高财务处工作质量和服务质量。

（4）负责学校立项项目的初审工作，加强调查研究，编制立项项目可行性分析报告，为领导决策提供依据。

（5）负责按省财政厅、教育厅关于绩效评价的要求对上级规定的绩效评价项目和学校立项项目实施绩效评价，完成后提交报告，对社会效益、经济效益差的项目提出处理意见，属于学校项目的在下一年度不予安排预算。

（6）负责省教育厅教育经费统计组织工作，负责学校经济活动分析，负责其他计划统计工作。

（7）负责财政收付系统管理，按时申报月度、季度预算，及时对账、清账。

（8）负责对本科各项工作进行布置、检查与总结，组织全科人员参加政治学习和业务研究，做好全科人员的思想政治工作，充分调动工作人员的积极性。

2. 财务科预算管理岗位职责

（1）根据《预算管理办法》的规定，负责学校预算编制的具体工作，包括省级部门预算和学校综合财务预算。制定和调整有关预算的定额、标准，制定学校预算编制指南。

（2）负责预算执行、预算调整的具体工作。定期、不定期对预算执行情况进行分析，及时分析考核各部门的经费收支使用结余情况，以防超支。定期、不定期编制部门经费收支使用结余情况报告，协助领导做好经费项目超支控制工作。

（3）负责学校立项项目、科研经费立项项目、会计核算系统项目编码的编制和管理工作。做好经费核算中科研经费入账与科研处项目编码的协调工作。

（4）负责按领导批示做好部分项目的冻结、解冻、暂时超支支付等相关工作。

（5）负责学校立项项目的调查研究，编制项目可行性分析报告。

（6）加强预算管理的调查研究，参照其他兄弟院校的先进经验，不断提高学校预算编制、预算管理的质量。

3. 财务科计统岗位职责

（1）负责起草财务处年度工作计划，根据财务处各科报送的年度工作计划进行整理，形成财务处工作计划，报处长审阅。

（2）负责涉及预算的设备购置计划、基建投资计划、基金使用计划的编制、执行、分析。

（3）负责省教育厅教育经费统计。

（4）负责协助资金出纳科做好年度和月度资金作业计划并监督其贯彻执行。

（5）负责学校或处领导安排的临时性统计专项工作，完成相关资料的收集、整理和上报工作。

4. 财务科财务管理岗位职责

（1）负责起草学校财务管理规章制度，加强调查研究，对不合时宜的提出修订意见。

（2）负责财务处关于会计核算、财务管理工作方法的研究，提出改进工作方案的合理化建议，协助各岗位提高工作效率和工作质量。

（3）定期、不定期提交学校经济活动分析报告和专项项目经济活动分析报告。

（4）负责拟定学校资金增值、保值可行方案，协助资金出纳科做好资金调度的衔接工作，协助有关人员编制学校资金作业计划。

5. 财务科财政收付系统管理岗位职责

（1）负责财政收付系统管理，根据科长和处长安排的用款计划，结合主管部门下达的学校部门预算经费指标，统筹安排，按时申报月度、季度财政拨款预算。

（2）负责财政下达的用款计划的申请和网上支付操作业务。对下达的用款计划要及时申请，对网上支付的要确保客户资料（户名、开户银行、银行账号等）准确无误。负责办理财政收付系统有关公务员卡业务，加强公务员卡管理，及时办理公务员卡结算业务。

（3）积极跟踪落实财政拨款的完成请款，对财政拨款执行情况实行动态管理，编制财政拨款执行情况报表，为有关领导及时掌握财政拨款执行情况提供依据。

（4）定期与省财政厅国库处进行财政拨款对账，确保财政拨款与零余额账户各项资料准确无误。年终决算时需力争及时对账，避免影响年终决算进度。

6. 财务科经济活动分析岗位职责

（1）负责月度终了 10 天、季度终了 15 天内提交有关学校月度、季度财务管理的经济活动分析报告，报告需有一定的使用价值。

（2）负责学校专项分析和重大问题调研工作，编制调查报告或可行性分析报告，为领导决策提供科学依据。

（3）负责协助综合科做好季度报表和年度决算报表财务状况说明书的编制工作。

（4）负责学校布置的投资项目的可行性分析，提交可行性分析报告，为领导决策提供科学依据。

（5）参与学校有关分配制度的制定。

（6）经常分析经费的执行情况，探索学校的经济活动规律，找出财务管理中的漏洞，提出加强财务管理的措施。

7. 财务科筹资融资岗位职责（基建筹资融资除外）

（1）负责财政拨款（基建筹资融资除外）、科研经费拨款的筹资融资工作，要求积极依法筹措教育经费，包括财政拨款和金融机构融资。

（2）负责草拟学校筹资融资奖励制度（或方案），报学校批准并负责实施的具体工作。

（3）对融资项目进行可行性分析，编制可行性分析报告和融资还款计划。督促会计核算执行科按时归还借款。

（4）检查督促学校各项收入的及时完整到位，提出服务收入分成办法，交由经费核算科实施并检查实施情况。

（5）加强与省教育厅、财政厅、省计委等主管部门的业务联系，上报有关资料报告，争取它们对学校办学的支持。加强与银行等金融机构的联系，制订银校合作、银校双赢方案，密切银校关系，融通资金，促进学校发展。

（6）加大力度做好筹资融资工作，积极依法筹措教育经费，力求做出成效。

五、会计科职责、岗位设置和岗位责任制

(一) 会计科职责

(1) 严格执行国家财经法规及《高等学校会计制度》,负责校内教育事业费、科研经费及其他资金的收支核算,负责校内各项经济业务的审核并进行账务处理,严格按照财务管理的有关程序做好记账凭证和完成记账工作,定期打印总账与明细账,为编制报表提供数据。对结算中心提供的教职工个人经费结算资料、学生经费结算资料、各项收入资料及时进行账务处理。

(2) 管理好财务账目,做到日清月结,合理开支经费,严格审批手续。

(3) 按时做好对账清账工作,做好往来款清算工作,及时清理未达账,进行试算平衡,月末工作日当天及时结账。

(4) 负责流转税、事业单位所得税的清算汇缴工作。负责按时编制流转税报表、事业单位所得税报表,交后勤核算科税费岗位办理税务机关征收清算汇缴工作,负责事业单位所得税的年度会计师事务所审计工作。

(5) 负责往来款清算,每月 10 日前打印应收及暂付款清单交有关单位或个人,督促及时办理还款报销手续。对违反《应收及暂付款和财务报销管理实施细则》规定的,提出处理建议。

(6) 协助综合科做好年终决算工作,协助综合科布置会计报表的编制工作并提供相应的数据。

会计科岗位设置见图 3.2。

(二) 会计科岗位责任制

1. 会计科长职责

(1) 在处长领导下,全面主持会计科工作。对财务科下达的各单位年度经费指标,严格掌握进度,监督检查经费支出的执行情况,对违反财经纪律和财务制度的情况要予以制止和纠正,并及时向处长报告。

(2) 熟悉会计科职责、会计科各岗位职责、核算对象、核算

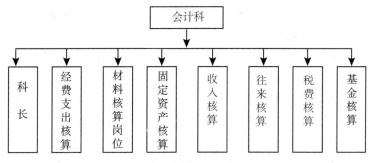

图3.2　会计科岗位设置

内容、各岗位工作量、岗位工作进度等内容以及临时性工作，指导管辖内会计人员履行职责，提高工作质量和工作效率。对薄弱岗位要传帮带。负责将处内其他科（中心）交接的需要作账务处理的各种票据、各类发放表，分配给经费支出核算岗位进行账务处理。处内科室票据等传递需办理交接手续，发现常规单据或银行单据未到位，及时通知相关单位人员查补。

（3）负责按《应收及暂付款和财务报销管理实施细则》规定的会计科长审批权限审批各项经费支出。

（4）负责提供合同结算及各项付款情况，协助处领导办理支付审批手续，防止多支付或提前支付。

（5）努力提高自己的管理水平，能及时发现各岗位核算中存在的问题和错漏并协助给予纠正。经常对各岗位的业务进行检查和钻研，不断改进工作方法，降低劳动强度，提高核算质量和服务质量。

（6）参与编制年度预算，负责提供真实、及时、准确、完整的会计信息，包括计划、预算执行情况、会计报告、经济活动分析资料。

（7）负责对本科各项工作的研究、布置、检查与总结，组织全科人员进行政治学习和业务研究，做好全科人员的思想政治工作，充分调动工作人员的积极性。

2. 会计科经费支出核算岗位职责

（1）熟悉党和国家的财经政策法规、财务制度和学校各项财务收支规定及实施细则，严格执行财经纪律，坚持原则，秉公办事。根据现行的财经政策法规、财务制度和学校有关财务管理规定对各种原始凭证进行认真审核。对经济业务内容不详，凭证基本要素不齐全，领报手续不完备的原始凭证及不合法的收付款凭证要拒绝受理；对违反现行财经政策法规、财务制度和学校的财务管理规定的经济业务，有权拒绝受理。

（2）审核原始凭证是否手续完备，原始凭证必须有经手、证明（验收）和审批签名。原始凭证审核无误后方可录入编制记账凭证，记账凭证经稽核复核签章后交出纳办理付款。随时掌握各项目资金的年度预算指标和余额。对无预算或超指标、超标准用款有权拒绝办理，并及时汇报领导处理。

（3）认真执行国家各项财经政策和财会制度，严格掌握经费支出报销原则、范围、标准，审查所支款项是否有经费指标；所支费用是否符合规定；原始凭证是否合理合法，大小写数字是否相符，经办人、验收人、单位负责人手续是否完备；属于专控商品的审查批件是否齐全；属于工程结算的要核对有关协议、合同的文件是否符合合同规定；属于固定资产或库存材料范围的审查是否填写固定资产申购计划书、材料出入库通知单。凡发现与报销原则要求不符、上列内容手续不完备、计算有错误的，有权拒绝受理报销。随时掌握各用款单位经费预算、经费支出、经费余额情况，做到报销不超支，认真把好支出关。正确编制会计分录，做到核算内容与会计科目的内容相符，费用归属正确。记账凭证摘要应准确、简明扼要，打印出的记账凭证要有审核员本人签章。熟悉各会计科目的核算内容，熟练使用计算机，并依据真实、合法、完整的原始凭证做好记账凭证。做到科目运用正确，费用归集合理。

（4）敢于坚持原则，对违反财经纪律和财务会计制度的开支要拒绝支付，对无预算的支出坚决不予办理，对虽有经费预算但明显不合理或有欠公允的开支项目商有关负责人后再作处理，强化预算刚性。重大问题或疑难问题应及时逐级请示汇报。

（5）认真钻研业务，熟悉教学、科研、行政、后勤基本支出和专项支出的列支渠道，准确高效地处理经费支出会计核算业务。

（6）经费核算应先对外报账再作内部账务处理，一岗多人的应主动招呼排队等候的人到自己岗位核算，经费核算人员不得因业务繁琐而挑选报账人。

（7）参与编制学校综合财务预算，负责提供真实准确完整的经费执行情况和相关的分析资料。严格执行学校综合财务预算和经费开支标准，及时汇报执行情况，发现问题按规定程序处理。对预算项目调整，提出处理意见并说明理由，以便按规定程序办理预算调整手续。

3. 会计科材料核算岗位职责

（1）负责提出选用合法的"材料进销存"电脑核算会计电算化软件，建立健全学校的燃料、材料、低值易耗品、教材、医疗药品等的计算机辅助管理系统，协助校内使用单位做好软件系统使用管理工作。实行会计电算化网络化管理功能，配合流动资产管理部门做好流动资产收发存管理工作。

（2）负责校内使用单位购进货物发票验收入库和发出凭证的初步核算并作账务处理。每月（或指定时间）按上述存货核算系统管理单位提供的存货发出单据分类处理，在对口项目列作支出账务处理。属于后勤核算科业务的，移交后勤核算科出账。每月需将会计电算化存货核算系统库存总账金额与财务处经费核算系统存货相关科目进行核对，发现问题及时处理，做到账账相符。

（3）教材、实验实习材料、消耗性体育用品等材料管理资料作账务处理。负责流动资产的年终盘点，盘盈盘亏按程序报批并报会计核算科作经费列报。对报废流动资产提出处理建议。

4. 会计科固定资产核算岗位职责

（1）负责会同设备处等相关部门拟定学校固定资产管理制度，并负责贯彻执行，履行财务处固定资产价值管理职责。

（2）负责按设备处提供的固定资产报增单、采购计划、中标通知书、立项报告等相关资料，做好固定资产的收发存、报废的账务处理。

（3）负责固定资产价值管理，定期与设备处核对财务核算系统与资产管理系统总账、总分类账金额，发现问题及时处理，做到账账相符。

（4）办理固定资产调拨、报废、处置等账务处理，对有残值的，检查督促，及时入账。

（5）参与固定资产的清查盘点与报废，分析固定资产的使用效果。

5. 会计科收入核算岗位职责

（1）负责结算中心各项收入和其他单位、个人上交收入的核算工作。本岗位核算收入中的校办产业收入部分。负责校产办报账单位租赁收入、管理收入、场地占用费收入、押金收入、水电费收入、其他收入的核算，按校产办财务核算人员填制的电脑票据，自动生成记账凭证，粘上记账联审核无误后经相关岗位稽核后交出纳完成收入作业。

（2）负责审核校产收入的准确、完整，发现问题按程序处理，并协助票据岗位对校产办领用票据及时核销。

（3）负责往来核算中的校产办押金部分，逐月与校产办的押金台账相核对，并做好校产租户的押金清退工作。

6. 会计科往来核算岗位职责

（1）认真贯彻执行学校经费预算、《应收及暂付款和财务报销管理实施细则》以及一支笔审批制度，负责"应收及暂付款"、"借出款"、"借入款"、"应付及暂存款"、"代管理款项"等账户的核算和清理工作。

（2）往来核算的科目设置必须与经费开支、会计信息使用相结合，明细分类账应设置到项目或个人，以便清理、结算和核销。由于"暂付款"大多数最终会转化为经费支出，因此，本岗位应协助负责人做好"暂付款"的审批工作。

（3）负责定期将往来科目总账、明细分类账、往来对冲号进行核对，做到账账相符。定期对明细分类账进行清理并办理有关确认手续。

（4）负责往来款清算，每月 10 日前打印应收及暂付款清单交有关单位或个人，督促及时办理还款报销手续。对违反《应收及暂付款和财务报销管理实施细则》规定的，提出处理建议。

（5）负责定期对经费项目进行账龄分析，编制账龄分析表，对于部分没有运用价值的"代管款项"提出转做其他用途建议，对无法支付的"应付款项"、"暂存款项"，按规定程序办理报批手续后，列作收入账务处理。对于应列作经营收入的往来款或挂账应及时转作收入并通知税费管理岗位计缴相关税费。

（6）努力钻研业务，提高理财效果，对较长时间的闲置款项进行统计分析，并提出投资增值建议。

7. 会计科税费核算岗位职责

（1）熟练掌握国家有关税收、规费的法律法规，准确、及时地确认收入，按时完成各项税费的纳税申报工作。

（2）负责事业单位所得税、车船使用税、印花税、增值税、营业税、城建税、房产税、土地使用税、教育费附加、防洪费的计提工作；填制上述所得税、流转税纳税申报表，交后勤核算科的税费单位到税费征收机关申报纳税，办理打印税收缴款书交由现金出纳科送交银行缴纳税款；凭税单作账务处理。

（3）根据学生教育收费情况，按规定计算"应缴财政专户款"金额，办理有关审批手续后交资金出纳科及时上缴财政专户，凭缴款凭单作账务处理；负责以存入应上缴财政专户资金的反拨和清算等工作。

（4）负责非独立核算校办产业租赁费、管理费等收入纳税申报。填制上述税纳税申报表，交由后勤核算科到税费征收机关申报纳税，办理打印税收缴款书交由现金出纳科送交银行缴纳税款；凭税单作账务处理。

（5）负责税务机关对各种税费的检查工作，参加各种税务部门组织的税务工作会议，汇报并传达有关会议精神。负责税务部门布置的各种自查自报工作。

（6）负责与税收征管机关的请示、沟通、联系工作，对外交往必须经财务处领导同意方能进行。

8. 会计科基金核算岗位职责

（1）按有关规定计提分配事业基金和专用基金（职工福利基

71

金、还贷基金），定期、不定期提供基金计提、使用、结余情况，并作必要分析。

（2）负责月份终了5天内，按规定计提工会经费、职工福利费，办理相关审批手续后交资金出纳科办理划转手续，凭相关资料作账务处理。

（3）负责按月根据相关规定计提学生奖助金，办理相关审批手续后作账务处理。

（4）负责对外投资的核算，协助财务科对对外投资项目进行可行性分析。

（5）负责提出使用一般事业基金（结余）弥补预算超支方案，以供学校编制预算使用。

（6）负责协助科研处对全校无形资产的管理和核算，办理实物投资、无形资产投资的价值评估确认手续。

（7）负责对外投资收益分成、投入资本等经济往来的清算工作、协助"往来核算岗位"对对外投资发生的往来的清理及收付结算工作。

（8）密切关注被投资单位的经营状况，及时掌握被投资单位的信用及财务状况，定期对对外投资项目进行经济活动分析，并提供有参考价值的经济活动分析报告。

六、后勤核算科职责、岗位设置和岗位责任制

（一）后勤核算科职责

（1）负责后勤各项服务经费支出核算，办理结算中心收取的后勤服务项目的账务处理，办理医疗费支出核算业务。

（2）负责学生食堂代管收支核算，及时将IC卡收款进行结算，对食堂代管项目资金来源和资金运用（支出）实行动态控制，没有资金来源的不得开支。

（3）负责后勤服务合同的执行和经费项目控制。

（4）负责转存学生食堂IC卡的助学金、伙食补贴的发放工作，负责学生国家奖学金、国家助学金、学校奖学金（含新生奖学金）、勤工助学金等的账务处理。

（5）负责教职工医疗费、离休医疗费、退休医疗费、学生医

疗费等的支出核算，校医院医疗药品收发存核算。负责医疗费子系统的管理，录入教职工（含离退休）报销医药费数据，每周三上班前将医疗费使用扣款满额或接近满额统计表交医疗费报账岗位使用。

（6）负责制定后勤社会化后的水电费管理方案，消除水电费管理的跑冒滴漏现象，节约经费开支。负责将托收付款的电费、水费、排污费及相应增容费单据交总务后勤部门核对后交经费核算科作账务处理，对托收付款有差错的跟踪收回相关款项。

（7）负责协助做好后勤服务总公司银行一般结算专户的管理，定期与基本户清算并办理资金划转手续。

（8）负责定期向后勤服务总公司提供其管理需要的辅助报表、分析报告和有关会计信息。

（9）负责工会代理记账和二级单位代理记账，办理代理记账的相关会计事务。

（10）负责代理记账单位的税费清缴工作。负责向税务机关办理结算中心个人所得税税款清缴、经费核算科流转税和事业单位所得税税款清缴、二级单位代理记账税费清缴的相关手续。

（11）负责学校及二级单位税务登记证及法律文件的年检等工作。

（二）后勤核算科岗位设置（见图 3.3）

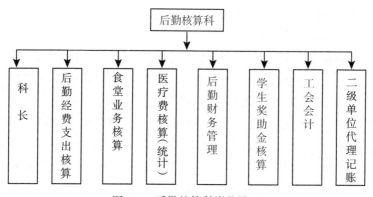

图 3.3　后勤核算科岗位设置

（三）后勤核算科岗位责任制

1. 后勤核算科长职责

（1）熟练掌握国家的财经法规、财务制度、会计制度，严格遵守和执行国家的各项财经政策，坚持原则，秉公办事。

（2）根据现行的财经政策法规、财务制度和学校有关财务管理规定对各种原始凭证进行认真审核。对经济业务内容不详，凭证基本要素不齐全，领报手续不完备的原始凭证以及不合法的收付款凭证要拒绝受理；对违反现行财经政策法规、财务制度和学校财务管理规定的经济业务，有权拒绝受理。

（3）认真执行国家各项财经政策和财会制度，严格掌握经费支出报销原则、范围、标准，审查所支款项是否有经费指标；所支费用是否符合规定；原始凭证是否合理合法，大小写数字是否相符，经办人、验收人、单位负责人手续是否完备；属于专控商品的审查批件是否齐全；属于工程结算的要核对有关协议、合同的文件是否符合合同规定；属于固定资产或库存材料范围的审查是否填写固定资产申购计划书、材料出入库通知单。凡发现与报销原则要求不符、上列内容手续不完备、计算有错误的，有权拒绝受理报销。

（4）及时清理后勤方面往来款项业务，业务出差人员暂借差旅费按《应收及暂付款管理和财务报销管理细则》的规定执行。

（5）负责学生食堂代管收支核算，及时将 IC 卡收款进行结算，对食堂代管项目资金来源和资金运用（支出）实行动态控制，没有资金来源的不得开支。

（6）负责转存学生食堂 IC 卡的助学金、伙食补贴的发放工作，负责学生国家奖学金、国家助学金、学校奖学金（含新生奖学金）、勤工助学金等的账务处理。

（7）随时掌握后勤总公司经费预算、经费支出、经费余额情况，做到报销不超支，认真把好支出关。正确编制会计分录，做到核算内容与会计科目的内容相符，费用归属正确。记账凭证摘要应准确、简明扼要，打印出的记账凭证要有审核员本人签章。审核员账务处理导致出纳员多付或多汇款项的，其差错款由审核员与复核员负责。

（8）负责定期向后勤服务总公司提供其管理需要的辅助报表、分析报告和有关会计信息。

（9）负责对本科各项工作的研究、布置、检查与总结，组织全科人员进行政治学习和业务研究，做好全科人员的思想政治工作，充分调动工作人员的积极性。

2. 后勤核算科后勤经费支出核算岗位职责

（1）熟悉党和国家的财经政策法规、财务制度和学校各项财务收支规定及实施细则，严格执行财经纪律，坚持原则，秉公办事。根据现行的财经政策法规、财务制度和学校有关财务管理规定对各种原始凭证进行认真审核。对经济业务内容不详，凭证基本要素不齐全，领报手续不完备的原始凭证及不合法的收付款凭证要拒绝受理；对违反现行财经政策法规、财务制度和学校财务管理规定的经济业务，有权拒绝受理。

（2）审核原始凭证是否手续完备，原始凭证必须有经手、证明（验收）和审批签名。原始凭证审核无误后方可录入编制记账凭证，记账凭证经稽核复核签章后交出纳办理付款。随时掌握各项目资金的年度预算指标和余额。对无预算或超指标、超标准用款有权拒绝办理，并及时汇报领导处理。

（3）认真执行国家各项财经政策和财会制度，严格掌握经费支出报销原则、范围、标准。随时掌握各用款单位经费预算、经费支出、经费余额情况，做到报销不超支，认真把好支出关。正确编制会计分录，做到核算内容与会计科目的内容相符，费用归属正确。记账凭证摘要应准确、简明扼要，打印出的记账凭证要有审核员本人签章。熟悉各会计科目的核算内容，熟练使用计算机，并依据真实、合法、完整的原始凭证做好记账凭证。做到科目运用正确，费用归集合理。

（4）负责校内单位（含科研经费项目）、个人使用后勤总公司交通服务中心车辆、使用后勤总公司教学服务中心的领用材料、文印服务等项目的结算工作，分类办理审批手续后作账务处理。

（5）对凭现金支付证明表（单）支付的记账凭证，附件单据需单独装订，按月整理后交档案管理岗位紧随月份凭证档案后面存档。

（6）坚持准则，对违反财经纪律和财务会计制度的开支要拒绝支付，对无预算的支出坚决不予办理，对虽有经费预算但明显不合理或有欠公允的开支项目商有关负责人后再作处理决定，强化预算刚性。重大问题或疑难问题应及时逐级请示汇报。

（7）认真钻研业务，熟悉教学、科研、行政、后勤基本支出和专项支出的列支渠道，准确高效地处理经费支出会计核算业务。

3. 后勤核算科后勤财务管理岗位职责

（1）参与制定学校与后勤总公司签订的工作合同，并协助会计核算科审核拨付维持经费，检查监督后勤经费的使用。

（2）对后勤财务管理进行业务领导。负责后勤项目投资的可行性分析。

（3）负责制订后勤社会化后的水电费管理方案，消除水电费管理的跑冒滴漏现象，节约经费开支。

（4）负责定期向后勤服务总公司提供其管理需要的辅助报表、分析报告和有关会计信息。

（5）负责收集、整理食堂经营第一手资料，提交学校领导作为食堂经营管理模式决策的依据。

4. 后勤核算科食堂业务核算岗位职责

（1）负责食堂代管收支核算业务，严格按《后勤财务核算暂行办法》的有关规定执行。

（2）负责学生食堂代管收支核算，及时将 IC 卡收款进行结算，对食堂代管项目资金来源和资金运用（支出）实行动态控制，没有资金来源的不得开支。

（3）对于使用支付证明表（单）支付的记账凭证的附件单独装订，按月移交档案管理员存档。

（4）协助后勤财务管理岗位做好收集、整理食堂经营第一手资料，提交学校领导作为食堂经营管理模式决策的依据。

5. 后勤核算科医疗费核算（统计）岗位职责

（1）熟练掌握国家和学校关于医疗、保险、劳动保护的政策、法律和规章制度，参与制定和修订学校医疗费使用、报销管理办法。

（2）严格按照学校的医疗费报销管理办法做好医疗费的审核报销工作，属于特约记账单位转来的记账单也必须办理有关的审签手续。

（3）负责医疗费报销统计子系统的管理，在该系统上进行医疗费的报销核算处理并设置明细分类台账以实现记录到每个教职工的自动登记、自负金额计算、扣款等功能，并在此基础上分批列作经费支出，编制记账凭证。及时提供各类人员医疗费报销满额或接近满额表供医疗费支出核算人员使用。

（4）负责对库存药品的核算，采取以购代用的要设置库存台账进行管理。

（5）协助制订年度医疗费使用计划，作为学校经费预算的依据，根据年度计划及实际情况编制月度医疗费使用资金作业计划。报处长审批后交会计核算科办理付款手续。

（6）审核省公医办的医疗拨款是否足额及时到位，按公医办的要求编报有关的医疗费报表。

6. 后勤核算科学生奖助金核算岗位职责

（1）熟悉掌握国家、省、学校关于学生奖助贷金的相关规定。

（2）负责通过 IC 卡发放学生国家助学金，毕业班学生不能通过 IC 卡发放部分，交由结算中心做盘转账发放。

（3）负责按结算中心提交的各类助学金、勤工助学发放表作账务处理。

（4）负责新生 IC 卡发放等相关工作。

7. 后勤核算科二级单位代理记账岗位职责

（1）负责校办企业会计核算和财务管理工作，负责企业日常支出核算，按时编制校办企业会计报表和纳税申报表。

（2）负责代理记账单位的税费清缴工作。负责向税务机关办理结算中心个人所得税税款清缴、经费核算科流转税和事业单位所得税税款清缴、二级单位代理记账税费清缴的相关手续。

（3）负责对校产办投资收益、二级单位上缴的核算，参与制定校办产业上缴基数指标、考核指标、国有资产保值增值指标，并采取必要措施确保其实施。建立健全对校产办投资收益的监管制度，确保其及时、足额地上缴。负责对校产办及二级单位会计核算进行业务指导。

（4）负责校办企业相关税务以及校办企业开业、变更、注销、年检等工商登记注册事项的审查工作。

（5）负责学校税务登记证的年审工作。负责购买或印制税务票据交给综合科"票据管理岗位"保管，并办理有关交接手续。

8. 后勤核算科工会会计岗位职责

（1）遵守财经法规和学校财务制度，按照工会会计制度做好工会的会计核算和财务管理工作。

（2）负责向经费核算科核实计提、拨付工会经费和福利费，发现差错协助给予纠正。

（3）按时向工会交财务报表、按时按标准向工会交工会经费。

（4）协助做好工会银行账户对账工作，按时对账，票据及时入账，及时查清未达账，做好银行存款余额调节表。

（5）协助做好工会活动费、慰问金的发放工作。

七、结算中心职责、岗位设置和岗位责任制

（一）结算中心职责

（1）负责管理学校除财政拨款以外的所有收入，包括学生收费、租赁收费、培训收费以及其他各项收费工作。熟悉国家教育收费政策、金融政策，运用银行信贷、结算、现金管理等办法组织学校结算内收入的收缴管理工作。

（2）制定有关学生收费的管理办法，积极组织学费收入，采取强有力措施确保学生收费工作的顺利完成，普通本科生欠费率控制在5%以下。

（3）做好国家助学贷款工作、审批学生缓交学费申请。

（4）负责学生奖学金、助学金（转存食堂IC卡除外）、研究生补贴、学生勤工助学金的发放管理工作，制作银行转账电脑软盘交综合科发放。

（5）负责学生食堂IC卡收款和学生超额水电费收费点的监管

工作，确保收入的完整和安全。

（6）负责校园卡系统建设、升级、维护以及各项核算管理等工作。

（7）负责各收费项目和收费标准的拟定、报批和公示工作，检查监督校内依法收费行为。

（8）负责个人经费结算工作，及时发放在编教职工、离退休人员、聘用制人员（含后勤服务总公司人员）的各项工资和奖金，准确扣缴各项税费，做好有关住房公积金的各项工作。

（9）协助财务科做好票据的购买和核销工作。

（二）结算中心岗位设置（见图3.4）

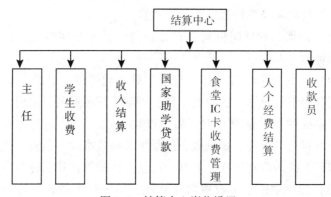

图3.4　结算中心岗位设置

（三）结算中心岗位责任制

1. 结算中心主任岗位职责

（1）全面主持结算中心各项工作，负责电脑设备和软件维护，负责校园卡系统建设、升级、维护以及各项核算管理等工作。

（2）熟练掌握有关物价政策和收费规定，拟定各项收费标准，起草有关收费规定的管理文件，监督检查校内各单位执行收费政策的情况，发现有不符合政策规定及违反收费标准的现象及时提出建议，并向处长报告。

（3）熟练掌握国家劳动工资政策和学校有关劳动工资制度，

能发现并解决个人经费管理中存在的问题，督促个人经费结算岗位及时准确发放各款项。

（4）负责结算中心的考勤工作，组织全中心人员进行政治学习和业务研究，做好全中心人员的思想政治工作，充分调动工作人员的积极性。

（5）完成处长交办的其他工作任务。

2. 结算中心学生收费岗位职责

（1）负责到省物价管理部门办理收费许可证，收费项目有变动的应及时办理换证手续，实行亮证收费。

（2）对不需办证的重修费收费等项目应按规定标准制定内部收费许可证。严格执行物价部门和学校关于加强收费管理的有关规定，不得收取未经学校批准的收费项目。

（3）向票据管理岗位领取有关收费收据并办理相关的核销手续。保管财务专用章。

（4）负责学生收费工作，与学生处、教务处、继续教育学院密切配合组织好每学年的收费工作，将学生花名册装订成册并与录入收费系统的名单认真核对，做到准确无误。改进和完善收费方法，争取银行的支持，做到既方便学生又高效准确。负责学生直接通过银行汇款的收费工作，开具收据交会计核算科作账务处理。

（5）熟练掌握学生收费软件系统，掌握收费动态并造表向处领导汇报缴费信息。经常与教务处学籍管理部门核对在校学生情况，及时清算退学人员的学费并在收费系统取消学籍。

（6）负责查清毕业离校学生学杂费和各项欠款情况，交清各项费用后方予以办理离校手续。

（7）协助会计核算科做好"应上缴财政专户"款的上缴、返拨核对工作。负责填报物价部门要求的生均培养成本报表。

（8）负责学生助学贷款的具体工作，联系助学贷款受理银行并办理有关手续，协助提供学生还贷诚信信息。

3. 结算中心收入结算岗位职责

（1）负责财务票据管理打印软件的使用，负责填制省行政事业单位往来结算票据，负责水电费的收费。

（2）负责税控发票打印软件的使用，熟练掌握税收收入政策，准确区分应税收入和非税收入，并在对应的计算机上填制地方税收税控专用发票。

（3）负责国际交流与培训中心各项收费的管理，对中心填制的票据进行审核。

（4）认真核对收入的完整性，协助票据管理岗位做好票据核销工作。

4. 结算中心国家助学贷款岗位职责

（1）熟悉国家关于学生助学贷款的方针政策，制定学校学生助学贷款实施办法，并负责贯彻执行具体工作。

（2）及时了解学生国家助学贷款的需求及动态，调查研究，做好摸底工作。

（3）负责布置、收集、整理、上报学生助学贷款相关资料表格，需要报批的交有关部门或领导办理审批手续，需要存档的移交档案管理员存档。

（4）负责协助学生处办理学生与国家助学贷款经办银行签订学生助学贷款合同，负责协助办理学生还贷、提前还贷的相关手续。

（5）负责办理学生国家助学贷款缴交学费的相关工作，办理学生国家助学贷款抵缴学费后余额的发放工作。

5. 结算中心食堂 IC 卡收费管理岗位职责

（1）负责制定学校食堂 IC 卡收费管理制度，并负责贯彻执行的具体工作。

（2）对食堂 IC 卡收费实行动态管理，监督及时入账，根据需要送结算中心作现金收入或送存银行，及时了解 IC 卡收费入账情况，及时与后勤核算科对账。负责协助后勤核算科办理食堂 IC 卡结算工作，监督检查结算及支付的正确性。

（3）负责定期、不定期检查 IC 卡收费点收费系统使用情况、收款记录，检查收费上缴情况，防止款项流失。

（4）对 IC 卡收费点进行业务领导。

6. 结算中心个人经费结算岗位职责

(1) 熟练掌握国家劳动工资政策和学校有关劳动工资制度,能发现并解决个人经费管理中存在的问题。根据学校的经费预算,参与制订学校的工资基金计划并负责提供准确完整的数据及分析资料。对已批准的工资基金计划必须严格执行并及时汇报工资基金计划执行情况。

(2) 负责在每月的9日之前根据人事处的人员工资变动单及有关部门各类款项代扣通知单及时发放在编教职工、离退休人员的工资、奖金,在工资核算系统中及时整理输入修改工资、奖金的相关数据,打印工资表及下发工资条,送处领导及人事处审核后,将应发工资数据加密存盘并协同银行出纳办理银行转存发放手续。

(3) 负责每月28日前根据后勤服务总公司的人员工资变动单及有关部门各类款项代扣通知单及时发放聘任制人员(含后勤服务总公司人员)的工资、奖金,在工资核算系统中及时整理输入修改工资、奖金的相关数据,打印工资表及下发工资条,送处领导及人事处审核后,将应发工资数据加密存盘并协同银行出纳办理银行转存发放手续。

(4) 及时掌握发放动态,了解发放中存在的问题并及时处理,负责工资、奖金发放过程中有关人员的咨询、查账、更正等工作。

(5) 负责打印需返纳工资的工资表,送达返纳单位或个人办理返纳手续。

(6) 负责临时发放的个人经费的核算。协助人事部门造表并认真复核一次性奖酬金发放表,临时工(含外聘教师)工资发放表。计算确认无误并经部门负责人同意后协助出纳将资金划转有关银行结算账户,按工资奖金发放渠道发放。负责涉及个人经费开支的加班费、夜餐费等的发放或报领审核,必须设置台账进行登记并进行分析检查。凡涉及个人活劳动支出的经费开支必须由人事部门(劳资部门)审签才能办理。

(7) 每次发放个人经费后(或报领审核时),要及时整理有关资料,做好各项转账、划款、计提工作,上机编制有关记账凭证。定期(每季度或每学期)清理一次应领未领工资并存入暂存款项目,定期清理和催收列入返纳处理的返纳工资,如发现有不及时返纳的报告有关领导后采取相应措施。

（8）熟练掌握工资核算及会计核算软件的操作。工资核算软件未联机前负责保养好本岗位的计算机，机器出现故障自己不能处理时，要及时通知维护人员，并向部门负责人汇报。鉴于工资发放的政策性强，时间要求严格，故工作必须留有余地，各类款项代扣通知单要多督促以便及时取得，以防止因机器故障而影响工资发放。

（9）严格按国家颁布的《个人所得税法》做好代扣代缴个人所得税工作，认真及时做好纳税申报，然后交税费处理岗位办理交纳税款工作，申报表要求按税务部门规定的格式采取电脑输出打印表式。负责解答教职工关于个人所得税代扣代缴的疑难问题。

（10）认真做好工资基金计划执行情况分析，定期编制各类个人经费管理辅助报表和分析报告以供有关人员参阅。协助人事部门做好有关人员经费的统计上报工作。

（11）做好住房公积金的计缴工作。负责教职工住房公积金的申请建户工作。计算、复核每个教职工的月缴公积金金额，按时准确上缴住房公积金，定期编制报表。审核劳资部门确定的教职工公积金计提基数，负责住房公积金基数的变动调整和支取工作。负责办理调动教职工公积金的转入、转出手续。负责定期向住房资金管理中心核对职工住房公积金账目。

（12）建立健全有关个人经费的会计档案归档制度，固定发放的工资的电脑数据应全部及时备份，有关原始资料应作为记账凭证附件或单独装订成册。一次性发放的奖酬金，聘任制人员工资，加班费、夜餐费等发放时原则上应先输入电脑再打印成财务式样后方可发放，原件留作附件处理，以方便计算机辅助管理。

7. 结算中心收款员岗位职责

（1）熟悉国家的有关财经法规和财务制度，掌握校内的财务管理制度以及国家有关现金管理和银行结算制度，依法办理现金收付和银行结算业务，严格遵守财经纪律，坚持原则，秉公办理。

（2）每日终了编制现金收入分类汇总表并与学生收费岗位、

收入结算岗位核对，做到日清月结，账款相符。

（3）接受资金出纳科的业务领导，协助现金出纳做好现金供应，调节现金余缺，超过库存限额的现金必须送存银行。

（4）保管好保险柜钥匙和保险柜密码，不得随意转交他人。

八、综合科职责、岗位设置和岗位责任制

（一）综合科职责

（1）在处长的主持下负责综合科的全面工作，负责财务处综合管理事务。

（2）复核记账凭证的分录是否符合会计制度规定，记账凭证与原始凭证金额是否相符，科目代码、部门项目、对冲号是否正确，记账凭证必须先审核后才能收付。

（3）负责学校全部银行账户、代理记账单位银行账户、工会账户、校友会账户的对账清账工作。按时办理对账手续，编制银行存款余额调节表，核对正确的银行对账单应办理财务处长审批、审计处长审批、校长或主管财务副校长审批手续并存档。协助相关科室对未达账进行跟踪处理，以便及时入账。

（4）负责年终结算报表编制的组织协调工作，需由相关处室、财务处相关科室提供或制作表格和资料的，及时分派，督促其上报。

（5）负责学校及相关部门签订的经济合同的管理工作，使用计算机辅助经济管理合同，监督合同付款条款的执行。

（6）负责根据学校票据使用管理规定，做好票据档案的购买、使用、核销工作。

（7）负责财务处系统管理，负责财务会计核算系统、收费系统的合法软件选用，局域网维护管理以及财务处对外查询系统门户管理。

（8）负责资产价值管理、政府采购、招投标、工程和设备验收。

（9）负责财务处处内事务和文秘管理工作。

（二） 综合科岗位设置 （见图 3.5）

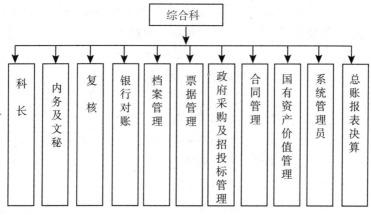

图 3.5 综合科岗位设置

（三） 综合科岗位责任制

1. 综合科长岗位职责

（1）在处长的主持下负责综合科的全面工作，负责财务处综合管理事务。

（2）对复核岗位复核记账凭证的分录是否符合会计制度规定，记账凭证与原始凭证金额是否相符，科目代码、部门项目、对冲号是否正确负领导责任。

（3）负责学校全部银行账户、代理记账单位银行账户、工会账户、校友会账户的对账清账工作。按时办理对账手续，编制银行存款余额调节表，核对正确的银行对账单应办理财务处长审批、审计处长审批、校长或主管财务副校长审批手续并存档。协助相关科室对未达账进行跟踪处理，以便及时入账。

（4）负责年终结算报表编制的组织协调工作，需由相关处室、财务处相关科室提供或制作表格和资料的，及时分派，督促其上报。

（5）负责学校及相关部门签订的经济合同的管理工作，使用计算机辅助经济管理合同，监督合同付款条款的执行。

85

（6）负责根据票据使用管理规定，做好票据档案的购买、使用、核销工作。

（7）负责财务处系统管理，负责财务会计核算系统、收费系统的合法软件选用，局域网维护管理以及财务处对外查询系统门户管理。

（8）负责国有资产价值管理、政府采购、招投标、工程和设备验收。

（9）负责财务处处内事务和文秘管理工作。

（10）负责对本科各项工作进行研究、布置、检查与总结，组织全科人员进行政治学习和业务研究，做好全科人员的思想政治工作，充分调动工作人员的积极性。

2. 综合科内务及文秘岗位职责

（1）熟悉财务处职责和业务范围，了解全处工作人员的动态及各种情况，协助处长做好全处的思想政治工作和业务考核工作，负责年度考评的具体工作，协调处内各科（中心）的关系。

（2）行使处秘书职能，负责文件起草、印发等工作。负责处务会议记录。负责财务处文件收发，收发整理报纸、资料、信件。负责起草处务会议纪要。

（3）负责处内考勤工作，负责向人事处提交（事前办理）财务处加班事由报告，协助制订寒暑假期间财务处工作人员值班方案。

（4）负责管理处内复印机、传真机、办公电话，负责或指导勤工助学学生做好处内各种复印业务。

（5）负责对外合约、合同、协议的审核、存档工作和处办公用品的计划管理工作。

（6）负责财务处环境卫生工作及环境卫生检查工作。

（7）负责内外联络，做好来访接待工作。

3. 综合科复核岗位职责

（1）复核人员必须熟悉财经制度、有关会计制度和各项开支标准，按照规定复核各项财务收支，对不符合规定的收支应及时予以制止或纠正，并向处长汇报。

（2）复核原始凭证是否合法、真实、完整、准确，是否按规定办理了审批手续。

（3）对账簿记录要检查其是否符合记账要求。

（4）复核银行及现金日结表。定期和不定期地监盘库存现金。检查库存现金余额是否准确，有无超过核定的库存定额。2~3天与银行进行对账，发现银企不符及时处理。

（5）复核记账凭证的分录是否符合会计制度规定，记账凭证与原始凭证金额是否相符，科目代码、部门项目、对冲号是否正确，记账凭证必须先审核后才能收付。负责复核当日发生的每一笔记账凭证的内容是否真实，手续是否完备，数字是否正确，项目费用归属是否合理。负责对审核人员审核的数额进行抽查，发现问题和差错应及时通知有关人员更正处理，并认真登记；发现重大问题要及时向处领导汇报。每份记账凭证都要加盖复核员的签章。

（6）复核固定资产是否账实相符、账账相符，如不相符应报告处长，并协同国有资产管理科进行处理。

（7）负责审核由个人收入岗位完成并单独装订的工资、奖酬金、补贴发放表和软盘内容，原则上稽核后才能支付。

4. 综合科银行对账岗位职责

（1）负责学校全部银行账户、代理记账单位银行账户、工会账户、校友会账户的对账清账工作。按时办理对账手续，编制银行存款余额调节表，核对正确的银行对账单应办理财务处长审批、审计处长审批、校长或主管财务副校长审批手续并存档。协助相关科室对未达账进行跟踪处理，以便及时入账。

（2）如果银行回单不全，需及时到银行进行补单。

5. 综合科档案管理岗位职责

（1）认真学习并遵守保密法和学校保密工作实施细则。严格执行国家和学校关于档案管理的规章制度。

（2）凡需归档学校综合档案库的档案，协助学校综合档案室做好财务处的各种文件及会计资料的整理并按规定及时归档。凡需归档财务处档案库的，要及时收集处内需归档的资料，编制档案管理目录，及时归档。

（3）每月初整理上月的财务会计凭证和各种会计资料，并装订成册，编制档案管理目录集中保管。

（4）负责收集整理会计报表（月报、季报、年报）、工资发放表月报、各种纳税申报表，装订成册归档。

（5）会计档案保管期满，需要销毁时，需经有关部门、人员共同鉴定，严格审查和办理报批手续，不得擅自销毁会计档案。

（6）协助系统管理员根据《会计电算化管理办法》的规定，对存储在计算机硬盘内的会计数据必须用磁盘、磁带机或光盘机进行备份，备份内容包括会计软件的全套文档资料、会计软件程序、记账凭证、会计账簿、会计报表、各项目结余数等会计数据以及其他文档资料。

（7）负责贷款卡年检有关工作。

6. 综合科票据管理岗位职责

（1）严格按学校票据使用管理规定的要求，认真做好票据管理的各项工作。购买印制教学、科研、行政后勤等所需的票据，包括需要管制的票据和非管制的消耗性空白凭证。

（2）对需要管制的票据按购买印制资料、票据类别分别设置台账进行管理，实行交旧领新和限额领用的办法。对超过 2 个月未使用未核销的领用人要进行跟踪调查，发现问题及时处理。负责保管后勤核算科购买的校办企业票据，建立票据购买、使用、保管、核销台账。

（3）对在税务机关购买或印制的发票要特别妥善保管，若因人为因素造成丢失的要承担连带责任，给予必要的经济处罚。

（4）负责及时印制、购买财务处业务需要的非管制的各种空白票据，妥善保管，节约办公成本。

7. 综合科政府采购及招投标岗位管理

（1）认真学习党的有关政策，遵守国家法纪和财经纪律，严格执行政府采购法和学校招标采购工作一系列管理文件。

（2）在处科的直接领导下，具体负责组织实施学校招标采购工作。

（3）依据采购计划，进行市场调研与设备信息收集，本着工作上适用、技术上先进、经济上合理的原则，拟订具体的招标采购工作方案。

（4）对参加政府招标采购的设备，向政府采购管理处和采购中心提供详细的设备清单。包括：品名、技术参数、数量、参考单价、参考品牌、主要货源厂商信息等。

（5）具体负责教学、科研、行政办公设备以及家具用具的招标准备工作。

（6）具体负责学校基础建设维修项目及临建项目的招标准备工作。

（7）具体负责后勤各单位需招标采购项目的准备工作。

（8）审核政府采购中心所做的招标文件，特别是对其中与学校利益相关的条款内容要认真审核，必要时咨询有关职能部门或请示领导，切实维护学校的利益。

（9）根据各业务主管部门提交的资料，编制、发售招标文件并参与招标工作。

（10）与供应商签订购销合同，并督促供应商按时按质供货。

8. 综合科合同管理岗位职责

（1）负责按合同管理暂行规定，做好合同的管理工作。

（2）负责建立健全计算机辅助管理合同的数据库，利用计算机对合同进行统一管理。

（3）负责编制合同特别是工程建设合同资金的使用计划。

（4）负责参与合同的洽商、索赔。负责参与合同变更事项的相关工作。

（5）审核工程建设合同；监督工程建设合同的执行。

（6）协助资金出纳科做好合同付款工作，保证材料采购合同、工程建设合同、服务合同的财务履约。

9. 综合科国有资产价值管理岗位职责

（1）熟悉《事业单位国有资产管理暂行办法》（财政部令第36号），协助设备处制定学校国有资产价值管理办法和实施细则。

（2）负责定期、不定期将财务核算系统国有资产总账、总分类账与设备处总账、总分类账、明细账相核对，做到账账相符。负责检查核实设备处会计电算化资产管理系统，确保其安全运行，防止国有资产流失。

（3）参与学校固定资产购置的论证和资产购置资金预算的编制工作。参与学校购置固定资产的可行性分析和招投标管理业务。

（4）负责做好学校国有资产清查核资的具体工作。

（5）负责定期、不定期检查学校固定资产使用状况，参与提出校内固定资产调拨方案，配合设备处做好固定资产的调拨、使用、报废相关业务。

（6）负责检查财务处固定资产核算手续是否完备，报增资产是否附有报增单和验收报告，发现问题督促纠正。

（7）协助设备处完成省教育厅教学设备有关报表（含电子文档）的上报工作。

（8）负责固定资产及时打印有关资料及流动资产进销存电脑软件系统的管理工作。

10. 综合科总账报表决算岗位职责

（1）在处长主持下负责编制学校年度决算的具体工作。及时修改科目和部门项目，解决系统运作中涉及会计核算的具体问题。

（2）按处长授权负责财务核算系统的"财务长"的工作，账务处理日清月结，当天的账务不无故不记账。按月打印科目余额表。

（3）负责按上级主管部门布置的各类会计报表、统计报表的编制工作，审核"税费岗位"财政税收部门的各类纳税申报表。

（4）建立健全会计报表体系，科目设置必须与会计报表密切联系在一起，以便于报表计算和自动续报，报表体系应包括法定会计报表、管理辅助报表以及财务状况说明书和编报说明，对属于年度结转或阶段性收支的必须提供模拟处理后的数据以满足决策使用。月、季报在下月 8 日前完成，年报在年度终了后 15 日前完成。

（5）负责或指派有关人员做好对外报表的报送和校内的报表传递工作，认真做好会计报表有关数据的保密工作。

11. 综合科系统管理员岗位职责

（1）认真贯彻落实《会计电算化管理办法》，并对实施过程进行核查监督，发现问题及时处理。

（2）严格按计算机操作规程办事，负责会计电算化计算机的软硬件的维护，防患电脑病毒的侵害。负责财务处主机的清洁，保证全处网络的正常运行，监督各岗位正确按计算机操作规程处理业务。

（3）根据核算管理的需要，协助开发相关的会计核算系统和编制有关报表的软件程序，充分发挥计算机辅助管理的功能。

（4）根据处领导及经费核算科长、后勤核算科长的通知设置各岗位人员的电脑操作控制权限，并负责检查纠正超出控制权限操作的违规行为。

（5）负责财务处应用软件的升级工作。保养好全处的电脑，定期进行保养维护并做好记录。机器出现故障应及时处理，处理不了的要及时汇报并负责联络电脑公司进行处理。

（6）负责做好电子会计档案的装卸载及保管工作，数据应按月备份存档，定期清除无用数据。未经批准，不准复制任何资料外传。负责设备更新，配件及计算机耗材的购买、保管工作并注意经费的节约。

（7）负责财务处对外查询系统的管理，包括门户设计、相关资料及时更新。同时，采取切实可行的措施保证财务处软件的运行安全，防止人为破坏。

（8）负责全校会计电算化操作人员的计算机知识培训。

九、基建财务科职责、岗位设置和岗位责任制

（一）基建财务科职责

（1）负责根据国家和省级主管部门关于基本建设方面的方针、政策、法律法规制度，制定学校基建财务管理制度，并负责贯彻执行。

（2）负责基建财务核算系统的管理，编制基建项目收付凭证，审核原始凭证是否手续完备，原始凭证必须有经手、证明（验收）和审批签名。原始凭证审核无误后方可录入编制记账凭证，记账凭证经综合科复核签章后交资金出纳科办理收付手续。随时掌握各基建项目资金的年度预算指标和余额。对无预算或超指标、超标准的基建支出有权拒绝办理，并及时报领导处理。

（3）负责基建工程合同的管理，按合同支付进度款并办理承建单位工程款结算，参与基建项目工程量变更工作。

（4）负责基建项目立项的可行性研究分析，为学校基建立项提供决策依据。可行性分析报告应重点体现基建项目的资金来源和投资效益。

（5）负责基建项目的筹资融资工作，利用各种途径加强与省财政厅、省发改委、省教育厅等主管部门的联系，让其了解学校发展的困难，从财政拨款上给予学校支持。

（6）负责基建项目预算管理工作，负责根据基建部门提出的建设工程预算草案，组织学校相关部门、专家对建设项目工程预算进行论证，确定工程造价标准和预算总额，以便学校立项和招投标时使用。

（7）负责参与基建工程项目竣工验收，协助基建处编制工程结算书，经审计和学校确认批准后，编制工程竣工资产移交表，交相关部门办理固定资产报增手续。

（二）基建财务科岗位设置（见图3.6）

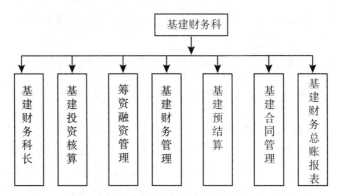

图3.6　基建财务科岗位设置

（三）基建财务科岗位责任制

1. 基建财务科长职责

（1）在处长领导下，全面主持基建财务科工作。协助处长做好基建投资日常财务收支核算和管理工作。

（2）熟练掌握国家关于基建财务的财经法规、财务制度、会计制度、严格遵守和执行国家的各项财经政策，坚持原则，秉公办事。

（3）对基建投资项目年度预算指标，严格掌握进度，监督检查经费支出的执行情况，对违反财经纪律和财务制度的情况要予以制止和纠正，并及时向处长报告。

（4）经常分析基建投资项目预算的执行情况，探索基建投资的经济活动规律，找出基建财务管理中的漏洞，提出加强基建财务管理的措施。

（5）负责基建项目的筹资融资工作，利用各种途径加强与省财政厅、省发改委、省教育厅等主管部门的联系，让其了解学校发展的困难，从财政拨款上给予学校支持。

（6）负责按基建合同付款条款办理付款手续，编制工程建设合同的资金使用计划，报领导审批后交资金出纳科办理支付手续。

（7）负责对本科各项工作的研究、布置、检查与总结，组织全科人员进行政治学习和业务研究，做好全科人员的思想政治工作，充分调动工作人员的积极性。

2. 基建财务科基建投资核算岗位职责

（1）熟悉党和国家的财经政策法规、财务制度和学校各项财务收支规定及实施细则，严格执行财经纪律，坚持原则，秉公办事。根据现行的财经政策法规、财务制度和学校有关财务管理规定对各种原始凭证进行认真审核。对经济业务内容不详，凭证基本要素不齐全，领报手续不完备的原始凭证和不合法的收付款凭证要拒绝受理；对违反现行财经政策法规、财务制度和学校财务管理规定的经济业务，有权拒绝受理。

（2）审核原始凭证是否手续完备，原始凭证必须有经手、证明（验收）和审批签名。原始凭证审核无误后方可录入编制记账凭证，记账凭证经稽核复核签章后交出纳办理付款。随时掌握各项目资金的年度预算指标和余额。对无预算或超指标、超标准用款有权拒绝办理，并及时汇报领导处理。

（3）参与国家基建财务计划和自筹基建及修缮计划的立项、论证、分析、报批等工作；协助总务处制订年度基建投资计划，每年下半年提供制订下年度基建投资计划的资料，会同总务处编好下年度基建投资计划，并上报省有关部门。

（4）按会计制度及会计工作达标要求，及时、准确、完整地处理会计事项和记好各类财务账，做好工程各项标准定额的资料统计分析和报表编制等工作。随时掌握各用款单位经费预算、经费支出、经费余额情况，做到报销不超支，认真把好支出关。正确编制会计分录，做到核算内容与会计科目的内容相符，费用归属正确。记账凭证摘要应准确、简明扼要，打印出的记账凭证要有审核员本人签章。熟悉各会计科目的核算内容，熟练使用计算机，并依据真实、合法、完整的原始凭证做好记账凭证。做到科目运用正确，费用归集合理。管好基建财务软件，每月 5 日前提交基建会计报表。办理基建银行存款对账。

（5）参与工程项目招标（议标）工作。研究制定工程合同，工程项目无资金来源，一律不能签订合同，更不能随意调用其他项目款支付。

（6）每月上旬以书面形式向财务处领导汇报基建资金和账务情况，提出拨付工程合同款或工程进度款的建议。

（7）严格审核各项目款项支出，根据工程进度审查工程进度款的拨付。

（8）参加工程竣工验收，办理工程款结算等手续。

（9）工程款结算完毕 15 天内办理交付使用财产明细表的签证手续，同时记好"基建投资登记账"，办理固定资产报销手续。

（10）管理使用好自筹基建资金，定期与有关人员核对自筹基建拨款，分析其使用效益，并将有关情况报处领导。

（11）执行《中华人民共和国会计法》，参加基建统计业务培训，深入工程现场，目测形象进度，与基建科工程管理人员核实工程量，按规定填报固定资产投资统计季度快报。

3. 基建财务科筹资融资管理岗位职责

（1）对工程建设项目资金来源进行分析研究，区分项目财政拨款、融资借款、自有资金筹集等构成因素,编制工程项目建设资金来源可行性分析报告,争取财政拨款为建设资金来源主渠道,不足部分提出融资还款计划。

(2)检查督促基建资金及时完整到位,提出编制基建支出资金作业计划,交由基建投资核算岗位实施并检查实施情况。

(3)利用各种途径加强与省财政厅、省发改委、省教育厅等主管部门的联系,让其了解学校发展的困难,从财政拨款上给予学校支持。

(4)加强与银行等金融机构的联系,制订银校合作、银校双赢方案,密切银校关系,融通资金,促进学校发展。主动与资金管理科联系,建议学校资金存量融资贷款银行,让融资经办银行得到合理的收益,积极与学校建立融资关系。

(5)根据融资借款合同,积极筹措还贷资金,督促基建核算岗位及资金出纳科按时归还借款。

4. 基建财务科基建财务管理岗位职责

(1)负责协助财务处起草学校基建财务管理规章制度,加强调查研究,对不合时宜的提出修订意见。

(2)负责财务处关于基建会计核算、基建财务管理工作方法的研究,提出改进工作方案的合理化建议,提高财务工作质量和工作效率。

(3)定期、不定期提交学校基建财务经济活动分析报告和基建专项项目经济活动分析报告。

(4)负责拟定学校基建资金增值、保值的可行方案,协助资金出纳科做好资金调度的衔接工作,编制学校基建资金作业计划,并负责实施。

5. 基建财务科基建预结算岗位职责

(1)负责基建项目预结算管理工作,负责根据基建处提出的建设工程预算草案,组织学校相关部门、专家对建设项目工程预算进行论证,确定工程造价标准和预算总额,以便学校立项和招投标时使用。

(2)根据学校综合财务预算下达的基建项目预算,对工程项目预算进行动态管理。定期、不定期对预算执行情况进行分析,及时分析基建项目预算收支使用结余情况,以防超支。定期、不定期编制基建项目预算收支使用结余情况报告,协助领导做好基建预算项目超支控制工作。

(3)对工程项目预算调整进行分析研究,提出预算调整方案,办理预算调整审批手续。

(4)负责参与基建工程项目竣工验收,协助基建处编制工程结算书,经审计和学校确认批准后,编制工程竣工资产移交表,交相关部门办理固定资产报增手续。

6. 基建财务科基建合同管理岗位职责

(1)负责按合同管理暂行规定,做好基建合同的管理工作。

(2)负责建立健全计算机辅助管理合同的数据库,利用计算机对基建合同进行统一管理。

(3)负责工程建设合同资金的使用计划,编制工程项目月度、年度资金作业计划表,统筹安排基建项目的资金支付。

(4)负责参与基建合同的洽商、索赔以及基建合同工程量变更事项的相关工作。

(5)审核工程建设合同;监督工程建设合同的执行。

(6)协助资金出纳科做好基建合同付款工作,保证基建合同的财务履约。

7. 基建财务科基建财务总账报表岗位职责

(1)在处长主持下负责编制基建财务年度决算的具体工作。及时修改科目和部门项目,解决系统运作中涉及基建核算的具体问题。

(2)按处长授权负责基建财务核算系统的"财务长"的工作,账务处理日清月结,当天的账务不无故不记账。按月打印科目余额表。

(3)建立健全基建财务会计报表体系,科目设置必须与会计报表密切联系在一起,以便于报表计算和自动续报,报表体系应包括法定会计报表和管理辅助报表以及基建财务状况说明书和编报说明,对属于年度结转或阶段性收支的必须提供模拟处理后的数据以供决策使用。月、季报在下月 8 日前完成，年报在年度终了后 15 日前完成。

（4）负责或指派有关人员做好对外报表的报送和校内的报表传递工作，认真做好基建财务会计报表有关数据的保密工作。

十、资金出纳科职责、岗位设置和岗位责任制

（一）资金出纳科职责

（1）熟悉国家金融法规，严格执行国家金融政策，遵守结算纪律，贯彻落实财务处货币资金安全防范制度，确保学校资金的安全。在处长领导下，负责资金收支管理、资金安全、资金增值等的各项工作。

（2）负责编制学校年度资金管理、资金运营计划，编制年度和月度资金作业计划表，报批后负责实施。及时上报资金的运行及结存情况。负责及时掌握经费支付现金使用量，及时办理银行提现手续，以满足对外报账的现金支付需要。

（3）负责财务处出纳（含基建）、工会出纳、代理记账二级单位出纳。

（4）负责财务处各资金收付环节的复核和监督工作，及时与开户银行进行业务联系，准确及时传递银行票据，认真核对银行预留印鉴、支票是否符合规定要求，防止发生不必要的差错。

（5）及时取得各种银行单证，办理登记手续后交由核算岗位办理账务处理，并督促各项收付业务及时入账。对由于银行原因造成单据丢失的，要及时办理银行补单手续，以确保账账相符。

（6）负责办理购买各种银行结算的空白凭证，妥善保管和正确使用包括支票在内的各种凭证，建立支票购买使用库存作废台账，作废支票要与存根一起妥善保管，并打印作废支票明细表移交票据档案员存档。

（7）做好学校融资、投资的可行性论证工作，管好用好各项教育事业资金，利用金融工具，积极筹措资金，搞好资金营运，提高资金的使用效益，树立风险防范意识。

（8）负责按时取回各开户银行的银行对账单交给综合科对账，

监督综合科编制银行存款余额调节表，定期与开户银行对账，传送银行对账确认书。

（9）严格分工管理资金管理科的各种银行预留印鉴、密码，银行的定期存单要指定专人负责保管，及时核对与结算。

（10）负责本科的会计凭证、账簿、作废支票等会计档案的归档工作。

（11）搞好本科工作人员的业务学习，努力提高工作人员的业务水平，负责对本科工作人员进行德、能、勤、绩考核。

（12）完成处长交办的其他工作任务。

（二）资金出纳科岗位设置（见图 3.7）

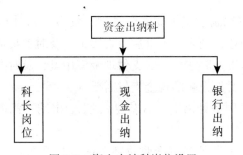

资金出纳科

科长岗位　　现金出纳　　银行出纳

图 3.7　资金出纳科岗位设置

（三）资金出纳科岗位责任制

1. 资金出纳科长岗位职责

（1）熟悉国家金融法规，严格执行国家金融政策，遵守结算纪律，贯彻落实财务处货币资金安全防范制度，确保学校资金的安全。在处长领导下，负责资金收支管理、资金安全、资金增值等各项工作。

（2）负责编制学校年度资金管理、运营计划，编制年度和月度资金作业计划表，报批后负责实施。及时上报资金的运行及结存情况。负责及时掌握经费支付现金使用量，及时办理银行提现手续，以满足对外报账的现金支付需要。

（3）负责财务处各资金收付环节的复核和监督工作，及时与开户银行进行业务联系，准确及时传递银行票据，认真核对银行预留印鉴、支票是否符合规定要求，防止发生不必要的差错。

（4）及时取得各种银行单证，办理登记手续后交由核算岗位办理账务处理，并督促各项收付业务及时入账。对由于银行原因造成单据丢失的，要及时办理银行补单手续，以确保账账相符。

（5）做好学校融资、投资的可行性论证工作，管好用好各项教育事业资金，利用金融工具，积极筹措资金，搞好资金营运，提高资金的使用效益，树立风险防范意识。

（6）负责按时取回各开户银行的银行对账单交给综合科对账，监督综合科编制银行存款余额调节表，定期与开户银行对账，传送银行对账确认书。

（7）严格分工管理资金管理科的各种银行预留印鉴、密码，银行的定期存单要指定专人负责保管，及时核对与结算。

（8）负责本科的会计凭证、账簿、作废支票等会计档案的归档工作。

（9）搞好本科工作人员的业务学习，努力提高工作人员的业务水平，负责对本科工作人员进行德、能、勤、绩考核。

（10）完成处长交办的其他工作任务。

2. 资金出纳科现金出纳岗位职责

（1）严格按照国家有关现金管理规定，根据审核人员打印并签章的收付款凭证，办理款项收付业务。对前台审核直接报账人员（不需领导审批部分）不符合现金管理规定的，不予支付并向领导汇报。

（2）付款首先要对记账凭证进行认真的复核，对金额不符，手续不全的记账凭证不予付款；付款后，要在记账凭证上加盖现金出纳员印章。

（3）根据现金用款需求，及时通知相关人员办理现金取款或存款。

（4）负责财务处现金出纳、工会现金、校友会现金、代理记账二级单位现金收付工作，负责结算中心现金收入的收取。

（5）现金账面余额要与库存现金核对相符，妥善保管好现金日记账，做到日清月结，如出现差错要及时查清，特殊情况要及时向科长汇报。由领导根据现金收付差错情况区别处理，属于个人原因的需按章赔偿。

（6）对库存现金要妥善保管，确保安全。

（7）加强岗位练兵，负责识别钞票的真伪，准确安全高效地完成现钞的收付业务。

（8）严格控制库存现金限额，超过部分及时存入银行，随时接受定期、不定期的查库，不得以白条抵库，不得挪用现金。

（9）每天核算系统结账后，将当天已完成报账手续的记账凭证交由票据档案管理员妥善保管。

（10）保险柜钥匙要妥善保管，严守密码，不得交给他人，保险柜不得为他人代管现金，备用保险箱钥匙不得存放于办公室其他抽屉中。

3. 资金出纳科银行出纳岗位职责

（1）严格遵守执行《支付结算管理办法》等管理制度，健全工作环节，加强安全防范措施。

（2）支付支票首先要对记账凭证进行认真复核，对金额不符，手续不全的记账凭证不予开支票；支票开付后，要在记账款凭证上加盖银行出纳员印章。

签发付款支票的存款要有取款签章，存根要粘贴在付款凭证上；收入支票时，存入银行的存单回执联要粘贴在凭证上。

电汇要及时准确，不得出现漏汇、错汇、重汇和迟汇；对于外来的托收承付凭单，要及时取回交审核人员处理。

将银行日记账与银行对账单逐步核对，做到日清月结，月末发现未达账项应及时查询，并编制银行存款余额调整表，使余额一致。

（3）负责财务处银行出纳、工会银行出纳、校友会银行出纳、代理记账二级单位银行出纳工作。

（4）每日打印库存现金及银行存款日报表，并逐笔顺序地检查，复查现金及银行存款日记账，做到日清月结，账实相符。月末核对发现账面余额与银行余额不符的要编制"银行存款余额调节表"，对于未达账项，要及时查明原因，对长期悬置的未达账项，应及时查阅凭证、账簿及有关资料，查明原因后及时和银行联系并予以解决。

（5）负责办理购买各种银行结算的空白凭证，妥善保管和正确使用包括支票在内的各种凭证，建立支票购买使用库存作废台账，作废支票要与存根一起妥善保管，并打印作废支票明细表移交票据档案员存档。

根据现金出纳和现金支出动态及时办理库存现金提取业务，现金提取需按规定办理审批手续后，方可提现。

负责银行结算户支票填写、零余额票据填写、银行结算业务单据填写等银行结算业务，熟悉票据打印系统业务。负责教职工工资、教职工奖金、学生奖学金、学生助学金等通过银行转存的票据填制和银行结算手续办理。

（6）随时掌握银行存款动态，及时查询在途资金的进账情况，协助领导做好支付款项的审签工作。不准开空头支票和远期支票，原则上不签发限额支票，签发了限额支票的必须在一周内落实支付金额，对超支的要及时汇报。负责丢失支票的挂失公告手续。

（7）严格遵守财务处内部控制制度，银行支付业务资金调度必须依据相关的记账凭证方能办理。不准将银行账户借给任何单位或个人办理结算业务和套取现金。

（8）每天核算系统结账后，将当天已完成报账手续的记账凭证交由票据管理员妥善保管。

（9）负责妥善保管银行预留印鉴。

第三节 高等学校财务工作岗位责任制的贯彻执行、检查、考核及作用

一、高等学校财务工作岗位责任制的贯彻执行

（1）财务处各科（中心）必须认真贯彻执行财务工作岗位责任制，切实履行岗位职责，努力提高财务工作质量和服务质量。

（2）财务处各科（中心）贯彻责任制必须从大局出发，服从处长的协调安排。财务处内设机构职责原则上按各科室职责执行，根据工作需要及人员状况可以采取有关科室合署办公，合署办公职责包含原科室全部职责，人员岗位职责包含原岗位全部职责。合署办公由处长指定合署办公负责人（大科科长），原科室负责人应服从合署办公负责人的指挥，协助做好相关工作。

（3）实行财务工作岗位兼容，便于压缩编制。财务处业务复杂，业务量大，组织结构岗位设置多，各岗位业务量不均衡，各岗位业务复杂难易程度也不同，岗位设置可设定为一人一岗，也可设定为一岗多人，或一人多岗，工作岗位可能存在兼容，这有利于压缩财务处机构的编制，提高高等学校办学经济效益。

（4）财务工作岗位责任制要求上岗人员具备相应的资历，实行竞争上岗，择优录用的原则，竞争上岗的程序按《会计从业人员管理办法》的相关规定执行。

二、高等学校财务工作岗位责任制的检查、考核

高等学校应加强财务工作岗位责任制的检查、考核与奖罚，必须制定切实可行的实施细则，认真落实财务工作岗位责任制，检查、考核与奖罚相结合，充分调动财务人员的积极性。

（1）保护会计人员依法理财的合法权益。学校应切实保障会计人员合法权益，对会计人员依法行使职权时受到的阻挠、干扰，甚至打击报复给予保护，鼓励会计人员坚持原则、依法做好本职工作。任何单位和个人不得对会计人员打击报复，打击报复坚持原则的会计人员是一种违法行为，要受到法律的制裁。

（2）校长是学校会计行为的责任主体，对本单位的会计工作和会计资料的真实性、完整性负责，要保证会计机构、会计人员依法履行职责，不得授意、指使、强令会计机构、会计人员违法办理会计事项。

（3）对忠于职守，踏实工作，成绩显著的会计人员提请学校予以表彰；对玩忽职守，不懂业务，不遵守会计职业道德或不宜担任会计工作的应提出批评或报请学校或责成所在单位予以调换

岗位。

（4）检查、考核结果与高等学校的绩效工资挂钩，优效优酬，充分调动财务人员的积极性。

三、岗位责任制对高等学校财务工作质量保证的作用

（一）有利于发挥财务运营管理的系统性作用

财务工作岗位责任制，包含财务运营管理的各个方面，系统性强，是高等学校财务工作组织建设的系统工程，落实岗位责任制，将为财务工作质量保证体系建设提供强有力的组织保证。

（1）落实高等学校财务工作岗位责任制，充分发挥其系统的组织保证作用，能确保财务工作的全过程、全方位不漏项，事事有人负责，消除工作死角。

（2）发挥岗位责任制的岗位兼容或岗位 AB 角的系统性作用，有利于统筹安排人员，提高工作效率。

（二）有利于理顺关系，消除扯皮推诿现象

（1）高等学校的财务工作涉及的事务十分繁杂，是学校机关对外的主要窗口，面对广大的师生员工，关系复杂，完善财务工作岗位责任制，可以从制度层面理顺多方面的关系，协调财务处与校领导、各职能部门、二级单位之间的关系，按制度办事，消除不必要的矛盾。

（2）财务处通过层层制定岗位责任制，明确财务处各层次的职责范围，使他们主动安排各自的工作，能充分发挥工作人员的主动性和积极性。

（3）岗位责任制规定了科（中心）与个人的职责范围，有利于促进各科（中心）之间、各岗位之间主动配合、相互支持，使工作做得更好。

（4）财务工作实行岗位责任制，因事设岗，责权利明确，职责相称，各负其责，按部就班，可以从根本上消除扯皮推诿现象。

（三）有利于提高财务工作服务教学、科研的质量

岗位责任制规定了财务处各科（中心）和各岗位承担的工作内容、数量、质量及完成的程序、标准和时限，明确了其应有的权

力和应负的责任，可以从根本上提高财务工作服务教学、科研的质量。

（四）有利于建立和谐的人际关系

建立健全财务工作岗位责任制，职责分明，责权利具体，消除了上下级、同事之间的矛盾，有利于建立和谐的人际关系。

（五）有利于考核和奖惩

岗位责任制纳入效能考评内容，不断强化各岗位责任意识，提高其依法理财的自觉性，便于考核和奖惩，为财务工作人员评优、个人晋升提供了一个公开公平公正的平台。

第四章 高等学校财务制度体系的建设

第一节 基本概念

一、高等学校财务制度的概念

高等学校财务制度是根据《中华人民共和国会计法》、《高等学校财务制度》和《高等学校会计制度》等国家统一会计制度的规定，结合高等学校的实际和管理需要，而建立起来的关于高等学校内部财务管理工作的规则、规范、程序。财务制度包括财务管理制度和会计核算制度。

（一）高等学校财务管理制度的内容

高等学校财务制度，是处理高等学校财务管理工作的规则、规范、程序的总称。它是为了实现高等学校教学科研目标，加强宏观调控，规范财务收支行为，强化财务管理的一种手段，是党和国家财经工作方针、政策及有关法律、法令、规章的具体体现，是我国法制建设的重要组成部分。高等学校财务管理制度主要包括：

（1）财务计划和财务决算方面的制度；

（2）预算管理制度；

（3）基建财务管理制度；

（4）收费标准管理制度；

（5）费用开支标准管理制度；

（6）财产物资管理制度；

（7）工资基金管理制度；

（8）资金结算管理制度；

（9）收据和发票管理制度；

（10）会计档案管理制度。

（二）高等学校会计核算制度的内容

高等学校会计核算制度是指规范收支核算等相关制度的总称。针对高等学校的业务特点，高等学校应建立国库集中支付、政府收支分类、部门预算、工资津补贴、国有资产管理的会计核算制度，建立健全会计科目的设置、预算会计科目设置，提供绩效评价需要的财务信息和预算管理需要的预算收支信息，进一步规范高等学校财务报表包括资产负债表、收入费用表、预算收支表、基建投资表及报表附注的编制。

高等学校会计核算制度主要包括：

（1）款项和有价证券的收付制度；

（2）财物的收发、增减和使用制度；

（3）债权债务的发生和结算制度；

（4）资本和基金的增减核算制度；

（5）收入、支出、费用、成本的核算制度；

（6）财务成果的计算和处理制度。

二、高等学校财务制度体系的概念

高等学校的财务制度体系是财务制度的总称，是为满足管理需要所涉及和涵盖的所有财务制度的总和。高等学校应当建立内部财务制度体系。主要内容包括：单位领导人、总会计师对会计工作的领导职责；会计部门及其会计机构负责人、会计主管人员的职责、权限；会计部门与其他职能部门的关系；会计核算的组织形式等。

第二节　高等学校的财务制度体系

高等学校的财务制度，是根据党和国家的方针、政策及《中华人民共和国会计法》等有关法规制定的，它在纵向上体现为一个大的规范的制度体系。

一、按颁布的主体划分的财务制度体系

(一) 国务院及财政部颁布的财务制度

这是指国务院及财政部根据党和国家的方针、政策及有关财经法规统一制定的，在一定历史条件下，在全国范围内，必须统一执行的财务制度。

(二) 国务院各部委颁布的财务制度

国务院各部委根据国务院和财政部统一颁布的财务制度，结合系统实际情况制定的，在本系统范围内必须执行的财务制度。

(三) 地方各级人民政府的财政部门颁布的财务制度

地方各级人民政府的财政部门根据国务院和财政部统一颁布的财务制度，在国务院和财政部授权范围内，结合本地区实际情况制定的地方性的财务制度。

(四) 高等学校自行颁布的财务制度

高等学校为了贯彻实施国家和地方财政部门及上级主管部门的财经政策而制定的财务制度，主要分为以下几类。

（1）经济责任制财务制度，如《建立经济责任制加强财务管理实施办法》；

（2）预算管理财务制度，如《预算管理办法》；

（3）财务管理财务制度，如《财务管理条例》、《财务报销管理实施细则》、《科研经费管理办法》、《货币资金内部控制制度》；

（4）标准定额财务制度，如《经费开支标准》、《教育收费管理规定》；

（5）校级财务制度，如《绩效评价实施细则》、《收入分配管理办法》、《联合办学收费管理暂行办法》、《会计从业人员管理办法》；

（6）财务处财务制度，如《财务处岗位责任制》、《财务处敬业爱岗文明服务公约》、《财务处考勤及请假制度》。

二、按《中华人民共和国立法法》划分的财务制度体系

根据 2000 年 3 月全国人大通过的《立法法》，我国的财务法

规体系由四个层次构成。

（一）财务法律

1. 财务法律，是指由全国人民代表大会常务委员会制定的财务会计法律制度，如《会计法》、《注册会计师法》及《审计法》等。

2. 财务法律的特点：

（1）只能由具有国家立法权的全国人民代表大会制定，其他机关无权制定或修改。

（2）其所规定的是财务工作中重要的、带有根本性的事项。如《会计法》规定，"各单位必须设置会计账本，并保证其真实，完整"；"任何单位或者个人不得以任何方式授意、指使、强令会计机构、会计人员伪造、变造会计凭证、会计账本和其他会计资料，提供虚假财务会计报告"等。

（3）是制定财务行政法规、财务规章、地方性财务法规、财务规范性文件的依据。《会计法》是财务法律制度中层次最高的法律规范，是财务会计机构、财务会计人员开展财务管理工作，进行会计核算，实施会计监督的基本依据，也是各级有关管理部门进行财务管理和监督的基本依据。

（二）财务法规

包括国务院发布的行政法规和省市级人民代表大会或人大常委会发布的地方法规。财务行政法规，是指由国务院制定发布，或者由国务院有关部门拟订经国务院批准发布的，调整某些方面财务会计关系的财务法律制度，其制定依据是《会计法》。如 1990 年 12 月 31 日国务院发布的《总会计师条例》，2000 年 6 月 21 日国务院发布的《企业财务会计报告条例》等都属于财务行政法规。

（三）财务规章

财务规章是指由国务院业务主管部门发布的部门规章和省市级政府发布的地方政府规章。财务规章，是根据《立法法》规定的程序，由财政部制定，并以财政部长签署命令的形式公布的关于财务管理、会计核算、会计监督、财务会计机构和财务会计人员的财务法律制度。如 2001 年 2 月 20 日财政部第 10 号令《财政部门实施会计监督办法》，2005 年 1 月 18 日财政部第 24 号令《会计师事务所审批和监督暂行办法》，2005 年 1 月 22 日财政部第 26 号令《会计从业资格管理办法》，2006 年 2 月 15 日财政部第 33 号令《企业会计准则——基本准则》等，均属于会计规章。

事业单位财务规则也是以财政部令颁布的，属于财务规章的范畴。事业单位财务规则是国家对事业单位进行财务管理、会计核算以及制定其他具体财务制度的基本规章依据，也是所有国有事业单位从事财务活动必须遵循的行为规范。财务规章包括会计规章和会计规范性文件。财务规章是指由财政部制定，由部长签署命令予以公布的制度办法，它以财政部第××号令的形式颁布。典型代表如财政部第 26 号令《会计从业资格管理办法》、财政部第 10 号令《财政部门实施会计监督办法》及财政部第 33 号令《企业会计准则——基本准则》等。财务规范性文件是指由财政部制定并发布的文件，就财务会计工作中某些方面内容所制定并发布的规范性文件，如《事业单位财务会计报告条例》等。现行主要财务会计法律制度见表 4.1。

表 4.1 现行主要财务会计法律制度

会计法规	发布单位	法规层次	规范内容	发文时间
《会计法》	全国人大	会计法律	综合会计	1985.1.21 通过 1999.10.31 修订
《总会计师条例》	国务院	会计行政法规	会计人员（总会计师）	1990.12.31 发布
《企业会计准则——基本准则》	国务院批准，财政部令	会计行政法规	会计核算（综合）	1992.11.30 发布 2006.2.15 修订
行业会计制度系列	财政部	国家统一的会计制度	会计核算（各行业）	1992.12 印发
《注册会计师法》	全国人大	会计法律	会计中介机构（注册会计师行业）	1993.10.31 发布

续表

会计法规	发布单位	法规层次	规范内容	发文时间
《深圳经济特区注册会计师条例》	深圳市人大	会计地方法规	会计中介机构（注册会计师行业）	1995.10.28 通过 2007.1.24 第二次修订
《会计基础工作规范》	财政部	国家统一的会计制度	综合会计	1996.6.17 发布
《企业会计准则——具体准则》系列	财政部	国家统一的会计制度	会计核算（具体）	1997.5.22 印发 2006.2.15 修订和新发
《会计档案管理办法》	财政部、国家档案局	国家统一的法规制度	其他会计	1998.8.21 印发
《企业财务会计报告条例》	国务院令	会计行政法规	会计核算（会计报告）	2006.6.21 印发
《企业会计制度》	财政部	国家统一的会计制度	会计核算（综合）	2000.12.29 印发
《财政部门实施会计监督办法》	财政部令	国家统一的会计制度(规章)	会计监督	2001.2.20 印发
《金融企业会计制度》	财政部	国家统一的会计制度	会计核算（金融）	2001.11.27 印发
《小企业会计制度》	财政部	国家统一的会计制度	会计核算（小企业）	2004.4.27 印发
《村集体经济组织的会计制度》	财政部	国家统一的会计制度	会计核算（村集体经济组织）	2004.9.30 印发
《深圳市会计条例》	广东省人大	会计地方法规	综合会计	2004.9.24 通过
《民间非营利组织会计制度》	财政部	国家统一的会计制度	会计核算（民间非营利组织）	2004.10.19 印发
《会计师事务所审批和监督暂行办法》	财政部令	国家统一的会计制度(规章)	会计中介机构、会计监督	2005.1.18 印发
《会计从业资格管理办法》	财政部令	国家统一的会计制度(规章)	会计人员（从业资格）	2005.1.22 公布

续表

会计法规	发布单位	法规层次	规范内容	发文时间
《注册会计师注册办法》	财政部令	国家统一的会计制度（规章）	会计中介机构（注册会计师）	2005.1.22 印发
《代理记账管理办法》	财政部令	国家统一的会计制度（规章）	会计中介机构（代理记账）	2005.1.22 印发
《企业会计准则——应用指南》系列	财政部	国家统一的会计制度	会计指标（具体）	2006.10.30 印发
《会计人员继续教育规定》	财政部	国家统一的会计制度	会计人员（继续教育）	2006.11.20 印发
《企业会计准则解释第 1 号》	财政部	国家统一的会计制度	会计核算	2007.11.16 印发
《企业内部控制基本规范》	财政部等	国家统一的会计制度	其他会计	2008.5.22 印发
《企业会计准则解释第 2 号》	财政部	国家统一的会计制度	会计核算	2008.8.7 印发
《注册会计师全国统一考试办法》	财政部令	国家统一的会计制度（规章）	会计中介机构（注册会计师）	2009.3.19 通过
《工会会计制度》	财政部令	国家统一的会计制度（规章）	会计核算	2009.5.31 印发
其他规范性文件（会计类）	财政部	国家统一的会计制度	相关会计类	

三、高等学校以财务制度体系建设财务制度的意义

以财务制度体系建设高等学校财务制度，能对高等学校财务制度进行总体设计，对所有财务制度的内容及设计工作作出全面的规划。

(一) 以制度体系进行建设才能确保制度的完整性

从制度体系到具体的财务制度是财务会计制度设计的科学程序。先确定财务制度体系是财务会计制度设计的起点，对所设计的财务会计制度内容作出规划后，在进行具体的设计时，就可以根据这些规划设计出具体的财务会计制度。如果不经过制度体系设计的过程，按照制度设计的主观设想直接作出具体设计，就难以保证所设计的制度的完整性，而且将来发现不妥之处后，修改的工作量就会太大，修改难度也很大。

(二) 制度体系建设可以协调各制度之间的不兼容部分

制度体系建设是各项具体制度之间同步协调的保证，财务制度设计是一个系统工程，就整个管理制度体系而言，财务会计制度与其他有关的管理制度密切关联；就财务会计制度本身而言，它又是由若干项具体制度构成的，各项具体制度相互配合。由于在制度体系设计中同时考虑了有关制度的内容，必然就要对其相互关联之处采取协调一致的方法。这样就能使各项规章制度有机地联系起来，共同构成一个完整的制度体系，因而制度体系建设是各项制度之间同步协调的保证和基础。

(三) 以制度体系为总括建设有利于财务会计制度的建设

制度体系建设是财务会计制度设计工作顺利进行的前提，财务会计制度设计是一项涉及面广、技术性强的复杂工作，要使财务会计制度设计工作顺利进行，就必须有一个行动方案作指导。在制度体系建设中，对财务会计制度中各个部分的基本内容及其相互的关联，都已作出了规定或提出了要求，并对所需人力和时间进度等作出了安排，是制度体系中的纲。这有利于设计工作的分工合作，按照既定的目标、原则、方法和要求进行设计，并按照规定的时间进度完成设计任务。

第三节　高等学校财务制度建设的重要性

一、制度体系建设是形势发展的要求

(1) 全国大部分高等学校目前已进入发展的快车道，基于这种形势，需要进一步建立健全财务管理制度。财务管理制度涉及的面非常广，从经济事项合同的签订到最后的核算及结算，一系列工作都需要有制度来保证。

（2）完善制度建设也是形势发展的必然要求。目前，我国高等学校学生规模绝大多数在万人以上，普遍表现为学校的校区多、人员多、经费总量大，涉及的经费使用的人员非常多，除了各个部门及院系外，还有很多教师也在参与着审批和使用经费。这就要求高等学校必须有一套完善的并与之对应的制度，要用制度来保证经费审批和使用的规范性。

二、制度体系建设是加强管理的需要

（1）现代化的管理是以制度为基础的。例如，美国总统、日本首相的更迭并没有影响到整个国家行政机器的运转，政府管理运行机制一般不会因为主要领导人的更换而出现混乱，这是因为有一整套完善的工作制度作为保障。具体到高等学校财务管理，制度化的管理应该是最重要的。

（2）除私立高等学校外，其余均是以事业单位的形式划分在行政事业单位中，经费管理权在财政部门，但是在日常工作中校内的很多经费项目是通过高等学校高层管理者直接管理的。作为学校高层管理者，他们所要处理的重大事件和临时事务性工作耗费了其大部分精力，另外大部分高层管理者并不是经济专业出身，对财务方面的新政策更是不能及时地了解，在大量的日常行政工作中要想做到百密而无一疏是很难的。所以，从这个意义上讲，制度建设就是非常必要的，制度可以起到把关的作用。有了完善的制度，就算学校高层领导行使过了审批权，但是财务人员仍然可以在落实领导已经审批的材料时进行严格的政策上的把关，这样就能够起到协助领导加强管理的作用。

三、保证资金安全需要完善制度建设

大部分高等学校已进入了高速建设时期，每年有大量数额的周转资金流动。如何使这些运转资金处在安全的状况下，财务人员的责任十分重大。教育部原副部长张保庆曾说："据我看，有些学校在搞什么资金运作，想把钱变得更大，但实际上，我们并不具备这样的水平，即各个高等学校应该首先把拿到手的钱管好，然后再考虑其他方面。"还有个例子：某高等学校与深圳某公司签订了金额为1亿元的委托理财合同，结果那家公司倒闭，人员都找不到了，1亿元也不见了。所以，高等学校必须有一套完善的制度来保证学校资金的安全，并要重视经费使用的合理性，提高资金使用效益。

四、新技术发展的需求

信息时代的来临，使得财务管理已经从手工记账进入计算机处理时代，各种技术手段不断更新发展。新技术手段有其便利的方面，但也必然存在一些弊端，比如监管和信息安全等。所以，高等学校财务制度体系如何跟随技术手段的发展同步完善，是值得所有高等学校注意和研究的。

第五章 高等学校财务制度建设
的基本理论

第一节 高等学校财务工作制度建设的相关概念

一、制度的概念

制度（或称为建制），泛指以规则或运作模式，规范个体行为的一种社会结构，制度是约束和规范人的行为的各种规则。这些规则蕴含着社会的价值，其运行体现着一个社会的秩序。制度是一种人们有目的建构的存在物。制度的存在，都会带有价值判断在里面，从而规范、影响人们的行为。

二、财务制度的概念

财务制度是进行会计工作的规范，是进行会计核算、监督工作的规范，是会计工作应该遵守的工作准绳。财务制度有广义和狭义之分。

（一）广义的财务制度

广义的财务制度是指由国家权力机构、政府部门以及机关、企（事）业单位制定的，用来规范机关、企（事）业单位财务行为及处理各方面财务关系的法律、法规、准则、规章和办法的总称。

（二）狭义的财务制度

狭义的财务制度又称为企（事）业单位财务制度，是指由企（事）业单位管理当局制定的用来组织企（事）业单位财务活动、规范财务行为、处理和协调企（事）业单位内外财务关系的具体规章、程序和办法。

（三）高等学校财务制度的定义

高等学校的财务制度是由国家权力机构、相关政府部门以及高等学校内部制定的，用来协调高等学校与政府、社会各方面的经济关系以及制约、规范高等学校内部财务收支行为的法律、法规、准则、办法等规则的总和。高等学校的财务制度是高等学校进行财务管理工作的规范，是必须遵循的准则。要使高等学校财务工作能真正发挥其核算与监督的作用，就必须建立科学的财务制度，使高等学校财务管理工作有组织、有秩序地进行。高等学校的财务制度是一个体系，主要包括《高等学校财务制度》、《高等学校会计制度》等。

第二节　高等学校财务制度建设的意义

高等学校财务制度是高等学校管理制度的重要组成部分，完善、有效的财务制度，能规范、约束学校的财务收支行为，提高资金资源配置效率，为高等学校的快速、健康、可持续发展提供制度保证。财务制度是进行财务管理、会计核算、财务监督的规范，是高等学校财务工作应该遵守的工作准绳。要使高等学校的财务工作能够真正发挥其管理、核算与监督的作用，就必须建立健全科学合理的财务制度，使高等学校的财务工作有组织、有秩序地进行。财务制度建设的意义可以概括为以下几点：

1. 有利于贯彻国家的财经政策和法规制度

高等学校的财务制度建设必须以国家的财经政策和法规制度为依据，不能与之相背离。因此，制定和执行了高等学校的财务制度，也就是贯彻落实了国家的财经政策和法规制度。

2. 有利于加强高等学校的财务管理，及时、准确地提供会计信息

（1）加强高等学校的财务管理工作，是高等学校正常运行和发展的重要保证。高等学校财务制度对高等学校财务机构的设置、财务人员的配备、职责分工、岗位责任制以及业务工作程序等进行

了科学合理的规划，从而为高等学校财务管理工作提供了依据和保证，促进了财务工作的正常、顺利运行。高等学校财务部门的主要任务是为学校决策层提供有用的会计信息，而高等学校财务制度全面规划了学校会计信息收集、加工、对外报出的程序和方法，形成一个系统，保证了财务信息提供的及时性和准确性。

（2）高等学校完善的财务工作制度体系是经过周密的规划而精心制定的，是高等学校财务人员处理会计核算业务和财务管理业务的指南和操作手册。有了这个指南和操作手册，财务人员在业务处理手续、核算方法、操作程序以及工作职责等方面按其执行，使会计工作忙而不乱，井然有序，而不致无章可循，责任不清。同时，严密的会计制度为防止差错和各种舞弊行为的发生创造了良好的基础。根据这种完善的财务工作制度体系产生的会计信息也应该是及时、全面和准确的。可见，高等学校财务制度的建设，不仅是进行财务工作的前提，也是强化高等学校财务工作的前提。

3. 有利于加强高等学校预算管理

加强高等学校财务制度的建设，有利于合理编制学校预算，有效控制预算执行，完整、准确地编制学校决算，真实反映学校财务状况。

4. 有利于筹资融资，规范财务收支行为

加强高等学校财务制度的建设，有利于依法多渠道筹集资金，规范财务收支行为，实行增收节支，通过财务制度体系的约束，可以纠正高等学校财务工作中常见的混乱、管理松懈的现象，杜绝造假账等违法行为。

5. 有利于理顺高等学校内部的经济利益关系

加强高等学校财务制度的建设，有利于建立健全学校财务制度体系，理顺学校、职能部门、二级单位之间的经济利益关系，实行学校与学院两级管理，提高办学效益和资金使用效益。

6. 有利于加强资产管理，防止国有资产流失

加强高等学校财务制度的建设，有利于加强资产管理，真实完整地反映资产使用状况，合理配置和有效利用资产，防止国有资产流失。

7. 有利于加强财务控制和监督，防范财务风险

加强高等学校财务制度的建设，有利于加强对学校经济活动的财务控制和监督，防范财务风险。

第三节　高等学校财务制度设计的基本原则和目标

一、高等学校财务制度设计的基本原则

高等学校相关财务制度设计要遵循以下几点基本原则：

1. 合法性

合法性要求高等学校在设计制度时必须以国家颁布的财经法规为依据，满足宏观调控的需要，不得违反国家规定的一系列财政政策和财经制度。在设计制度时还必须正确处理国家、学校和个人三者之间的利益关系。

2. 效益性

效益性是指高等学校在设计制度时必须以提高经济效益为中心。一是要尽量节约设计费用，能自行设计的，就不要聘请咨询顾问；二是要充分考虑制度运行的经济性；三是坚持勤俭办学的方针；四是正确处理事业发展需要和资金供给的关系，社会效益和经济效益的关系。

3. 针对性

针对性要求高等学校设计的制度必须能够适应其自身的招生规模、学科与专业建设特点和管理要求，以保证财务工作有章可循、有规可依。在实际工作中，高等学校在规模、组织形式、内部管理体制和要求等方面存在很大差异，形成了各自不同的特点，制度设计必须具有针对性。

4. 控制性

控制性是指高等学校在设计制度时必须应用内部控制制度，防止舞弊行为，保护学校资金财产安全。内部控制制度是高等学校为有效进行管理，加强工作人员的岗位责任而在业务处理程序等方面所规定的一系列相互制衡的管理制度。高等学校在设计制度时应将

控制性原则作为重要的内容应用于各个环节的每个岗位，不相容职务相分离，使其体现在每个工作人员的职责、权限中。

5. 科学性

科学性要求高等学校在设计制度时要从整体上考虑，不能顾此失彼，不能与其他制度相互矛盾，必须口径一致，互为补充，高等学校的内部控制制度之间也应协调一致。高等学校设计出的制度既要有利于提高财务管理和会计核算的工作质量，又要简单易行；既要符合理论，又要有利于实践。

6. 可操作性

可操作性要求高等学校在设计制度时要将规定尽量描述得更细、更具体，并对各项准则提供一些具体解释和说明，从而使得制度更有可操作性，避免出现模棱两可、容易产生误解和歧义的现象。

二、高等学校财务制度设计的目标

高等学校财务制度设计的目标是为学校财务管理活动提供一套合理、有效的运行机制，以实现高等学校资金使用效益的最大化。高等学校财务制度设计的主要目标包括：

（1）合理编制学校预算，对预算执行过程进行控制和管理。高等学校应按照"量入为出，收支平衡，积极稳妥，统筹兼顾，保证重点，勤俭节约"的原则编制预算，将学校各项事业活动所发生的财务收支都纳入预算管理的范围。

（2）建立健全学校财务制度，加强经济核算，实施绩效评价，提高资金使用效益。高等学校应当依照国家有关法律、法规和财务规章制度，结合学校实际情况，及时制定或修订校内各种财务规章制度，对学校经济活动的合法性、合理性进行监督。同时，学校还要科学配置各种经济资源，努力节约支出，加强经济核算，建立绩效考核和跟踪问效制度，提高资金的使用效益。

（3）加强资产管理，真实完整地反映资产使用状况，合理配置和有效利用资产，防止资产流失。

（4）加强对学校经济活动的财务控制和监督，防范财务风险。高等学校应强化风险意识，建立完善防范财务风险的机制，加强对学校经济活动的财务控制和监督，防范财务风险。

第四节　高等学校财务制度设计的程序和方法

一、高等学校财务制度设计程序的概念

高等学校财务制度设计程序是指设计高等学校财务制度体系时应采取什么步骤进行，它是从确定设计的制度到具体进行设计、最后付诸实施的全过程。由于高等学校财务制度设计工作是政策性和技术性都很强的工作，必须精心组织、统筹安排，才能设计出完善的、可操作性强的高等学校财务制度体系。

二、高等学校财务制度设计的组织领导

（一）领导机构

根据《高等学校校长工作条例》的规定，校长是高等学校制度建设的领导者，校长对学校的制度建设负领导责任，对应的校长办公会是高等学校制度建设的决策机构。

根据高等学校的建制，高等学校应成立财经工作领导小组，该小组直接对校长办公会负责，并直接领导高等学校财务制度建设工作。

（二）工作机构

负责高等学校财务制度建设的工作机构是学校财经工作领导小组下设的办公室，挂靠财务处，即财务处是高等学校财务制度建设的工作机构。

（三）监督机构

高等学校财务制度建设的监督机构包括：纪委、监察处、审计处、工会。

三、高等学校财务制度设计的程序

（一）领导决策程序

高等学校制定或修订相关财务制度时，领导决策的基本程序

如下：

（1）由学校财经工作领导小组办公室提出相关方案。学校财经工作领导小组办公室可指定财务处清理相关的财务制度，梳理财务制度体系存在的缺陷和不足，提出制定或修订相关财务制度的方案；

（2）学校财经工作领导小组办公室上报学校财经工作领导小组审议，确定制定或修订具体的财务制度；

（3）学校财经工作领导小组指定学校财经工作领导小组办公室或财务处，按财务制度设计的工作程序，开展财务制度的设计工作，制订财务制度的草案；

（4）凡必须经过民主程序的财务制度，需印发给二级单位征求意见，通过"两上两下"的程序，完成民主监督程序，才能上报学校决策机构；

（5）财务制度的草案上报学校财经工作领导小组审议，通过后上报校长办公会议审定，凡涉及面较广或影响力较大的重要财务制度，需提交党委会或教代会研究决定；

（6）经过各个决策程序批准的财务制度，最后由校长签发，才能进入实施或试行阶段。

（二）工作程序

1. 准备阶段

高等学校财务制度设计是否能达到预期的目的，在很大程度上取决于前期的准备工作是否做得充分、细致、周全。

（1）确定设计的内容和目的

高等学校财务制度设计按其涉及的范围可以分为高等学校财务制度体系设计和单一财务制度设计两种类型。高等学校财务制度体系设计是指设计高等学校整套的财务制度体系。单一财务制度设计是指涉及某一财务管理领域的财务制度的设计。高等学校财务制度设计按制度的新旧分，包括新制度的设计和旧制度的修订性设计。高等学校财务制度设计按设计内容分，包括会计组织系统设计、会计信息系统设计、会计控制系统设计等方面制度的设计。因此，在设计之前，必须明确设计的内容和目的才能合理地进行设计工作，以提高设计的效率。

（2）制订设计规划

①设计的时间进度。时间安排要根据设计类型来确定，如果是全面设计，安排的时间就要长一些，否则可短一些。

②设计的内容。设计内容是指设计的具体财务制度。如果是制度体系设计，应列出设计制度的一系列内容。如果是单一制度设计应列出设计制度所涉及的领域。

③明确财务处的设计人员。根据设计的内容和工作量，指定财务处的专门或兼职的设计人员。选派财务制度设计人员时，要使各方面人员的学历、职称等结构搭配合理，最好能聘请管理学方面的专家。

2. 调查研究

调查研究是设计财务制度的基础，必须进行充分的调查研究，才能设计出科学合理的财务制度。调查研究主要包括以下内容。

（1）实地调查

财务制度设计人员主要应调查与会计制度设计有关的财务管理实际。要从实际出发，详细调查，收集第一手资料。

（2）兄弟院校的调查

财务制度设计人员应调查了解兄弟院校相关财务制度设计及其实施的情况，以作为本单位财务制度设计的参考。

（3）征询职能部门的意见

征询职能部门或二级单位领导意见。财务制度实施的对象一般是职能部门或二级单位，它们的要求和意见显得十分重要。

3. 实施具体设计阶段

在调查研究的基础上，根据设计的内容和原则，认真进行设计。具体的设计工作过程一般可分为拟定程序、逐项进行设计、全面综合调整、广泛征求意见、提出方案。在实施设计时，要考虑内部控制的要求，尽量多设计一些核对点和平衡点，以加强控制。

4. 试行与修改阶段

（1）财务制度不可能一次就设计得很完善，初次设计完工后，应进行一段时间的试运行，然后加以修改，使其更加完善。

（2）在试行阶段，设计者应深入基层进行现场观察和测定，以发现草案中的缺陷和薄弱环节，并听取群众意见，尤其应特别注意各职能部门和会计人员对草案正反两面的意见。试行中对某些部分还可以根据反馈，另行拟订几种不同方案，对比试验，进行优选。

（3）经过试行后，应将试行情况进行小结，对正反两方面意见进行筛选，肯定正确部分，对缺陷部分进行修改补充。修正定稿后，可以全面贯彻执行。

四、高等学校财务制度设计的方法

高等学校财务制度设计需要借助于文字说明、表格和流程图等具体形式来反映制度内容，但更重要的是要运用恰当的方法进行调查和分析。由于高等学校财务制度所要解决的问题具有不同性质和范围，制度设计的条件、方式和要求多有不同，因此，方法选择应当因地、因时、因事、因人而异。一般说来，高等学校财务制度设计可采用以下技术方法：

1. 文字说明法

用文字说明高等学校财务制度的有关内容，这是制度设计使用最多的一种方法。该方法在使用时可用文字单独说明，如财务制度的总体说明，会计科目及其使用说明，内部控制要点等；也可以文字辅以图示说明，如对会计处理程序的说明等。无论如何应用文字说明法，都要能恰当表达有关内容，行文要规范，定义要严谨，语句要确切，要避免无关紧要的修饰，要防止过于冗长，避免使用易于误解的句子。以文字说明法表示的会计制度的内容要注意排列得体，同一层次的语句段落要采用相同的字号排列；不同层次的语句段落要采用合适的编号形式，如：一、（一）、1、（1）等。

2. 实地调查方法

实地调查是设计准备阶段必不可少的一个环节，实地调查的方法很多，设计人员可以通过实地观察、岗位访问、开座谈会、问卷测试、请求有关人员提供书面材料等方法获得财务制度设计所需的有关资料、信息。需要注意的是，各种方法的应用都必须把握要领，而且所收集、掌握的材料应包括批评性意见和建设性意见两类。

3. 分析研究方法

分析研究方法是设计人员应付和解决制度问题的主要途径和手段，直接影响到制度设计的质量。

4. 制度比较方法

一项制度的制定和实施，必须以国家或上级主管部门的制度为依据，同过制度比较，才能贯彻执行国家或主管部门的文件精神，使制度更加合法。

5. 表格法

使用表格法应注意以下几点：

①表格尺寸要统一。包括格式统一、用纸统一和联数统一。

②表格画线要标准。表格空边的画线、表格栏次的画线、表格制作控制、粗细线的应用、封闭与开口的应用等均要符合标准。

③表格制作控制。表格制作、实行、修改和废止均需正规，且应履行审批手续，切忌各行其是，杜绝随意性错误。

第六章 国家及政府主管部门财务法律法规的质量保证

第一节 国家及政府主管部门制定的法律法规的作用

国家及政府主管部门制定的法律法规的作用如下：

1. 从根本上确定高等学校的财务管理体制

随着高等教育体制改革不断深化，高等学校社会独立法人地位得以确立。进一步完善高等学校财务管理体制，优化配置高等学校各类资源，提高高等学校办学经济效益和社会效益是高等学校发展的主要任务。国家及政府主管部门制定的法律法规，规定了高等学校预算管理、收支管理、资产与负债、财务监督等制度的基本框架，从根本上确定了高等学校的财务管理体制。

2. 是高等学校建立健全财务制度的蓝本

高等学校制定的财务管理制度，必须以国家及政府主管部门制定的法律法规为蓝本，首先必须合法，并在此基础上进行创新。制度的设计和创新，将为高等学校财务管理水平的提高以及高等教育的健康发展提供科学的机制保障和坚实的体制支撑。

3. 是解决高等学校财务管理体制中存在的问题的制度保证

高等学校财务管理体制中存在的问题主要有：高等学校主管部门的监管缺位；财务部门等监管力度不够；缺乏管理指标体系，对于财务风险认识不够。解决这些问题，必须依靠国家及政府主管部门制定的法律法规的约束和引导。

4. 是高等学校依法治校的根本保证

国家及政府主管部门制定的法律法规规定了高等学校哪些可为

哪些可不为，为高等学校依法治校提供了法律依据，是高等学校依法治校的根本保证。

第二节　国家及政府主管部门制定的法律法规的基本内容

一、《中华人民共和国会计法》是高等学校财务管理保证体系的最高法律保证

《中华人民共和国会计法》从总体控制方面确保质量保证体系的正确方向，主要体现在以下几个方面：

（1）《中华人民共和国会计法》规定，高等学校的校长对学校的会计工作和会计资料的真实性、完整性负责。因此，高等学校的校长首先必须根据本校业务需要责成人事部门提出设置财会机构的方案，并经校领导集体研究后，按干部管理权限配备、选用具备法定从业资格的财会人员；其次必须要求会计机构和会计人员依法设置会计账簿，建立健全本校内部会计监督制度，保证会计机构、会计人员依法履行职责；不得授意、指使、强令会计机构和会计人员违法办理会计事项，伪造、变更或隐匿、故意销毁会计凭证、会计账簿，编制、提供虚假财务会计报告；不得对依法履行职责、抵制违反会计法规定行为的会计人员实行打击报复；再次，必须认真审核本校编制的财务会计报告，并在报告上签名盖章，对报告的真实、完整承担责任；最后，必须明确校内其他各级领导在财经管理工作中的权力和责任。

（2）校内各级领导必须认真学习贯彻国家的各项财会法规、制度，了解并掌握学校事业运行规律和财会工作规律。要按照事权和财权统一的原则，既按规定行使权力，努力开展工作，确保完成事业任务，又敢于承担责任，确保国家和学校利益不受损失。要自觉接受校内外审计、纪检监察等部门对财务工作的质询、检查、监督，发现问题及时纠正。

（3）学校财经工作要坚持校长负责制，坚持"一支笔"审批

126

制度。有条件的学校应成立由学校主要领导负责的财经领导小组，统一领导协调学校的财经工作。学校财经工作要增加透明度、增强严肃性，与学校发展规划相适应的经费需求计划的制订、年度预算安排及执行、对外投资、重要财务岗位负责人的任免等重大财经工作应建立科学合理的工作程序，经过集体讨论，按照民主集中制的原则决定。要在严格遵守国家法规规定的基础上，结合实际，建立健全内部规章制度，确保有章可循。

（4）从制度方面提供强有力的保证，确保质量保证体系的正确方向。

二、税收法律保证

（一）国家的税收体系

国家税务总局按照科学发展观的要求，围绕完善社会主义市场经济体制和全面建设小康社会的目标，建立健全了一系列的国家和地方税收体系。包括：由税务部门负责征收的增值税、消费税、营业税、企业所得税、个人所得税、资源税、城镇土地使用税、房产税、城市维护建设税、耕地占用税、土地增值税、车辆购置税、车船税、印花税、契税、烟叶税；由海关部门征收的关税和船舶吨税。

1. 增值税

对在我国境内销售货物或者提供加工、修理修配劳务以及进口货物的单位和个人征收。增值税纳税人分为一般纳税人和小规模纳税人。对一般纳税人，就其销售（或进口）货物或者提供加工、修理修配劳务的增加值征税，基本税率为17%，低税率为13%，出口货物为0（国务院另有规定的除外）；对小规模纳税人，实行简易办法计算应纳税额，征收率为3%。增值税的纳税期限一般为1个月。另外，根据纳税人应纳增值税额的大小，还有1日、3日、5日、10日、15日、1个季度等其他六种应纳税期限，其中1个季度的规定仅适用于小规模纳税人。纳税人应在次月的1日—15日的征期内申报纳税，不能按照固定期限纳税的，可以按次纳税。

2. 消费税

对在我国境内生产、委托加工和进口应税消费品的单位和个人征收。征税范围包括烟、酒和酒精、化妆品、贵重首饰和珠宝玉石等 14 个税目。消费税根据税法确定的税目，按照应税消费品的销售额、销售数量分别实行从价定率或从量定额的办法计算应纳税额。消费税的纳税期限与增值税的纳税期限相同。

3. 营业税

对在我国境内提供应税劳务、转让无形资产和销售不动产的单位和个人征收。应税劳务包括交通运输业、建筑业、金融保险业等 7 个税目。营业税按照应税劳务或应税行为的营业额或转让额、销售额依法定的税率计算缴纳。除了娱乐业实行 20%（其中台球、保龄球适用 5%）的税率外，其他税目的税率为 3% 或 5%。营业税的纳税期限与增值税、消费税相同。

4. 企业所得税

在中国境内的一切企业和其他取得收入的组织（不包括个人独资企业、合伙企业），为企业所得税纳税人。企业分为居民企业和非居民企业。居民企业应当就其来源于中国境内、境外的所得缴纳企业所得税。非居民企业根据其是否在中国境内设立机构、场所以及所得是否与境内机构、场所有实际联系确定应纳税所得额。企业所得税以企业每一纳税年度的收入总额，减去不征税收入、免税收入、各项扣除以及允许弥补的以前年度亏损后的余额，为应纳税所得额。税率为 25%。企业所得税按纳税年度计算，纳税年度自公历 1 月 1 日起至 12 月 31 日止。企业所得税实行按月或按季预缴、年终汇算清缴、多退少补的征收办法，即企业应当自月份或者季度终了之日起 15 日内，向税务机关报送预缴企业所得税纳税申报表，预缴税款。企业应当自年度终了之日起 5 个月内，向税务机关报送年度企业所得税纳税申报表，并汇算清缴，结清应缴应退税款。

5. 个人所得税

以个人取得的各项应税所得（包括个人取得的工资、薪金所得，个体工商户的生产、经营所得等 11 个应税项目）为对象征收。除工资、薪金所得适用 3% ~ 45% 的 7 级超额累进税率，个体工商户（注：个人独资企业和合伙企业投资者比照执行）的生产、经营所得和对企事业单位的承包经营、承租经营所得适用 5% ~ 35% 的 5 级超额累进税率外，其余各项所得均适用 20% 的比例税率。自 2011 年 9 月 1 日起，工资、薪金所得减除费用标准从每月 2000 元提高到每月 3500 元。纳税期限是：扣缴义务人每月所扣和自行申报纳税人每月应纳的税款，在次月 15 日内缴入国库；个体工商户生产、经营所得应纳的税款，按年计算，分月预缴，年度终了后 3 个月内汇算清缴，多退少补；对企事业单位承包经营、承租经营所得应纳的税款，按年计算，年度终了后 30 日内缴入国库；从中国境外取得所得的，在年度终了后 30 日内，将应纳的税款缴入国库。年所得 12 万元以上的纳税人，在年度终了后 3 个月内自行向税务机关进行纳税申报。

6. 资源税

对在我国境内开采各种应税自然资源的单位和个人征收。征税范围包括原油、天然气、煤炭、其他非金属矿原矿、黑色金属矿原矿、有色金属矿原矿、盐等 7 大类。资源税采用从价定率和从量定额的方法征收。原油、天然气产品的资源税税率为销售额的 5% ~ 10%。资源税其他税目因资源的种类、区位不同，税额标准为每吨 0.3 元到 60 元不等。

7. 城镇土地使用税

以在城市、县城、建制镇和工矿区范围内的土地为征税对象，以实际占用的土地面积为计税依据，按规定税额对使用土地的单位和个人征收。其税额标准依大城市、中等城市、小城市和县城、建制镇、工矿区分别确定，为每平方米 0.6 ~ 30 元。城镇土地使用税按年计算、分期缴纳，具体纳税期限由各省、自治区、直辖市人民政府根据当地的实际情况确定。

8. 房产税

以城市、县城、建制镇和工矿区范围内的房屋为征税对象，以房产余值或租金收入为计税依据，纳税人包括产权所有人、房屋的经营管理单位（房屋产权为全民所有）、承典人、代管人、使用人。其税率分为两类：按照房产余值计算应纳税额的，适用税率为

1.2%;按照房产租金收入计算应纳税额的,适用税率为12%,但个人按市场价格出租的居民住房,减按4%的征收率征收。房产税按年征收、分期缴纳。自2009年1月1日起,外商投资企业、外国企业和组织以及外籍个人(包括港澳台资企业和组织以及华侨、港澳台同胞)依照《中华人民共和国房产税暂行条例》缴纳房产税。

9. 城市维护建设税

对缴纳增值税、消费税、营业税的单位和个人征收。它以纳税人实际缴纳的增值税、消费税、营业税为计税依据,区别纳税人所在地的不同,分别按7%(在市区)、5%(在县城、镇)和1%(不在市区、县城或镇)三档税率计算缴纳。城市维护建设税分别与增值税、消费税、营业税同时缴纳。

10. 耕地占用税

对占用耕地建房或者从事其他非农业建设的单位和个人,依其占用耕地的面积征收。其税额标准为每平方米5~50元。纳税人必须在经土地管理部门批准占用耕地之日起30日内缴纳耕地占用税。

11. 土地增值税

以纳税人转让国有土地使用权、地上建筑物及其附着物所取得的增值额为征税对象,依照规定的税率征收。它实行4级超率累进税率,税率分别为30%、40%、50%、60%。纳税人应当自转让房地产合同签订之日起7日内向房地产所在地主管税务机关办理纳税申报,并在税务机关核定的期限内缴纳土地增值税。由于涉及成本确定或其他原因,而无法据以计算土地增值税的,可以预征土地增值税,待项目全部竣工,办理结算后再进行清算,多退少补。

12. 车辆购置税

对购置汽车、摩托车、电车、挂车、农用运输车等应税车辆的单位和个人征收。车辆购置税实行从价定率的方法计算应纳税额,税率为10%。计税价格为纳税人购置应税车辆而支付给销售者的全部价款和价外费用(不包括增值税);国家税务总局参照应税车辆市场平均交易价格,规定不同类型应税车辆的最低计税价格。纳税人购置应税车辆的,应当自购置之日起60日内申报纳税并一次缴清税款。

13. 车船税

以在我国境内依法应当到车船管理部门登记的车辆、船舶为征税对象，向车辆、船舶的所有人或管理人征收。分为乘用车、商用车等 6 大税目。各税目的年税额标准为每辆 36 ~ 5400 元，或自重（净吨位）每吨 3 ~ 60 元，游艇为艇身长度每米 600 ~ 2000 元。车船税按年申报缴纳。

14. 印花税

对在经济活动和经济交往中书立、领受税法规定的应税凭证的单位和个人征收。印花税根据应税凭证的性质，分别按合同金额依比例税率或者按件定额计算应纳税额。比例税率有 1‰、0.5‰、0.3‰和 0.05‰四档，比如购销合同按购销金额的 0.3‰贴花，加工承揽合同按加工或承揽收入的 0.5‰贴花，财产租赁合同按租赁金额的 1‰贴花，借款合同按借款金额的 0.05‰贴花等；权利、许可证等按件贴花 5 元。印花税实行由纳税人根据规定自行计算应纳税额，购买并一次贴足印花税票的办法缴纳。股权转让书据按其书立时证券市场当日实际成交价格计算的金额，由立据双方当事人分别按 3‰的税率缴纳印花税（即证券交易印花税）。

15. 契税

以出让、转让、买卖、赠与、交换发生权属转移的土地、房屋为征税对象，承受的单位和个人为纳税人。出让、转让、买卖土地、房屋的税基为成交价格，赠与土地、房屋的税基由征收机关核定，交换土地、房屋的税基为交换价格的差额。税率为 3% ~ 5%。纳税人应当自纳税义务发生之日起 10 日内办理纳税申报，并在契税征收机关核定的期限内缴纳税款。

16. 烟叶税

对在我国境内收购烟叶（包括晾晒烟叶和烤烟叶）的单位，按照收购烟叶的金额征收，税率为 20%。纳税人应当自纳税义务发生之日起 30 日内申报纳税。具体纳税期限由主管税务机关核定。

17. 关税

中国对进口货物征收关税。目前中国进口关税税率主要有以下

3 种：普通税率、优惠税率以及特别税率。自 1996 年 4 月 1 日起，普通税率最高一档为 270%，最低一档为 0；优惠税率最高一档为 121.6%，最低一档为 0；特别税率迄今仍未设立。《中华人民共和国进出口关税条例》规定，对原产于与中国未订有关税互惠协议的国家或者地区的进口货物，按照普通税率征税；对原产于与中国订有关税互惠协议的国家或者地区的进口货物，按照优惠税率征税；对原产于对中国出口货物有歧视性待遇的国家或地区的进口货物，征收特别关税。目前《中华人民共和国海关进出口税则》中的进口税率栏中制定了普通税率与优惠税率两栏，特别税率则由税则委员会临时决定。不同税率的适用是以进口货物的原产地为标准的。中国的优惠税率目前只有一栏。优惠税率也是最惠国优惠关税的税率。目前尚没有特惠关税。中国与各国签订的关税优惠协定，都有最惠国优惠税率条款。

18. 船舶吨税

船舶吨税是海关代表国家交通管理部门在设关口岸对进出中国国境的船舶征收的用于航道设施建设的一种使用税，专项用于海上航标的维护、建设和管理。根据《中华人民共和国海关船舶吨税暂行条例》和《船舶吨税征收管理作业规程》，船舶吨税由海关代交通运输部征收，海关征收后就地上缴中央国库。船舶吨税税率分为优惠税率和普通税率两种。中华人民共和国籍的应税船舶，船籍国（地区）与中华人民共和国签订含有相互给予船舶税费最惠国待遇条款的条约或者协定的应税船舶，适用优惠税率。其他应税船舶，适用普通税率。

（二）国家税收法律确保高等学校依法纳税的义务和权利

1. 高等学校依法纳税的义务

（1）依法进行税务登记的义务

高等学校应当自领取营业执照之日起 30 日内，持有关证件，向税务机关申报办理税务登记。税务登记主要包括领取营业执照后的设立登记、税务登记内容发生变化后的变更登记、依法申请停业、复业登记、依法终止纳税义务的注销登记等。

在各类税务登记管理中，纳税人应该根据税务机关的规定分别提交相关资料，及时办理。同时，纳税人应当按照税务机关的规定使用税务登记证件。税务登记证件不得转借、涂改、损毁、买卖或者伪造。

（2）依法设置账簿、保管账簿和有关资料以及依法开具、使用、取得和保管发票的义务

高等学校应当按照有关法律、行政法规和国务院财政、税务主管部门的规定设置账簿，根据合法、有效凭证记账，进行核算；从事生产、经营的，必须按照国务院财政、税务主管部门规定的保管期限保管账簿、记账凭证、完税凭证及其他有关资料；账簿、记账凭证、完税凭证及其他有关资料不得伪造、变造或者擅自损毁。

此外，纳税人在购销商品、提供或者接受经营服务以及从事其他经营活动的过程中，应当依法开具、使用、取得和保管发票。

（3）财务会计制度和会计核算软件备案的义务

高等学校的财务、会计制度或者财务、会计处理办法和会计核算软件，应当报送税务机关备案。纳税人的财务、会计制度或者财务、会计处理办法与国务院或者国务院财政、税务主管部门有关税收的规定相抵触的，应依照国务院或者国务院财政、税务主管部门有关税收的规定计算应纳税款、代扣代缴和代收代缴税款。

（4）按照规定安装、使用税控装置的义务

国家根据税收征收管理的需要，积极推广使用税控装置。高等学校应当按照规定安装、使用税控装置，不得损毁或者擅自改动税控装置。如高等学校未按规定安装、使用税控装置，或者损毁或擅自改动税控装置的，税务机关将责令纳税人限期改正，并可根据情节轻重处以规定数额内的罚款。

（5）按时、如实申报的义务

高等学校必须依照法律、行政法规规定或者税务机关依照法律、行政法规的规定确定的申报期限、申报内容如实办理纳税申报，报送纳税申报表、财务会计报表以及税务机关根据实际需要要求纳税人报送的其他纳税资料。

高等学校扣缴义务人必须依照法律、行政法规规定或者税务机关依照法律、行政法规的规定确定的申报期限、申报内容如实报送

代扣代缴、代收代缴税款报告表以及税务机关根据实际需要要求扣缴义务人报送的其他有关资料。

高等学校即使在纳税期内没有应纳税款，也应当按照规定办理纳税申报。享受减税、免税待遇的，在减税、免税期间应当按照规定办理纳税申报。

（6）按时缴纳税款的义务

高等学校应当按照法律、行政法规规定或者税务机关依照法律、行政法规的规定确定的期限，缴纳或者解缴税款。

未按照规定期限缴纳税款或者未按照规定期限解缴税款的，税务机关除责令限期缴纳外，从滞纳税款之日起，按日加收滞纳税款0.5‰的滞纳金。

（7）代扣、代收税款的义务

法律、行政法规规定负有代扣代缴、代收代缴税款义务的高等学校扣缴义务人，必须依照法律、行政法规的规定履行代扣、代收税款的义务。

（8）接受依法检查的义务

高等学校有接受税务机关依法进行税务检查的义务，应主动配合税务机关按法定程序进行的税务检查，如实地向税务机关反映自己的生产经营情况和执行财务制度的情况，并按有关规定提供报表和资料，不得隐瞒和弄虚作假，不能阻挠、刁难税务机关及其工作人员的检查和监督。

（9）及时提供信息的义务

高等学校除通过税务登记和纳税申报向税务机关提供与纳税有关的信息外，还应及时提供其他信息。如纳税人有歇业、经营情况变化、遭受各种灾害等特殊情况的，应及时向税务机关说明，以便税务机关依法妥善处理。

2. 高等学校依法纳税的权利

（1）知情权

高等学校有权向税务机关了解国家税收法律、行政法规的规定以及与纳税程序有关的情况，享有被告知与自身纳税义务有关的信息的权利。纳税人的知情权主要包括：现行税收法律、行政法规和税收政策规定；办理税收事项的时间、方式、步骤以及需要提交的资料；应纳税额核定及其他税务行政处理决定的法律依据、事实依据和计算方法；与税务机关在纳税、处罚和采取强制执行措施时发生争议或纠纷时，纳税人可以采取的法律救济途径及需要满足的条件。

（2）保密权

高等学校有权要求税务机关对其商业秘密及个人隐私保密。包括纳税人的技术信息、经营信息和纳税人、主要投资人以及经营者不愿公开的个人事项。上述事项，如无法律、行政法规明确规定或者纳税人的许可，税务机关将不会对外部门、社会公众和其他个人提供。但根据法律规定，税收违法行为信息不属于保密范围。

（3）税收监督权

高等学校有权控告和检举税务机关、税务人员的违法违纪行为，如索贿受贿、徇私舞弊、玩忽职守，不征或者少征应征税款，滥用职权多征税款或者故意刁难纳税人等。同时，纳税人也有权检举其他纳税人的税收违法行为。

（4）纳税申报方式选择权

高等学校可以直接到办税服务厅办理纳税申报或者报送代扣代缴、代收代缴税款报告表，也可以按照规定采取邮寄、数据电文或者其他方式办理上述申报、报送事项。但采取邮寄或数据电文方式办理上述申报、报送事项的，需经主管税务机关批准。

高等学校如采取邮寄方式办理纳税申报，应当使用统一的纳税申报专用信封，并以邮政部门的收据作为申报凭据。邮寄申报以寄出的邮戳日期为实际申报日期。

（5）申请延期申报权

高等学校不能按期办理纳税申报或者报送代扣代缴、代收代缴税款报告表的，应当在规定的期限内向税务机关提出书面延期申请，经核准，可在核准的期限内办理。经核准延期办理申报、报送事项的，应当在税法规定的纳税期内按照上期实际缴纳的税额或者税务机关核定的税额预缴税款，并在核准的延期内办理税款结算。

（6）申请延期缴纳税款权

高等学校因有特殊困难，不能按期缴纳税款的，经省、自治区、直辖市国家税务局、地方税务局批准，可以延期缴纳税款，但是最长不得超过三个月。这里所指的特殊困难主要是指：①因不可抗力，导致纳税人发生较大损失，正常生产经营活动受到较大影响的。②当期货币资金在扣除应付职工工资、社会保险费用后，不足以缴纳税款的。纳税人满足以上任何一个条件可以申请延期缴纳税款，税务机关应当自收到申请延期缴纳税款报告之日起20日内作出批准或者不予批准的决定；不予批准的，从缴纳税款期限届满之日起加收滞纳金。

（7）申请退还多缴税款权

高等学校超过应纳税额缴纳的税款，税务机关发现后应当立即退还；纳税人自结算缴纳税款之日起三年内发现的，可以向税务机关要求退还多缴的税款并加算银行同期存款利息，税务机关及时查实后应当立即退还；涉及从国库中退库的，依照法律、行政法规有关国库管理的规定退还。税务机关发现纳税人多缴纳税款的，应当自发现之日起10日内办理退库；纳税人发现多缴税款的，税务机关应当自接到纳税人退还申请之日起30日内查实并办理退库手续。

（8）依法享受税收优惠权

高等学校依法享有申请减税、免税、退税的权利，即纳税人有权根据法律、行政法规的规定向税务机关申请享受税收优惠的权利。但必须按照法定程序进行申请、审批。减税、免税期满，纳税人应当自期满次日起恢复纳税。减税、免税条件发生变化的，应当自发生变化之日起15日内向税务机关报告；不再符合减税、免税条件的，应当依法履行纳税义务。

高等学校享受的税收优惠需要备案的，应当按照税收法律、行政法规和有关政策规定，及时办理事前或事后备案。

（9）委托税务代理权

高等学校可以委托税务代理人代为办理以下事项：办理、变更或者注销税务登记、除增值税专用发票外的发票领购手续、纳税申报或扣缴税款报告、税款缴纳和申请退税、制作涉税文书、审查纳税情况、建账建制、办理财务、税务咨询、申请税务行政复议、提起税务行政诉讼以及国家税务总局规定的其他业务。按规定必须由纳税人自行办理的其他税务事宜，税务代理人不得办理。

（10）陈述与申辩权

高等学校对税务机关所作出的行政处罚决定，享有陈述权、申辩权。

陈述权是指纳税人对税务机关做出的决定所享有的陈述自己意见的权利。申辩权是指纳税人对税务机关作出的决定所主张的事实、理由和依据享有申诉和解释说明的权利。如果纳税人有充分的证据证明自己的行为合法，税务机关就无权对其实行行政处罚，即使纳税人的陈述或申辩不充分合理，税务机关也应当解释其行政处罚行为的原因，并将纳税人的陈述内容和申辩理由记录在案，以便在行政复议或司法审查过程中能有所依据。

（11）对未出示税务检查证和税务检查通知书的拒绝检查权

高等学校在接受税务检查时，有权要求检查人员出示税务检查证和税务检查通知书，未出示税务检查证和税务检查通知书的，纳税人有权拒绝检查。

（12）税收法律救济权

高等学校对税务机关作出的决定，依法享有申请行政复议、提起行政诉讼、请求国家赔偿等权利。

三、《高等学校财务制度》和《高等学校会计制度》是高等学校依法理财的基础

（一）《高等学校财务制度》

1. 保证作用

《高等学校财务制度》可以规范高等学校财务行为，加强财务管理和监督，提高资金使用效益，促进高等教育事业健康发展。

2. 明确了高等学校财务管理的基本原则

必须执行国家有关法律、法规和财务规章制度；坚持勤俭办学的方针；正确处理事业发展需要和资金供给的关系，社会效益和经济效益的关系，国家、学校和个人三者利益的关系。高等学校财务管理不得超越这些原则。

3. 明确了高等学校财务管理的任务

合理编制学校预算，有效控制预算执行，完整、准确地编制学校决算，真实反映学校财务状况；依法多渠道筹集资金，努力节约支出；建立健全学校财务制度，加强经济核算，实施绩效评价，提高资金使用效益；加强资产管理，真实完整地反映资产使用状况，合理配置和有效利用资产，防止资产流失；加强对学校经济活动的财务控制和监督，防范财务风险。

4. 从质量保证体系的角度规范高等学校的财务管理行为

从质量保证体系的角度规范高等学校的财务管理体制、预算管理、收入管理、支出管理、结转和结余管理、专用基金管理、资产管理、负债管理、成本费用管理、财务清算、财务报告和财务分析、财务监督等财务管理行为，确保高等学校财务管理依法、有序地开展。

（二）《高等学校会计制度》

1. 保证作用

《高等学校会计制度》明确了高等学校会计核算必须适应高等学校各项事业发展的需要，规范了高等学校会计核算行为，保证了会计核算及会计信息质量。

2. 规范高等学校的会计核算行为

（1）明确高等学校必须按规定的要求使用会计科目，不可减少或合并会计科目。在不影响会计核算要求和会计报表指标汇总以及对外提供统一的会计报表的前提下，可以结合实际情况分设一级科目，并报主管部门备案。

（2）明确高等学校必须按规定的要求统一规定会计科目的编号，以便于编制会计凭证，登记账簿，查阅账目，实行会计电算化。各高等学校不得改变或打乱重编。在某些会计科目之间应留有空号，供增设会计科目之用。

（3）明确高等学校按规定的要求填制会计凭证、登记账簿时，必须填制会计科目的名称，或者同时填列会计科目的名称和编号，不得只填科目编号，不填科目名称。

四、《中华人民共和国预算法》确定了预算管理的方向

《中华人民共和国预算法》为预算管理提供了法律依据，确立了"大收大支"的预算理念，将高等学校全部收入和支出都纳入预算管理，统筹安排。随着中国公共财政体制改革的不断深入，高等学校预算编制方法更加科学，编制程序更加规范、合理，编制内容逐渐细化、科学化。高等学校的综合预算管理不断发展，迈向了更加科学、有效的新阶段。

五、《中华人民共和国高等教育法》确保了高等学校自主理财的地位

《中华人民共和国高等教育法》确立了高等学校独立法人的地位，赋予了高等学校自主管理，依法治校的自治权力，以立法形式保障了高等学校财务等方面的自主权。中国高等学校的校长是高等学校的法人代表，是学校财务工作第一法律责任人，必须全面掌握本校资产安全管理工作状况。

但是中国校长的首务不仅仅是理财，还有更多的行政工作。这样问题就出现了，既然大学校长的主要精力不在经济工作上，随着经济工作的重要性在高等学校日益突出，经济责任该怎样负，校长的经济责任制怎样落到实处，学校所有资产的安全、保值责任怎样全面落到实处？目前，中国规模较大的学校设置了主管财经工作的副校长，专门领导高等学校的财经工作。但随着学校办学规模扩大、经济业务的日益复杂，高等学校财经活动面临的风险加大了。一些重大财经活动对于高等学校可能是攸关生存的，这对财经领导专业化的要求提高了。"由主管财务工作的校长代行总会计师职权"的模式难以适应高等学校财经工作的领导要求。

六、《总会计师条例》实现了高等学校对财务工作的专业化领导

根据《总会计师条例》的规定，总会计师是单位行政领导成员，协助单位主要行政领导人工作，直接对单位主要行政领导人负

责。凡设置总会计师的单位，在单位行政领导成员中，不设与总会计师职权重叠的副职。这从组织建设上，实现了高等学校对财务工作的专业化领导。总会计师的职责和权限强化了专业化领导的地位。

1. 《总会计师条例》第 7 条规定了总会计师的职责

（1）编制和执行预算、财务收支计划、信贷计划，拟订资金筹措和使用方案，开辟财源，有效地使用资金；

（2）进行成本费用预测、计划、控制、核算、分析和考核，督促本单位有关部门降低消耗、节约费用、提高经济效益；

（3）建立、健全经济核算制度，利用财务会计资料进行经济活动分析；

（4）承办单位主要行政领导人交办的其他工作。

2. 《总会计师条例》第 10～14 条规定了总会计师的权限

（1）总会计师对违反国家财经法律、法规、方针、政策、制度和有可能在经济上造成损失、浪费的行为，有权制止或者纠正。制止或者纠正无效时，提请单位主要行政领导人处理。

（2）总会计师有权组织本单位各职能部门、直属基层组织的经济核算、财务会计和成本管理方面的工作。

（3）总会计师主管审批财务收支工作。除一般的财务收支可以由总会计师授权的财会机构负责人或者其他指定人员审批外，重大的财务收支，需经总会计师审批或者由总会计师报单位主要行政领导人批准。

（4）预算、财务收支计划、成本和费用计划、信贷计划、财务专题报告、会计决算报表，需经总会计师签署。涉及财务收支的重大业务计划、经济合同、经济协议等，在单位内部需经总会计师会签。

（5）会计人员的任用、晋升、调动、奖惩，应当事先征求总会计师的意见。财会机构负责人或者会计主管人员的人选，应当由总会计师进行业务考核，依照有关规定审批。

七、《中华人民共和国招投标法》及《中华人民共和国招标投标法实施条例》规范了高等学校的支出行为

《中华人民共和国招投标法》及《中华人民共和国招标投标法实施条例》（以下简称《条例》）立足于当前，着眼于长远，细化了标准，严格了程序，加强了监管、强化了责任，坚持制度创新，兼顾公平和效率，使得招投标工作更加规范化、制度化，为各行各业规范服务活动，提高服务质量提供了法律保障。特别是《条例》的实施为招投标行业的发展开启了新的历程，为开展招投标活动提供了具体操作指引。它进一步规范了高等学校招投标活动中存在的未能及时建立招投标工作小组，监督体系不完善等问题，规范了高等学校支出管理中的用钱大户的支出行为，对财务质量保证体系建设具有十分重要的作用。

加强对高等学校招投标的监督和管理，促进公平竞争，保证招标质量，提高资金的使用效益，预防和惩治腐败，在高等学校建立招投标制度具有重要的现实意义，关系到项目建设优质高效廉洁的推进，是高等学校财务工作的重要组成部分。

（1）建立招投标制度有利于降低工程成本、提高工程质量。招投标模式可以通过一套严格规范的程序使投标方在公开、公平、公正的基础上展开有效的市场竞争，择优选择优秀的中标人，可以使工程成本降低，为高等学校节省了开支，可收到显著的社会效益和经济效益。工程质量在合同文件的约束及监督单位的监督下不受成本降低的影响，在建设工程中突出重点，保证质量，实现了工程成果的最大化。

（2）招投标制度的建立和完善，保证了高等学校招投标活动依法进行。招投标制度的建立，提高了招标过程的透明度及客观性，有效地避免了暗箱操作，能有效地抑制腐败，最大限度地保证了招投标公平、公正、公开，确保廉政建设落到实处。

（3）招投标制度进一步完善了高等学校财务监督管理机制，能够按相关法律法规公开、公平、公正地完成招标项目。目前高等学校招投标监督管理体制还存在一些问题，这对高等学校招投标的

监督形成了很大的阻力和挑战。高等学校需借《条例》出台契机，结合自身条件及问题，完善监督管理机制。

八、经济责任制从制度上确保高等学校避免财经工作决策失误

高等学校的经济责任制是指各级经济管理者在学校经济工作中，贯彻执行责、权、利相结合原则的一系列制度，是贯彻执行《中华人民共和国会计法》、《高等教育法》等法律法规，提高管理水平，避免财经工作决策和具体实施失误的有效途径和必然要求，也是任期经济责任审计的重要内容。责权利覆盖了高等学校财务工作的全过程，成为高等学校重要的质量保证制度体系之一。

（一）收支行为全过程的经济责任制

学校预算一经正式确定，就应成为全校经济工作的"指挥棒"，必须按管理层次将组织收入、控制支出的权利和责任落实到岗位、落实到人，各司其职，各负其责，在哪个层次上出现问题，其上一级就必须及时采取措施予以解决并追究相应层次有关人员的责任。预算必须坚持"量入为出，收支平衡"的总原则，不得编制超出学校综合财力承受水平的赤字预算；不得把有专项用途的专款、借款、捐款等视为学校自有资金编制预算。收入预算要积极稳妥，按照有关规定将各项收入全部列入预算，不得遗漏；不得将收入作为往来款项挂账，坐收坐支；不得将学校所属二级单位的收入脱离学校财务统一管理；严禁学校各级各类单位设立"小金库"。支出预算要统筹兼顾、保证重点、勤俭节约，不得随意扩大支出范围，重复、虚列支出，挤占国家规定的专项资金。预算管理要建立科学的制度、规范的程序。

（二）经济政策和财经制度制定与调整的经济责任制

学校必须明确规定各个层次制定、调整经济政策和财务制度的机构和人员，并保证学校各项经济政策和财务制度既符合国家有关规定，又统一协调。校内单位出台的政策必须服从于学校利益，不能政出多门、搞小集体政策；发现问题，校级经济政策制定者必须及时将有关情况报告校领导，并进行处理。

（三）财务管理体制确立与改变的经济责任制

学校财务工作必须坚持"统一领导"的原则，但实行"集中管理"还是"分级管理"，集中和分级分别如何管理，必须在不违反国家和主管部门有关规定的前提下，经校领导集体研究确定并明文颁布；一经确立，不得随意变更；凡不按规定设立的机构，必须予以撤销。

（四）财务主管人员任用与变动的经济责任制

校内各级财务主管人员的任用和变动，必须按干部管理权限逐级报批、备案。

（五）国有资产完整和保值增值的经济责任制

学校各级国有资产的管理要贯彻财物并重的原则，切忌重财轻物。要严格物资采购计划审批制度，按计划采购，建立健全物资入库、领用、维护、报废、转让制度，加强财务监督，保证国有资产的完整和安全。高等学校必须建立健全固定资产管理制度，从购置、使用、保管、清理，到转让、报废都要有严格的审批程序。对于房屋、建筑物以及大型、精密、贵重仪器设备，要专人负责并建立岗位责任制。对于非经营性固定资产转经营性资产，如对外投资、合作、入股等，要进行科学、严密的可行性论证，按照有关规定严格审批，确保资产的安全、完整。学校财务部门和其他有关管理部门要对固定资产定期清查盘点，保证账、卡、物相符。对于盘盈、盘亏的固定资产，要查明原因，分清责任，及时处理。各高等学校还要提高固定资产的使用效益，避免闲置、重复购置和浪费现象。

（六）重大支出项目安排和对外投资的经济责任制

学校总体财务收支计划中，除必须确保日常性支出安排外，随改革发展需要，还需要安排一些金额较大的支出项目。对这些项目，必须组织反复、缜密的论证，按金额大小制定相应的决策签字负责制，谁签字谁负责。其中，基本建设项目尤其要严格按照国家规定的基建程序办事，明确项目负责人，确保规划严格、经费来源可靠、按工程进度及时拨付工程款项，不得拖欠。学校的各项对外投资要谨慎论证、及时入账、确保安全和有效益，坚决杜绝无效益投资。

九、《财政部教育部关于减轻地方高校债务负担化解高校债务风险的意见》对高等学校防范财务风险起到了关键的作用

《财政部教育部关于减轻地方高校债务负担化解高校债务风险的意见》(财教〔2010〕568号)要求各省切实减轻地方高等学校债务负担,化解财务风险,促进高等学校健康发展。主要精神如下:一是地方高等学校化债的工作目标。省级财政和高等学校主管部门要结合本省实际,合理确定化债目标和期限,通过高等学校自筹、土地置换收入、财政预算安排等多种方式筹措资金,通过几年的努力,将高等学校贷款规模降至合理空间。二是地方高等学校化债的职责分工。高等学校是化债工作的责任主体,省级财政和高等学校主管部门统筹负责本省份高等学校化债工作,中央财政建立地方高等学校化债奖励补助机制。三是对省级财政和高等学校主管部门的工作要求。要制订完善工作方案以及合理安排化债资金。化债资金安排实行高等学校自筹和财政支持相结合的办法。地方财政要加大支持力度,帮助高等学校化解债务,并要充分发挥调动和引导高等学校筹资的作用。要抓紧落实工作方案。同时,积极协助国土资源等相关部门,出台校区置换收益优先用于偿还银行贷款等政策,缓解高等学校还贷压力。要严格控制新增贷款。各地要建立高等学校建设项目规划、银行贷款审批制度和高等学校债务情况动态监控机制,严格控制新增贷款的产生。四是中央财政对地方化解高等学校债务的政策支持。2010—2012年,中央财政在锁定截至2009年底地方高等学校为完成扩招任务必须进行建设,从金融机构取得的尚未还清的贷款余额的基础上,采取基础奖励加浮动奖励的方式对有效化解高等学校债务的省份给予支持,其中:根据地方财政通过一般预算安排的化债资金,计算基础奖励;根据各地高等学校化债工作努力程度、高等学校债务规模下降幅度以及扩招学生数等因素,计算浮动奖励。2012年以后的高等学校化债工作,由各地自行开展。

十、省市有关文件对质量保证体系的作用

以广东省为例：2010年，广东省教育厅为配合广东省委组织部等有关部门，专门印发了《关于进一步加强对高等学校若干重大问题监督管理的意见》（粤组字〔2010〕8号），明确对无视财务风险、盲目扩大贷款规模的学校，将根据有关规定对主要责任人进行严肃处理。2011年，广东省教育厅、财政厅、审计厅联合印发了《进一步加强我省高等学校财务管理工作的补充意见》（粤教财〔2011〕1号），提出各学校校长任期内的债务归还情况将作为领导干部任期经济责任审计的重要内容，进一步建立健全了定期经济责任审计制度。这些文件对高等学校财务工作质量保证体系的作用举足轻重。

第七章 高等学校财务管理的经济责任制

第一节 经济责任制的建立依据和层次

一、经济责任制的建立依据

《教育部 财政部关于高等学校建立经济责任制加强财务管理的几点意见》（教财〔2000〕14号）指出，高等学校建立健全各级经济责任制，是贯彻实施《高等教育法》、提高管理水平和避免财经工作失误的必然要求和有效途径。建立健全经济责任制的核心是将权利和义务相结合，使各级领导、各有关部门在经济工作中既要按规定行使权利，又必须按规定履行责任。

二、经济责任制的层次

根据高等学校现有的管理体系和管理部门的从属关系，高等学校的经济责任制大致可分为三个层次。高等学校财务管理实行"统一领导，分级管理"或"统一领导，集中管理"的两种管理体制。虽然形式有所不同，但以高等学校为事业法人主体，对财经工作"统一领导"的基础是一致的。因此，高等学校应分别按照这两种管理体制和"一级管好一级，一级带动一级，下级向上级负责"的原则，按校内管理层次分别建立起各级经济责任制，从而形成一套科学合理的经济责任制体系。

（一）决策层

学校决策层是最高层次责任中心，控制学校所有的经济活动。

主要责任是负责学校全局性的经济活动与重大决策，如学科与专业建设、基本建设、专项资金使用、人才引进、财务预算和决算、学校长期发展规划、筹资融资和重大的经济活动决策。

（二）二级单位

各院（系）、学校各职能部门和经济实体，它们既受上一层次责任中心即学校当局的直接控制，又控制下一层次责任中心即学校最基层的管理部门，相当于企业中的利润中心与成本中心。各院系及经济实体可以作为利润中心，学校可以将其可控制收入和支出费用指标作为责任经济指标，主要负责本部门正常活动的收入与支出（如学生学费和住宿费、培训费收入；人员支出和正常业务活动支出），学校的各职能部门可以作为费用中心，在确定目标任务的前提条件下，主要控制其费用支出情况，将其费用支出作为经济责任指标（如本部门人员的工资及福利性支出，本部门办公水电业务活动支出等）。

（三）基层单位

各院（系）的教研室和各职能部门的科室，它们受第二层次责任中心控制，不与学校当局直接发生关系。主要任务是完成上级部门的经济指标，对本科室的可控收入和支出费用进行负责，可实行定额管理、指标管理、内部结算价格等管理办法。

第二节 经济责任制的建立与设计

一、建立经济责任制是高等学校财务管理体制的重要内容

（一）领导机构的确立

（1）建立健全校内各级经济责任制，是贯彻实施《高等教育法》、《会计法》，提高管理水平和避免财经工作失误的必然要求和有效途径，是学校做好财经工作的一项基本制度，是确立高等学校领导机构的强有力措施。它进一步明确了校长、主管财经工作的校领导、各分管校领导、财务处长、各学院院长（系、部主任）、校

内各机关及附属单位第一责任人、二级财务机构负责人、纪委监察处长、审计处长及基层财会人员在学校经济管理工作中应该履行的权利与义务。

（2）经济责任制可以进一步加强高等学校经济管理和财务管理，进一步确保各级领导干部在学校各项经济活动中依法履行职责，规范校内经济秩序，严肃财经纪律，避免财经工作失误，保证国有资产的安全、完整，促进学校各项事业改革与发展，提高学校财经工作管理水平。

（3）建立健全校内各级经济责任制，坚持党委统一领导、党政齐抓共管、纪监审计组织协调，根据权责结合原则，将权利和义务相结合，使各级领导、各有关部门在各项经济活动中既能按规定行使权力，又必须按规定履行责任，谁审批谁负责。

（二）建立经济责任制的复杂性

建立健全校内各级经济责任制，必须充分认识学校事业活动的广泛性和复杂性。要坚持依法治校，加强集体领导与个人分工负责相结合，层层管理、层层负责，实行谁主管，谁负责，一级抓一级，层层抓落实，将经济责任贯穿于学校财经工作的全过程，使各级领导、各主管财经工作的负责人分别承担起与其职能相应的经济责任，保证学校财经工作有序进行。

二、经济责任制的内容

（一）决策层的经济责任

1. 财经工作领导小组的经济责任

在学校党委、学校行政领导班子直接领导下，学校财经工作领导小组在学校经济责任制建设中要做好以下各项工作并承担领导责任：

（1）根据上级领导机关关于经济责任制建设的要求，结合本校实际，制订经济责任制建设的工作计划，部署工作任务，组织制定经济责任制建设的相关规章制度，并督促落实，使学校的各项经济活动规范化、制度化。分解下达责任目标，并组织实施。

（2）坚持民主集中制，加强学校财经工作和财务管理的透明度，对学校重大支出项目安排、对外投资、未纳入预算管理的特殊、大额财务开支严格按照决策程序由集体讨论研究决定，提倡民主理财，实行财务公开。

（3）对负有经济责任的领导进行监督、检查和考核；并逐步完善各级领导离任、届满审计制度；研究解决学校在各项经济活动中存在的问题，并加以整改，促进教学、科研事业的有序发展。

（4）负责贯彻执行国家有关法律法规、方针政策；协调学校的财经工作，按照省教育厅等上级主管部门文件制定学校重要经济政策、分配制度和财务管理办法；负责确立学校财务管理体制；确定学校财务主管人员拟定人选；审议学校二级财务机构的设立方案；审批学校关于预算的规章制度；审批学校的预算建议方案；审查学校预算的调整方案；组织和监督学校预算的执行。

（5）对在学校各项经济活动中的先进单位和个人进行表彰奖励，对在学校各项经济活动中问题突出的单位和经济责任人做出处理。

2. 校长的经济责任

（1）校长是学校的法定代表人，是学校各项工作的总负责人，具有全面领导和管理学校各项工作的法定权力，对学校财经工作负法律责任，校长任校财经工作领导小组组长。

（2）根据上级领导机关关于经济责任制建设的工作部署，组织制订本校经济责任制建设的工作规划，按照责任范围，落实各级领导班子和涉及学校各项经济活动的职能部门负责人的具体责任。

（3）经常检查领导班子成员有关经济责任制建设情况，了解学校各级领导在经济活动中贯彻执行责任制的情况，解决学校经济活动中发现的问题，针对存在的问题督促整改。

（4）统一领导全校财经工作的实施，对学校会计工作和会计资料的真实性、完整性负责。

（5）负责依法任用具有会计从业资格的会计人员，保证会计机构、会计人员依法履行职责，并依法保障会计人员继续教育和培训的权利。

（6）主持拟定和严格执行内部财务制度和年度经费预算方案，

监控财务收支状况，筹措办学经费；负责审定学校年度财务决算、基本建设、自筹基建计划、贷款计划、办学资金筹措计划；依法保护和管理校产，维护学校合法权益；提高非经营性资产的使用效益，对经营性资产负有保值、增值责任。

（7）负责要求会计机构和会计人员依法设置会计账簿，建立健全并有效实施本校内部会计控制制度；不授意、指使、强令会计机构和会计人员伪造、变造会计凭证、会计账簿和其他会计资料，提供虚假财务会计报告。

（8）要求校内各级领导不得对依法履行职责、抵制违反《会计法》规定行为的会计人员进行打击报复。

（9）负责审定本校编制的财务会计报告，在报告上签名并盖章，对报告的真实、完整承担责任。

（10）校长负责审批列入《学校综合财务预算》的 10 万～50 万元的单项支出项目；负责审批列入《学校综合财务预算》的学校准备金的支出项目，年控制总额为 500 万元；负责审批未列入《学校综合财务预算》的预算外 3 万～10 万元（不含 10 万元）的单项支出和主管财务副校长审批限额以外的项目；负责审议预算外 10 万元以上的支出项目，负责审议由分管校领导按规定程序送财经工作领导小组论证（必须经过科学、严密的可行性论证程序）的学校重要支出项目、对外投资、合作、入股、信贷、担保等经济事项，提交学校党委会研究决定，通过后的方案必须经校长签字确认方可执行，以确保学校资产的安全、完整；负责审批单项支出 5 万～10 万元的预算调整项目。

（11）负责审批重大经济合同和经济协议。

3. 各分管副校长的经济责任

（1）各分管副校长对预算范围内的资金使用负责，在符合国家、学校方针政策和原预算的情况下，有权安排、审批自己管辖范围的预算资金。负责审批分管列入《学校综合财务预算》并未改变预算开支范围的 1 万～5 万元（不含 5 万元）的支出；负责审批分管列入《学校综合财务预算》由切块下达必须细分的预算项目职能部门细分方案。

（2）负责审议分管列入《学校综合财务预算》并未改变预算开支范围的 5 万元以上的支出；负责审议分管未列入《学校综合财务预算》的预算外开支项目；负责审议列入《学校综合财务预算》单项（次）5 万元以上的开支；负责审议分管预算项目的预算调整方案。

（3）加强对分管责任范围内工作的领导，每季度至少要检查一次分管部门和单位对学校财经工作计划的落实情况，发现问题及时汇报和敦促改进，督促分管部门和单位在各项经济活动、财务管理、会计核算中严格按照国家、地方和学校的规章制度办理，提高有限资源的使用效益。

（4）按职责范围协助校长贯彻落实经济责任制建设工作，具体负责主管范围内的各项经济责任制工作。

（5）组织对责任范围内经济责任制建设工作的考核。根据考核结果，向学校提出奖惩建议。

4. 总会计师的经济责任

（1）协助校长负责贯彻落实学校经济责任制建设工作；负责全面领导校内各项财经工作；直接对校长负责。

（2）负责组织编写和修订学校各项财会制度和经济分配政策；建立健全各级财务机构的财务制度实施细则和内部控制制度。

（3）参与学校重大经济合同和经济协议的审议和上报审批程序。

（4）负责组织编制和严格执行《学校综合财务预算》；负责审批列入《学校综合财务预算》的单项（次）为 5 万～10 万元的经分管校领导、副校长审议的支出；负责审议单项（次）支出为 10 万元以上，报校长或学校决策机构审批。负责未列入预算年度《学校综合财务预算》的支出项目，3 万元以下由分管校领导审批确认，年度控制总额为 80 万元；审批 5 万元以下的预算调整方案；审议 5 万元以上的预算调整方案。

（5）负责审批分管列入《学校综合财务预算》并未改变预算开支范围的 1 万～5 万元（不含 5 万）的支出；负责审批未列入《学校综合财务预算》预算外 3 万元以下（不含 3 万）的单项支

出，年度总控制数为 80 万元；负责审议超过年度总控制数部分的预算项目和 3 万元以上的单项支出项目。

（6）努力开拓财源，多方筹集资金。分解和下达各单位创收收入上缴学校指标，力争实现学校年收入增长目标。

（7）组织学校各级部门严格贯彻执行国家有关财经法律法规、方针、政策和制度。

（8）加强学校国有资产管理，加强财务监督，保证国有资产的完整和安全。严格执行学校固定资产的购置、使用、保管、清理、转让、报废等审批程序。对于房屋、建筑物以及大型、精密、贵重仪器设备，安排专人负责并建立岗位责任制进行管理。保证学校资产的安全、完整和保值、增值。

（9）审议校内各级财务机构的设置和会计人员的配备、会计主管人员的聘用方案，经主管人事校长同意后按规定程序报学校审批。

（10）围绕学校中心工作任务，合理设置财经工作岗位，按照择优聘用原则，有计划地补充高素质人员；建立定期轮岗制度，确保财会人员的合理流动；组织全校财会人员业务培训和进行综合考核，奖优罚劣，支持会计人员依法行使职权。

（11）负责对学校各级经济责任人进行培训，使其具备领导干部必需的经济、金融及法律等方面的基本常识。

（12）负责组织清理校办产业，进一步明晰学校与校办产业之间的产权关系，产权的划分应以投入的资本为依据，股份制企业根据学校持股额确定，合资企业按学校的出资比例划分，全部由学校投资的企业，其产权完全归学校所有。

（13）负责审议学校收费项目和收费标准的制定和上报工作，制止和杜绝校内乱收费现象，层层落实，经常进行检查。

（14）坚持"收支两条线"的原则，严格管理学校各项收入，经常加以检查，发现违规问题及时处理并限期整改。

（二）二级单位负责人的经济责任

1. 财务处长的经济责任

（1）财务处长是学校一级财务机构的行政负责人，兼任学校财经工作领导小组办公室主任，在校长和主管校领导的领导下，具体负责贯彻学校各项财经政策，管理学校日常财经工作，对本处职责范围内的业务，包括财务收支的组织与报批，会计数据信息、报表的真实性、合法性和完整性负责。

（2）根据国家有关财经法律、规章制度和校内的财经政策，拟订适合学校具体情况和实际需要的校内财务制度，规范学校的财经行为，做到依法管理学校的财务收支活动，确保学校各项财经政策和财务制度的贯彻执行。

（3）参与编制学校各项经济计划和远景发展规划，根据《中华人民共和国预算法》和学校各项事业活动计划作好综合财务收支预、决算和经费分配方案，做到综合平衡；负责控制、监督学校预算的实施和执行；分配学校公用经费预算指标；定期向上级主管部门和学校领导报告预算执行情况；参与编制学校预算的调整方案。

（4）负责根据学校综合财务收支预算，积极组织收入，确保各部门各项收入及时足额上缴学校，坚决制止"小金库"和校内资金体外循环等违纪行为，防止学校财源流失。

（5）严格执行学校"统一领导、集中管理"的财务管理体制，按照统一财经方针政策、统一财务收支计划、统一财务规章制度、统一资金调配、统一财会业务领导的原则，管理学校各项财务会计事项。

（6）严格执行学校预算，控制无预算的各项财务支出，对各类资金开支标准、开支范围进行监督和审批，杜绝资金浪费和流失。

（7）负责学校会计信息的处理，做好经济活动及会计信息的分析和预测，合理调度资金，控制和调节资金的流向、流量，促进教学、科研、行政和后勤服务等各项任务的完成，不断提高学校财务管理水平和资金使用效益。

（8）负责学校国有资产的价值管理，加强财务监督，保证国有资产的完整和安全。

（9）参与学校重大经济活动，如对外投资、入股、借贷、合同、担保等的立项、调查论证、效益考核等工作。

（10）不断提高会计核算质量，定期如实反映学校综合财务收支预算执行情况，及时编制和报送财务报表，准确地提供各种财务信息。

（11）参与组织校内收费项目和收费标准的制定报批，负责监督、检查校内统一使用由财政部门统一印制或监制的收费票据，严禁用自制收据或到商店购买三联收据收费，制止各单位的各种乱收费行为。

（12）负责校内二级财务机构的设立，二级财务机构财务负责人的任免，会计人员的岗位聘任，轮岗交流等方案的上报工作。

（13）负责对二级财务机构进行业务领导，监督其严格遵守和执行学校统一制定的财经政策和规章制度，并定期进行检查，发现问题及时予以纠正。

（14）严格执行"收支两条线"的管理原则，确保学校各单位各项经济活动统一纳入学校财务核算工作管理，严禁各单位私设"小金库"；严格执行学校、院（系、部）、处（室）及附属单位各级主管财务领导和各项目负责人财务管理"一支笔"的资金审批权限制度。

（15）对认真执行《会计法》，忠于职守，坚持原则，做出显著成绩的会计人员，负责提请学校给予奖励。

2. 各院（系、部）、处（室）、工会、团委及附属单位领导班子正职的经济责任

（1）负责按照学校关于经济责任制建设的部署和要求，结合本单位实际，制订经济责任制建设工作计划，落实经济责任制建设的各项任务。

（2）负责建立健全本单位日常财务收支管理经济责任制；增强本级领导在各项经济活动中的经济责任意识，使其自觉遵守国家财经法律、法规、方针、政策和各项规章制度。

（3）实行院（系）财务公开，收入分配公开，自觉接受群众的监督。

（4）督促本单位将所收到的各项收入及时上缴学校财务，坚

决制止本部门私设"小金库"等违纪行为。

（5）负责按照学校批准的《综合财务预算》编制本单位二级预算并执行；负责审批本单位列入《综合财务预算》未改变经费项目用途1万元以下（不含1万元）的项目支出；负责审议本单位列入《学校综合财务预算》1万元以上（含1万元）的项目支出；负责审议本单位未列入《学校综合财务预算》的预算外支出项目；负责审议本单位预算调整方案。严格按照国家、地方和学校有关规定的经费开支范围和开支标准，审核本级各项经费支出，分清资金来源和支出渠道，合理安排和使用资金。

（6）负责本级国有资产的安全、完整和保值、增值。

（7）负责参与本级对外投资、入股、借贷、担保、改扩建工程，大型仪器购置招标等重大经济活动的调查分析工作和邀请专家进行可行性论证工作。

（8）负责每年以书面形式将本级财经工作情况向学校主管校领导汇报。

（9）不得以任何方式授意、指使、强令会计机构、会计人员伪造、变造会计凭证、会计账簿和其他会计资料，提供虚假财务会计报告。

（10）不得对依法履行职责、抵制违反《会计法》规定行为的会计人员进行打击报复；对认真执行《会计法》，忠于职守，坚持原则，做出显著成绩的会计人员，及时报告学校有关部门进行奖励。

（11）负责审核本级财务编制的财务会计报告，并在报告上签名盖章，对报告的真实、完整承担责任。

3. 纪委、监察处长、审计处长的经济责任

（1）负责学校各级单位在各项经济活动中贯彻执行国家有关法律、法规和国家统一的财会制度以及学校的财经纪律和财会制度的监督、检查。

（2）负责会签学校各种文件和呈批专项的各项工作。

（三）基层单位的经济责任

1. 学校二级财务机构负责人的经济责任

（1）负责协助本单位经济责任人，完成本级财务会计事项，并严格执行国家、地方和学校的各项财务规章制度，建立健全本级财务制度的各项实施细则。

（2）根据国家统一的财经法规、会计制度规定，结合本单位实际，设置会计总账、明细账、日记账和其他辅助性账簿；对本单位发生的经济业务依法进行会计核算，实行会计监督。

（3）负责本级财务预、决算工作，并按月上报财务报表和财务报告，在报告上签名盖章，保证报告的真实、完整。

（4）负责将本单位的各项收支及时进行会计账务处理；督促各项收入及时上缴学校；严禁资金不纳入财务账的体外循环等违纪行为。

（5）依法实施会计监督，严格执行财务"一支笔"审批制度，有权拒绝办理违反会计法规的会计事项。

（6）负责本级资产的管理。完善各类资产管理制度，确保本级资产的安全、完整和保值、增值；及时核对和清理本级财务会计核算范围内的债权债务，提高资金使用效益。

（7）建立本级会计资料档案，妥善保管会计档案并严格遵守国家关于会计档案保管期限和销毁办法的有关规定。

（8）保证本级会计机构、会计人员依法履行职责；不授意、指使、强令会计人员伪造、变造会计凭证、会计账簿和其他会计资料，提供虚假财务会计报告；不得对依法履行职责、抵制违反会计法规规定行为的会计人员进行打击报复。

2. 基层财务会计人员的经济责任

（1）负责人在国家和学校各项财经制度的指导下，建立健全本单位的各种内部控制制度。

（2）按照国家统一会计制度设置会计账，依法核算并实行监督。

（3）参与编制本单位预算，负责各类收入的组织和管理，督促本单位及时上缴学校，杜绝"小金库"行为；严格固定资产管理，定期与学校校产处核对资产账目，保证账实相符。

（4）负责流动资金管理，有关印鉴、重要票据实行分人保管、按月核对银行存款账，逐项检查并妥善保存现金。

（5）负责及时编制财务报告，并对其中数据的真实完整性负责；做好会计档案的归档和管理工作。

（6）有权拒绝办理违法会计事项和单位财务负责人审批权以外的各项开支。

第三节　经济责任制对高等学校财务工作质量保证体系的贡献

1. 依法治校，进一步完善高等学校财务工作质量保证体系

高等学校的各级负责人作为学校各级会计行为的责任主体，在贯彻落实《会计法》、依法做好会计工作中起着重要作用。高等学校的会计工作是学校经济工作的重要组成部分，高等学校的各级负责人作为学校各级会计行为的责任主体，代表各部门行使职权，应当对本单位（部门）的会计工作负责。

高等学校各级领导和有关人员必须认真学习贯彻国家的各项财会法规、制度，了解并掌握学校事业运行规律和财会工作规律。按照事权和财权统一的原则，既要按规定行使权力，努力开展工作，确保完成任务，又要敢于承担责任，确保国家和学校利益不受损失。

2. 规范管理，集中财力办大事

高等学校建立健全财务管理经济责任制，有利于高等学校进一步增强民主决策的意识，加强制度建设，实行规范化管理，能促使高等学校各级领导把规划学校事业发展与勤俭理财结合起来，做到开源节流，统筹管理，集中财力搞好学校重点建设，促进高等学校发展目标的实现。

3. 奖罚分明，责、权、利明确

（1）高等学校建立健全财务管理经济责任制，有利于建立责、权、利相结合的管理体制。责、权、利紧密结合的原则，是一切经济责任制的共同特点，主要表现为经济责任、经济权利和经济利益的紧密结合。建立经济责任制，明确规定各部门和各级领导、各类人员应负的经济责任及应享有的经济权利和经济利益，才能促进高

157

等学校管理水平的提高，增强高等学校的经济活力。

（2）高等学校建立健全财务管理经济责任制，有利于防止各个部门片面追求局部利益而采取损害学校整体利益的行为，协调各个部门的利益，使各部门之间、各部门与学校之间的目标一致，促进学校总体目标的实现。

（3）加强预算管理，严格禁止"小金库"。高等学校预算是国家财政预算的重要组成部分。高等学校必须强化预算管理，建立科学的预算管理制度和规范的预算编制程序。要按照有关规定将各项收入和支出全部列入预算，编制学校的全面预算，同时应积极推行高等学校内部部门预算，将学校各级、各部门的收支全部纳入学校预算中，严禁各级各部门设立"小金库"。

（4）加强收费管理，杜绝乱收费行为。高等学校必须严格按照国家有关规定，加强对各种收费的管理。高等学校所有收费项目和标准，必须按规定程序报经有关教育、财政、物价部门核批。不得自立收费项目，擅自提高收费标准。学校的所有收入必须全部纳入学校财务部门统一核算，并按照"收支两条线"的原则严格管理。

4. 进一步理顺财务管理体制，明晰校内产权关系

理顺财务管理体制，加强对二级单位的财务管理和监督，规范校内结算中心的业务，有利于明晰国有资产产权关系，实施产权管理，保障资产的安全和完整，推动资产的合理配置和使用，促使经营性资产实现保值、增值。

第四节　经济责任制考核

一、考核的组织管理

（1）学校应组织对下级行政领导班子和各级财务主管领导经济责任制建设执行情况的考核，具体工作由学校财经工作领导小组从有关部门抽调人员组成的考核小组承担。

（2）考核工作采取上级考核和自查相结合，平时考核与定期考核相结合的方式进行。每年至少考核一次，可以单独进行，也可

以与年度考评、干部考核等结合进行。对群众反映强烈、又有突出问题的单位和经济责任人，及时组织专门考核。

（3）考核结束后，考核小组要写出考核报告，对考核中发现的先进典型和存在问题的单位和个人，及时向财经工作领导小组提出奖惩建议。

二、干部管理

（1）各级单位的经济责任人执行经济责任制的情况要列为本级述职报告的一项重要内容。

（2）学校将对各级经济责任人的考核结果，记入领导干部档案，作为对领导干部的业绩评定、奖惩、选拔任用的重要依据。

三、充分发挥内审机构的作用

高等学校内审机构是学校内部监督经费合理有效使用、帮助提高经费使用效益、保障学校经济活动健康有序开展的不可替代部门。建立经济责任制必须充分发挥内审机构的作用。要利用内审力量，建立健全各级经济责任人的离任审计制度。离任审计要在有关经济责任人任期结束前开展，审计结果要与其经济利益直接挂钩，不能流于形式。内审发现的问题，必须严肃查处，不能大事化小，小事化了。重大问题，必须及时向上一级主管部门汇报。审计查出有触犯刑法的案件，必须及时移送司法机关，不得拖延耽误。同时，对内审工作也要建立严格的责任制度，一旦发现有该审未审、该处理不作处理的问题，必须追究有关人员的责任。

四、责任追究

学校纪委对校行政领导班子成员未能落实经济责任制责任的，不履行或不正确履行领导职责的，根据情节轻重，分别对其作出限期改正、批评处理或按有关规定进行核实，并及时向学校党委和上级领导机关报告。

各院（系、部）、处（室）、工会、团委及附属单位的经济责任人违反经济责任制规定的内容，有以下情形之一的，视其情节轻重分别给予批评、通报批评处理并追究有关纪律责任：

（1）对不认真贯彻落实经济责任制建设工作，对本单位存在的问题放任不管，经指出仍无明显改进，导致本单位经济混乱的。

（2）对单位财经工作不重视、不支持，干扰执法执纪机构及工作人员依法履行职权，对违法违纪问题隐瞒不报，压制不查、不正确对待处理的。

（3）领导班子违反国家和学校有关财经规定，集体私分、滥发钱物或者挥霍浪费国家和学校资财的。

（4）领导班子有集体违纪行为，本身又不能纠正的。

经济责任人有以下情形之一的，根据情节轻重，对其单独或合并做出：责令写出书面检查并限期改正、通报批评、年度考核为不合格、责令辞职、免职的组织处理或给予党纪政纪处分，涉嫌犯罪的，移交司法机关追究刑事责任：

（1）经济责任制不落实，不履行或不正确履行领导职责，对本单位的经济责任制建设不研究、不部署、不检查，或对其存在的突出问题，不认真解决，放任自流的。

（2）对本单位发生的明令禁止的违法、违规现象，不查处或隐瞒不报、压案不查或设置障碍不按有关规定处理的。

（3）由于工作不力，管辖范围内发生重大经济案件的。

（4）接到反映本单位的党员、干部违法违纪问题的重要检举揭发信件或口头举报，不过问、不按有关规定处理和纠正，造成严重后果的。

（5）授意、指使、强令下属人员违反财务规定，隐瞒、截留应上缴国家和学校的收入，私立"小金库"或挪用学校教学、科研专项资金的。

实施责任追究，要实事求是，分清集体责任与个人责任，主要领导责任和直接领导责任。应当追究责任的，由校党委、行政及组织部、纪委、监察处按照规定权限和程序处理。

第八章　高等学校的预算管理

第一节　高等学校预算管理概述

《高等学校财务制度》规定，高等学校预算是指高等学校根据事业发展计划和任务编制的年度财务收支计划。高等学校必须在年度开始前编制预算。预算的内容包括收入预算和支出预算。预算由校级预算和所属各级预算组成。预算从本质上讲是一种计划，是学校事业发展计划与管理活动的货币化与具体化。

目前高等学校的预算管理存在着以下的特点与不足。

收支平衡是预算编制的基本原则。稳妥、统筹兼顾、保证重点的原则也是编制年度预算报告的重要原则。其特点是年度内预算的计划性比较强，但对学校中长期规划的考虑显得很单薄。这种预算编制原则和办法目前在我国高等学校具有普遍性，这一做法主要是由我国高等学校会计制度所决定的。

预算收入形式比较单一。虽然目前高等学校预算收入来源的渠道较前几年有了很大的拓展，已经从过去的单一由财政部门全额拨款逐步演变为现在的由财政补助、事业收入（主要由学费、住宿费等收费项目构成）、附属单位缴款等多种预算形式。

高等学校预算支出的具体安排是按照"切块包干，归口管理，定额控制，超支不补"的原则来执行的。预算支出的投入有形，但是产出却无具体价值形态来评价，或者说效益无法得到具体价值的体现，单位的事业效果反映不全面。这种预算支出形式主要是受高等学校会计制度的影响。

目前的预算管理形式较前些年有了比较大的调整。政府改变了过去由高等学校在财政给予本单位年度经费全额补助的框架下，高等学校相对自主管理编制预算的管理模式，正在实行由财政部门统管的部门预算管理制度。这一制度较以前的管理模式，有了很大的改进，具有一定的优点。部门预算管理指标在省一级规定得非常细致、具体，但是指标下达到基层单位后，仍然存在着省级预算和单位预算之间的差异，直接影响到预算的上报审批和下达执行之间的严肃性，需要政府管理部门对这一制度进一步深化、细化和完善，消除财政部门批准下达的预算计划和单位实际执行的预算计划在具体内容上的差异。

高等学校目前执行全额事业单位的会计制度，其中一项重要的会计核算原则是收付实现制。由于收付实现制是以现金的实际收付作为确认收入和支出的依据，在这种会计核算原则下，高等学校财务收支只包括以现金实际收支的部分，并不能反映当期已经发生但尚未用现金支付的部分，这样就无法全面、客观地反映高等学校业务收支活动和财务状况，将对高等学校持续健康运行和发展带来隐患，因此在管理制度方面要有所革新。收付实现制与企业会计制度规定的权责发生制核算原则有根本的不同，这约束了高等学校预算支出的科学、合理性，同时也显现出高等学校会计核算存在弊端。

第二节　预算管理制度的建立与设计

一、预算管理的目标

预算管理的目标是规范学校预算编制、批准、执行、调整、监督检查，明确学校预算管理程序、要求、职责及编制方法，加强预算管理和监督，按经济规律办事，保障预算计划的完成，提高资金使用效益，促进学校各项事业的持续稳定发展。

二、预算管理制度建立与设计的依据

高等学校编制的预算包括《学校综合财务预算》和部门预算。《学校综合财务预算》根据以前年度预算执行情况，结合预算年度事业发展计划、任务、财力、定额、标准及有关管理制度、年度收支增减因素、校内各单位预算年度工作计划进行编制。部门预算由财务处根据《学校综合财务预算》和相关预算编制要求进行编制。

高等学校预算管理制度建立与设计的依据如下：

（1）国家法律法规。如《预算法》、《高等学校财务制度》等。

（2）省级主管部门的规定。各省财政厅及教育厅关于预算的各种规定。具体包括《省级部门预算编制指南》、《省级部门项目支出预算管理试行办法》等。

（3）高等学校财务及预算管理制度。包括《财务管理条例》、《预算管理办法》、《预算编制指南》及《学校发展规划》等。

（4）高等学校发展任务。预算是学校依据各项事业发展计划、任务、定额、标准及有关管理制度编制的年度综合财务收支计划，是学校日常组织收入和控制支出的根据。预算工作是学校财务管理的一项经常性工作，年度预算编制及管理贯穿于全年。

三、指导思想

学校预算工作的指导思想是通过规范预算管理工作，充分提高预算管理水平，增强预算透明度，提高预算管理的制度化程度，实现预算管理公开、公正、公平。

四、预算编制原则

（1）合法性原则。学校预算要符合《预算法》和国家其他法律法规，充分体现国家有关方针、政策。严格控制人员经费开支比例。财政拨款除按政府规定标准发放工资、福利外，不得任意提高个人分配标准。

（2）稳妥性原则。学校预算要做到稳妥可靠，量入为出，收支平衡。收入预算要留有余地，没有把握的收入项目和数额，不要列入预算；支出预算要先保证基本工资、离退休费和日常办公经费等基本支出；项目预算要以收定支，量力而行。

（3）重点性原则。学校预算要合理安排各项资金，统筹兼顾，保证重点。按"先吃饭，后发展"的思路，在保证教学、科研及维持学校正常运作需要的同时，优先考虑学校重点项目支出；先保证基本支出，后安排项目支出；先重点、急需项目，后一般项目，合理安排资金，促进学校各项事业协调发展。

（4）真实完整原则。预算项目要客观真实，预算收支预测必须以校内各单位事业发展计划和履行职能的需要为依据，对每一收支项目的数字指标运用科学合理的方法测算，力求各项数据真实准确。编制预算时，各项收入及相应支出作为一个有机整体进行管理，不重不漏，不得在预算之外保留其他收支项目。

（5）勤俭节约的原则。支出预算厉行节约，各项目必须严格控制在批准下达的指标额度内按项目开支范围合理、合法使用。不得串项目使用，需串项目使用的需按预算调整程序报批。结余部分年终结转至下一预算年度滚存使用。

（6）预决算相一致原则。预算科目力求与决算科目一致，会计核算严格按照预算项目列支，保证决算数据真实反映预算编制意图。

五、预算的分类

学校预算按功能分为收入预算和支出预算两部分，按主管单位分为报送主管部门批复的省级部门预算和学校批准的综合财务预算。

（一）按功能分

1. 收入预算

收入预算包括财政补助收入、预算外资金收入（包括学历教育学费收入和住宿费收入）、教育事业收入（指非学历教育收入）、科研事业收入（含纵向拨款和横向收入）、经营收入、基本建设收入（含负债类收入）和其他收入。

2. 支出预算

支出预算包括教育事业基本支出、教育事业项目支出、基本建设支出、科研事业基本支出、科研事业项目支出、经营支出和附属单位补助支出。基本支出又分为人员支出、日常公用支出、对个人和家庭补助支出；项目支出指事业单位为完成特定事业发展而发生的支出，按指定的用途和对象编制；基本建设支出指经省发改委立项纳入事业发展计划按国家和省关于基本建设管理规定使用基本建设资金拨款、财政贴息贷款资金或学校自筹资金安排的项目。

（二）按主管单位分

1. 省级部门预算

省级部门预算是报送省财政厅、教育厅的年度财政拨款控制预算。

2. 学校综合财务预算

《学校综合财务预算》是学校年度使用的执行预算。

六、预算编制的范围

预算编制范围涵盖学校所有的收入和支出。

（1）财政预算内资金收支。

（2）各项财政预算外资金收支、经营收支及其他收支。

（3）一般预算收支，各种基金收支。

七、预算管理体制及职责

（一）决策机构及其管理职责

1. 决策机构

学校省级部门预算实行校财经工作领导小组审议校长办公会审批制；《学校综合财务预算》实行校财经工作领导小组分散审议、校长办公会审定、党委审批制。学校党委会是学校预算的决策机构；校长办公会是学校预算管理的领导机构。

2. 校财经工作领导小组预算管理的主要职责

（1）负责组织编制学校省级部门预算，按规定程序报批后，送校长签批，并报送主管部门。

（2）负责组织编制《学校综合财务预算》，按规定程序进行分散审议，报送校长办公会审定后报党委会批准印发执行。责令财务处加强预算管理，调查研究，提高预算编制质量。

（3）负责批准拟列入《学校综合财务预算》的学校立项基建

165

项目、立项零星土建项目和大宗设备、图书采购计划。

（4）负责按规定权限审议预算内及预算外项目。

（5）负责学校预算执行的监督和对违反财务管理制度的行为提出处理意见。

3. 校长预算管理职责

（1）校长任校财经工作领导小组组长，负责组织召开校财经工作领导小组会议，审定的《学校综合财务预算》建议方案；负责组织召开校长办公会，审批《学校综合财务预算》；负责将审定的《学校综合财务预算》报学校党委会研究决定后执行。

（2）校长负责审批列入《学校综合财务预算》的 10 万～50 万元的单项支出项目；负责审批列入《学校综合财务预算》的学校准备金的支出项目，年控制总额为 500 万元；负责审批未列入《学校综合财务预算》的预算外 3 万～10 万元（不含 10 万元）的单项支出和主管财务副校长审批限额以外的项目；负责审议预算外 10 万元以上的支出项目，负责审议由分管校领导按规定程序送财经工作领导小组论证（必须经过科学、严密的可行性论证程序）的学校重要支出项目、对外投资、合作、入股、信贷、担保等经济事项，提交学校党委会研究决定，通过后的方案，必须经校长签字确认方可执行，以确保学校资产的安全、完整；负责审批单项支出 5 万～10 万元的预算调整项目。

4. 主管财务校领导（总会计师或副校长，下同）预算管理职责

（1）负责组织编制和严格执行《学校综合财务预算》；负责审批列入《学校综合财务预算》的单项（次）为 5 万～10 万元的经分管校领导、副校长审议的支出；负责审议单项（次）为 10 万元以上的支出，报校长或学校决策机构审批。负责未列入预算年度《学校综合财务预算》的支出项目，3 万元以下由分管校领导审批确认，年度控制总额为 80 万元；审批 5 万元以下的预算调整方案；审议 5 万元以上的预算调整方案。

（2）负责审批分管列入《学校综合财务预算》并未改变预算开支范围的 1 万～5 万元（不含 5 万元）的支出；负责审批未列入

《学校综合财务预算》的预算外 3 万元以下（不含 3 万元）的单项支出，年总控制数为 80 万元；负责审议超过年总控制数部分的预算项目和 3 万元以上的单项支出项目。

5. 分管校领导预算管理职责

各主管副校长对预算范围内的资金使用负责，在符合国家、学校方针政策和原预算的情况下，有权安排、审批自己管辖范围的预算资金。负责审批分管列入《学校综合财务预算》并未改变预算开支范围的 1 万 ~ 5 万元（不含 5 万元）的支出；负责审批分管列入《学校综合财务预算》由分割下达必须细分的预算项目职能部门细分方案；负责审议分管列入《学校综合财务预算》并未改变预算开支范围的 5 万元以上的支出；负责审议分管未列入《学校综合财务预算》的预算外开支项目；负责审议列入《学校综合财务预算》单项（次）5 万元以上的开支；负责审议分管预算项目的预算调整方案。

（二）组织机构

（1）财务处是学校预算管理的职能部门，是预算管理的组织机构。

（2）财务处的主要职责。

①按省教育厅的规定要求编制省级部门预算方案。

②编制《学校综合财务预算》方案。

③组织学校预算执行，包括执行调整预算。

④编制学校预算调整方案，包括预算项目调整、追加和非预算项目单项开支。

⑤定期分析掌握预算执行情况，向主管校领导及教代会报告；对违反预算管理办法的单位及个人提出处理建议。

（三）二级单位

（1）各院（系、部）、各单位（以下简称各单位）是学校预算编制的主体。

（2）二级单位的主要职责。

①向财务处汇总申报本单位预算草案。负责根据《学校综合财务预算》编制本单位执行预算，报财务处备案。

②按照学校批准的《学校综合财务预算》编制本单位二级预算并执行；负责审批本单位列入《学校综合财务预算》1万元以下（不含1万元）的未改变用途项目支出；负责审议本单位列入《学校综合财务预算》1万元以上（含1万元）的项目支出；负责审议本单位预算外支出项目；负责审议本单位预算调整方案。

上述列入《学校综合财务预算》的改变预算项目用途等支出，除各单位审批外，还需逐级审批。

③按照"收支两条线"的要求积极组织本单位预算收入。

④负责确保本单位预算经费开支的合理性、合法性和有效性。

⑤实施专门管理办法的经济实体按相关文件的有关规定执行，与其他单位同步申报年度预算，纳入全校的总体预算方案。

（3）二级单位归口管理的职能。学校有关预算经费归口管理职能部门，负责按管理职能归口管理属于全校范围使用的预算项目，编制预算经费二级分割草案；负责按管理职能归口管理的未分割下达预算项目开支的业务审批和分割下达各单位预算项目开支的监督管理。属于全校范围使用的预算项目按管理职能归口为：

①学校办公室归口管理的项目包括学校业务招待费、文印机要档案费、邮电通信费（岗位电话补贴）、学校公务、协会会务费、校级会务费、校际会务费、校领导差旅费、行政设备购置费、机动车维修费等。

②组织部、统战部归口管理的项目包括党校经费、干部培养费、扶贫挂职、党建活动费、统战专项经费等。

③审计处、监察处归口管理的项目包括法纪教育费、办案经费。

④宣传部归口管理的项目包括学习宣传材料费、报刊费、电影放映费。

⑤人事处归口管理的项目包括在岗教职工工资、计划内临时工工资、离退休人员经费、退职金、教职工探亲费、学历教育经费、岗前培训及职业资格年审费、职称评审费、丧葬及遗属补助费、节假日加班费、人事档案管理费、引进人才业务费、引进人才安家

费、教职工奖酬金及节日慰问金等。

⑥外事处归口管理的项目包括外教外宾招待费、外籍专家经费、出国人员经费、外事业务费。

⑦学生处、团委归口管理的项目包括人民助学金、奖学金、贷学金、勤工助学金、就业指导费、国家助学贷款业务费、学生活动经费、大学生创业基金。

学生处归口管理必须细化分割的项目包括就业指导费、勤工助学金、学生活动经费、大学生创业基金。

⑧科研处归口管理的项目包括科研管理费、重点学科建设费、校属科研经费、科研配套经费、著作出版及专利管理费、科研成果奖励金、科研设备购置费、科技开发资助费、学报出版、科技洽谈会经费。

科研处归口管理必须细化分割的项目包括重点学科建设费、校属科研经费、著作出版及专利管理费、科研设备购置费、科技开发资助费。

⑨研究生处归口管理的项目包括硕士点建设费、研究生招生费、研究生导师业务费、研究生奖助金等。

研究生处归口管理必须细化分割的项目包括硕士点建设费、研究生导师业务费。

⑩教务处归口管理的项目包括学生实习费、教材建设费、教务运作费、教材补助费、教学督导费、课程建设费、教学管理设备购置费、学生证书工本费、招生业务费等。

教务处归口管理必须细化分割的项目包括学生实习费、教材建设费、教材补助费、课程建设费、教学管理设备购置费等。

⑪工会归口管理的项目包括工会经费。

⑫财务处归口管理的项目包括财会业务费、银行手续费、筹融资经费、耗材及票据费、学校预算外项目等。

⑬设备处归口管理的项目包括学生实验费、基础实验室建设费、教学设备购置费、教学设备维修费、资产（含教学设备）管理费等。

设备处归口管理必须细化分割的项目包括学生实验费、教学设备购置费。

⑭总务处归口管理的项目包括教学水电费、行政水电费、工程水电费、经常性零星维修费等。

⑮保卫处归口管理的项目包括消防业务费、征兵专项等。

⑯基建处归口管理的项目包括基建投资计划、报建业务费、修缮费、校园建设费等。

⑰图书馆归口管理的项目包括图书专用设备、图书资料购置费（含各院、系资料室中外文图书、报刊等的购置）、图书管理维持费（含借书证工本费、图书加工整理费）、图书采购业务费。

八、预算编制规程

《学校综合财务预算》按照"二上二下"的程序编制。

（1）一上。财务处按照各部门职责特点及人员构成等因素制定有关定额标准。校内各单位根据学校的要求，按照初步确定的定额标准和本年度支出需要，提出本单位的预算建议方案，报送财务处。

（2）一下。财务处对各单位报送的预算建议方案进行审核，按照相应的定额标准结合各单位的基础数据和相关资料，计算各单位基本预算支出，审核确认经费项目预算支出。根据上年预算执行情况、事业发展需要、财力可能、省教育厅批复的学校省级部门预算控制数，对各单位的预算建议方案进行确认调整并经学校财经工作领导小组成员审议形成草案，报校长办公会批准后，向各单位下达预算控制数征求意见。

（3）二上。各单位根据财务处下达（一下）的校内各单位预算控制数，调整本单位预算建议计划，形成预算建议草案，报送财务处。

（4）二下。根据各单位"二上"的预算建议草案，再次修改调整学校预算草案，经校长办公会审定后，报党委会批准，由校长签发下达预算年度《学校综合财务预算》方案。

九、《学校综合财务预算》编制的具体流程

1. 布置预算编制工作

每年1—6月，由财务处深入各有关单位作认真细致的调查研究工作，各单位着手考虑下一预算年度的工作，做好预算编制准备。每年5月，由财务处将编制预算的通知、要求、表格等下发各单位，同时将上年预算执行情况和有关经费定额标准下达各单位。

2. 编制并上报各单位预算建议

各单位根据预算编制要求、预算年度的业务计划和上年实际完成情况编制本单位预算草案。本单位预算从所属科室编起，逐级汇总形成本单位预算申报方案，于6月30日前按统一规定的表格样式并附文字说明报送财务处。

3. 预算申报方案的审查

财务处收到各单位的预算申报方案后，按照相应的定额标准结合各单位的基础数据和相关资料，计算各单位基本预算支出，审核确认经费项目预算支出。根据上年预算执行情况（年终决算完成后产生年度预算执行数据）、事业发展需要、财力可能、省教育厅批复的学校省级部门预算控制数，对各单位的预算申报方案进行调整，并将部门预算指标控制建议数及部门专项支出预算审核意见上报学校。经学校批准后，向各单位下达预算指标控制数。

4. 各单位调整预算建议草案

各单位在收到《学校综合预算》草案指标控制数后，必须及时对预算建议计划进行审议以形成二级单位预算草案，需要调整的以书面形式与预算草案一并报财务处。

为协助财务处编制学校省级部门预算，有关职能部门除了报送本单位预算资料外，还必须报送如下资料：教务处报送招生计划、课程与专业建设专项；人事处报送预算年度离退休人员明细表；设备处报送大宗设备存量增量明细资料、预算年度政府采购明细表；科研处报送学科建设专项等。

5. 审核、汇总并上报各单位预算草案

财务处对各单位"二上"的预算建议草案进一步审核，根据

主管财务的校领导的意见及学校综合财力，参考上年度《学校综合财务预算》执行情况，进行综合平衡，再次修改调整学校预算草案，经校长办公会审定《学校综合财务预算》方案，报党委会批准，由校长签发下达预算年度《学校综合财务预算》方案。

6. "二上二下"具体工作安排

一上。财务处应于每年 5 月 31 日前着手编制下个预算年度的《学校综合财务预算》，按照预算年度学校事业发展情况、综合财力、预算管理职责、人员构成、有关定额标准等印发预算编制指南；各单位应于每年 6 月 30 日前，根据事业发展需要和学校预算编制指南的要求，提出本单位的预算建议计划，报送财务处；凡属预算管理职能规定需报职能部门预审的项目必须首先报职能部门核准；凡属项目支出的项目要区分校内校外并分别按《省级部门项目支出预算管理试行办法》和学校的有关要求申报。

一下。财务处对各单位报送的预算建议计划进行审核，按照预算管理职能部门核准的资料、经财经工作领导小组批准的学校基本建设支出和立项项目批准报告、预算编制指南规定的定额标准、各单位的基础数据和相关资料等，计算各单位基本预算支出、项目预算支出及基本建设支出；再根据有关年度预算执行情况、事业发展需要、财力可能、省教育厅批复的省级部门预算控制数，对各单位的预算建议进行调整，于每年 10 月 31 日前形成《学校综合财务预算（草案）》并上报学校财经工作领导小组审议，再报校长办公会批准后，印发各单位征求意见。

二上。各单位应认真组织审议《学校综合财务预算（草案）》，凡对草案有异议的，应按规定时间和要求，于 11 月 30 日前将反馈意见以书面形式报送财务处。

二下。财务处根据学校财经工作领导小组审议的意见和校长办公会批复的《学校综合财务预算（草案）》及各单位以书面形式报送的反馈意见，再次根据需要与可能、调研论证情况，编制《学校综合财务预算》。财务处于 11 月 15 日至 11 月 30 日上报学校财经工作领导小组审议。财务处进行局部修订后于 12 月 1 日至 12 月 20 日报校长办公会审定形成预算方案。校长于 12 月 21 日至 12 月

31 日报党委审批,经党委审批后由校长签发下达预算年度的《学校综合财务预算》。

十、省级预算单位部门预算的编制

(1)省级预算单位部门预算由财务处按省财政厅、省教育厅的编制要求以及省级部门预算的"二上二下"程序进行编制,向省教育厅申报。

(2)省级预算单位部门预算必须满足国库集中支付系统(财政直接支付、财政授权支付)的要求,必须编制政府采购的明细项目。财务处根据每年 6 月 30 日前各单位下一预算年度的预算申报来编制政府采购项目的数量、金额、采购日期等明细资料。

(3)省级预算单位部门预算编制方式由省教育厅统一安排。在召开会议集中编制部门预算的情况下,由财务处直接向校长请示汇报,按校长的指示申报部门预算。在非集中编制的情况下,由财务处将预算编制资料草案送达学校财经工作领导小组审议,经校长办公会审核批准并由校长签发后上报主管部门。

十一、预算编制的内容

(一)收入预算

收入预算编制的内容包括财政补助收入、上级补助收入、预算外资金收入(包括学历教育学费收入和住宿费收入)、教育事业收入(指非学历教育收入)、科研事业收入(含纵向拨款和横向收入)、经营收入、基本建设收入(含负债类收入)和其他收入。

(1)财政补助收入按省财政厅《省属高等学校经费预算管理暂行办法》规定的生均综合定额、普通在校生人数和学生当量系数计算确定年度财政拨款额。

项目支出拨款按《省级部门项目支出预算管理试行办法》规定的申报文件范本上报省教育厅,经专家评审后的下达数形成。基本建设财政拨款和政府贴息贷款贴息拨款由省发改委、省财政厅、省教育厅立项确定。

(2)上级补助收入按省医改办核定的医疗补助和有明确来源

173

的上级补助收入计算确定。

（3）预算外资金包括全日制普教生和成教学历教育的学杂费、住宿费。按预算年度在校生和新生招生计划的学生总数和学杂费收费标准、住宿费收费标准计算确定预算外资金收入额。

（4）教育事业收入是指学历教育以外的教育事业收入，包括非独立核算单位服务收入，应根据以前年度预算执行情况，结合预算年度收支增减因素进行编制。

（5）科研事业拨款及科研事业收入是指科技三项经费、纵向国家及省市基金等科研项目拨款、横向科研收入，应根据以前年度预算执行情况，结合预算年度收支增减因素进行编制。

（6）事业单位经营收入根据以前年度预算执行情况，结合预算年度收支增减因素进行编制。

（7）基本建设收入包括基本建设贴息贷款本金和自筹基建借款收入，应按照学校预算安排的结转自筹基建拨款和基建负债类收入进行编制。

（8）其他收入是除以上各项目以外的收入，包括利息收入、捐赠收入、其他收入。应根据以前年度预算执行情况，结合预算年度收支增减因素进行编制。

（二）支出预算

支出预算包括按支出功能分类的预算和按支出经济分类的预算。

1. 按支出功能分类

基本支出归属教育类普通教育款高等教育项，离退休经费归属社会保障和就业类行政事业单位离退休款事业单位离退休项。

2. 按支出经济分类

包括工资福利性支出、商品和服务支出、对个人和家庭的补助支出、债务利息支出、债务还本支出、基本建设支出、其他资本性支出、其他支出。

（1）工资福利性支出

包括基本支出和项目支出。基本支出包括基本工资、津贴补贴、奖金、社会保障缴费、其他工资福利支出等项目。基本支出以定员定额方法为主编制，严格按照国家的工资制度、有关政策规定的开支范围、开支标准和省财政核定的定额标准及人数核定。项目支出以项目申报书的内容确定。

（2）商品和服务支出

包括办公费、印刷费、手续费、教学设备维修费、修缮费、本专科业务费、体育维持费、专用材料费、招待费、教学差旅费、行政差旅费、会议费、交通费、水电费、邮电费、培训费、劳务费、福利费、工会经费、其他商品和服务支出项目，按《经费开支标准》和省财政厅核定的标准及人数核定。

本专科业务费、教学差旅费、教学设备维修费、体育维持费为本科教学工作水平评估四项经费，预算必须达到本科教学工作水平评估体系要求的应收本科生学费总额的30%以上。

学校教学经费安排的非基建立项项目支出是指因特殊工作需要在基本支出中需专门立项的专项业务费、专用材料费、一般设备购置费、招待费、维修费（含设备维修费）、部门会议费等项目。根据学校事业发展计划，由有关部门提出专项经费申请报告，说明项目的必要性、合理性、可行性；同时编制基本专项事业经费用款项目明细表详细填列项目所需设备及其他费用预算，按单项核定。

用教育事业经费安排的科研事业支出根据以前年度预算执行情况及学校有关规定，结合预算年度收支增减因素进行编制。

用教育事业经费安排的配套预算支出根据以前年度预算执行情况，结合预算年度收支增减因素申报编制总控制数。原则下达总控制数，按学校有关条例逐项下达明细项目配套。

项目支出由各部门按照《省级部门项目支出预算管理试行办法》中的省级部门项目申报文件范本向财务处提交项目支出预算申请书和项目预算支出申报表。财务处根据学校的发展要求，在省教育厅下达的项目支出限额范围内，择优选择确定项目支出预算。

（3）对个人和家庭的补助支出

包括离退休支出、退职费、住房公积金、助学金、医疗费等项目，以定员定额方法为主编制。

（4）债务利息支出

包括向国家政策银行借款付息、商业银行借款付息、金融机构借款付息、委托贷款借款付息。

（5）债务还本支出

包括归还银行借款、金融机构借款、委托贷款本金支出。

（6）基本建设支出

由各部门按照《省级部门项目支出预算管理试行办法》中的省级部门项目申报文件范本向财务处提交项目支出预算申请书和项目预算支出申报表。基本建设支出分为财政拨款项目支出、政府贴息贷款项目支出和自筹资金项目支出。

财政拨款项目必须是项目建议书已经省发改委会同省财政厅审核后报省人民政府审批确认的项目。由省财政厅根据项目前期准备工作或工程进度情况决定是否纳入年度部门预算安排。

政府贴息贷款项目是经省发改委立项纳入事业发展计划的项目。由省教育厅和省财政厅贴息学校还本的基建项目。

（7）其他资本性支出

包括房屋建筑物购建（省发改委立项以外基建项目和自筹经费购建基建项目）、办公设备购置、专用设备购置、交通工具购置、基础设施建设、大型修缮、信息网络购建、其他资本性支出等项目支出，根据学校事业发展需要和综合财力计算确定。

（8）其他支出

包括预留预备费（各项机动）、未划分的项目支出、其他支出等根据学校事业发展需要和综合财力计算确定。

十二、预算的执行和调整

（一）预算的执行

（1）凡属预算不能细分的实行切块分配、由职能部门归口管理的办法。预算经费指标切块下达至职能部门。必须按学校的分配控制数，根据本部门的工作任务和范围，制订相应的项目明细分配方案。分管校领导批准该方案后，将应细分的预算经费分配数下达给各单位，财务处监督执行。未经分管校领导批准，财务处不予支付。

（2）项目支出和基建支出实行项目管理责任制。

（3）科研项目实行科研课题负责人责任制。

（4）经费预算指标按程序审定后，一律进入财务处会计核算系统，实行计算机管理，用款单位可在校园网上适时查询经费指标开支明细。财务处按预算数，参照事业进度报支，一般不超进度和赤字支付。严格禁止各单位出现突击用钱的现象。

（5）预算执行的审批办法按《应收及暂付款管理和财务报销管理暂行办法》执行。预算经费开支标准按《经费开支标准》执行。

（6）预算方案具有很强的刚性，各单位应根据《学校综合财务预算》下达的预算经费指标，按照"切块包干、超支不补、结余留用、自求平衡"的原则安排使用，努力提高资金使用效益。未列入《学校综合财务预算》的项目和预算项目超支，需严格履行预算调整手续后方可列支。

（7）预算方案严格按照额度预算原则执行，原则上不得突破年度预算总规模。经费指标年终结余按不同情况处理。

（8）教育事业基本支出经费结余年终结转至下一年度滚存使用，列入学校下一年度预算方案，阶段性经费支出项目不得滚存使用。

（9）教育事业项目支出经费结余首先用作弥补当年教育事业基本支出中已经垫支的对应支出，仍有结余时，结转下年度使用。

（10）有专门文件明确有关实体或有关项目结余处理办法的，按相应专门文件执行。

（11）学校科研管理办法规定的结题科研项目必须按规定比例办理结余分配手续，还未办理的科研项目预算全部予以冻结。

（二）预算的调整

预算执行过程中，一般不予调整。如果事业计划有较大调整，对收支预算影响较大，确需调整时，按不同情况办理。

（1）经费调剂。随着情况的变化和预算执行的不平衡，各单位产生某些项目的经费不足而其他项目经费结余的，在不超过年度分配经费指标总额的前提下，允许本单位归口管理经费在项目之间调剂使用。专业性很强的项目不得调剂。

（2）预算的追加或减少。在经费预算执行过程中，由于国家政策和事业计划变动较大或学校其他特殊原因，在原定预算总额以外增加支出（含申请学校机动）或减少收入的，可按规定进行预算追加或减少。

（3）预算划转。由于机构建制变动、业务归属变化或其他原因，需改变预算隶属关系，应将原预算划归新的归口管理部门管理，划转由当事双方办理确认手续。

（4）预算执行单位填写预算调整申请表，逐项填列清楚，每年10月20日前送财务处。

（5）财务处汇总后，编制预算调整方案，5万元以下的报主管财务的校领导审批，5万元以上报校长审批。

十三、预算的监督

（1）加强预算监督，进行预算审计监督。学校审计处是学校预算监督的职能部门，每年必须定期对年度预算结算进行审计并向学校和主管部门报送预结算审计报告。预算审计应包括事前事中事后审计。审计处负责对预算经费使用中的弄虚作假行为进行查处，一经查实后，向校财经工作领导小组提出取消立项项目并追回经费的建议，情节严重的按国家有关法规处理。

（2）加强预算审计监督，实施项目支出绩效评价。项目支出参照《省级部门项目支出预算管理试行办法》的规定及学校立项项目管理的有关规定，按项目提交项目支出预算申请书和申请表。项目支出需加强经济责任审计，按照省财政厅、审计厅、检察厅、人事厅联合印制的《省财政支出绩效评价试行方案》的规定实施绩效评价。凡上一年度及以前立项的项目未按要求进行绩效评价或绩效评价不合格的项目，下一年度暂不安排预算。

（3）严格执行国家规定的收支两条线财政管理政策，杜绝私立小钱柜。各项收入一律纳入财务处管理，不能以收代支，严禁坐支现金，以维护学校良好的财务秩序。

（4）严格执行政府采购制度和学校的采购办法，防止漏洞，预算经费支出中的基建、零星土建、维修、设备购置、软件、实验材料、图书资料、教材、印刷、大宗纸张、药品等项目，需由业务部门（或项目课题负责人）按学校有关招标采购管理办法规定的标准、额度和范围执行。

第三节　预算执行力

高等学校预算越来越受到关注和重视，这是我国教育事业不断发展的必然。但目前高等学校仍存在"重预算编制，轻预算执行"、"重分配，轻管理"的现象，这严重影响了高等学校的预算执行力，预算决算"两张皮"，削弱了预算的经济杠杆作用。为此，建立一个科学全面并行之有效的预算管理体系以及提高预算的执行力更是迫在眉睫。

一、影响高等学校预算制度执行力的因素

（一）预算编制方法简单

目前许多高等学校预算编制的方法简单，缺乏具体的调查研究，这是高等学校在预算编制中普遍存在的问题。对教育事业经费的预算重视不够，致使分配给各院（系）、部门的指标缺乏量化分析和科学论证，其结果是在经费的投入和使用上往往事先没有计划，缺乏统筹安排。另外，多数高等学校分配预算经费时一般按各院（系）、部门的教职工人数和学生人数计算，没有考虑各院（系）、部门的工作业绩，也没有将各院（系）、部门经费与其工作目标和业绩挂钩，缺乏有效的预算管理奖惩机制。这样导致各院（系）、部门忙于争经费，只关心自己部门预算分配经费的多少，不注重经费使用的效益，也没有相应的考核制度。

（二）预算编制人员业务素质偏低，影响预算编制质量的提高

在人员配备方面，预算人员配备不足，业务素质参差不齐这一问题在高等学校中普遍存在，制约着预算管理工作质量的提高。产生这一问题的原因，主要是由于部分领导对预算管理的重要性缺乏认识，高等学校的预算机构只是空有其表，人员配备不足，业务素

质参差不齐，直接导致预算在编制、执行及绩效考核中，项目数据无法细化，预算的科学性、合理性和有效性受到质疑。

（三）预算编制与执行"两张皮"，严重影响预算执行力

预算编制按部门制订筹集和分配预算资金的年度计划，应当遵守国家编制预算的原则和管理配套规章制度。如人员经费按标准核定，公用经费按部门分类分档的定额核定，事业发展和建设项目按轻重缓急排序。然而从 2002 年财政部实行编制部门预算以来，由于部门预算的编制和执行不一致，高等学校预算编制存在"两张皮"的现象，即一所高等学校两套预算：向上编报的部门预算和校内执行的预算实施方案。这种现象已经影响到高等学校的正常运转和发展，若不及时解决这一问题，最后必将导致预算指标失控，核算监控失调，决算信息失真。

（四）预算缺乏有效监管

缺乏有效监管，预算形同虚设。有些高等学校对预算缺乏有效的监管，在预算执行中随意性很大。临时性、计划外的支出较多，使预算的制定和执行严重脱节。某些舞弊行为往往就发生在超预算的项目支出中，相关人员随意地增改项目内容，提高费用标准，扩大支出范围，从中牟取私利。另外，高等学校未建立健全预算检查和监控体系，预算检查只是摆个形式"走过场"，这使得一些部门负责人在预算经费下达后盲目地使用资金，还没到年底就将经费用完了，而财务部门控制不力，这也使得预算执行偏离计划轨道，严重削弱了预算的严肃性和有效性。

二、高等学校加强预算制度执行力的对策

为了使预算发挥其应有的效益，高等学校需对预算制度的执行进行相应的改革。

（一）合理编制综合财务预算，实行"统收统支"的财务管理模式

随着高等学校多渠道筹措教育经费体制的逐步形成，尤其是实行了部门预算的改革后，高等学校改变了原有的预算管理体制，建立了"统收统支"的财务管理模式。综合财务预算，是将各种渠

道取得的全部收入及安排的全部支出，都统一纳入学校的综合财务计划。在这种情况下，高等学校在编制预算时应从学校的全局出发，既要考虑学校事业发展和建设的需要，又要考虑学校财力的可能；既要保证重点，注重效益，又要向教学、科研倾斜，进行综合平衡，统筹安排学校的各项资金，全面反映学校的财务收支情况和总体规模，确保高等教育事业的可持续发展。

（二）改革预算编制方法，采取"零基预算"的预算编制手段

零基预算是指部门或单位在编制年度预算时不以上年度预算安排为依据，而按照一定的标准重新审查和评价预算安排，结合事业发展需要和财力可能编制预算。"零基预算"有利于提高预算的科学性和准确性，具有明显的适应性和优越性。因此，高等学校必须深化预算改革，合理优化资源配置，改进预算编制办法，实行"零基预算"。实行"零基预算"时预算编制的时间需要提前，这样有利于克服单纯采用"零基预算"时预算编制时间短的弊端，对项目支出预算进行科学论证和评估。

（三）改革预算编报程序，确定责任部门，制订好规划

高等学校应根据各部门、单位的职能，将其划分为不同类型的责任部门，这样有利于将预算细化和预算制度的执行。此外，还要制订中长期发展规划。高等学校应在确定预算责任单位的基础上，制订中长期规划，并将规划分解为若干子规划，落实到各责任单位。各责任单位可以此为基础制订本部门工作计划，进而细化为年度绩效指标，使各院（系）、部门工作计划与学校总体发展规划相联系。制订中长期发展规划，既有利于克服年度预算下责任单位为逃避上缴结余突击花钱的情况，又能体现预算的前瞻性和持续性。

（四）加强预算执行监督，建立高等学校预算检查和监控体系

预算监督是高等学校预算管理过程中的重要环节。完善的预算监督机制是财政决策符合广大公众意愿，预算资源配置合理的重要保障。对预算实行监督是预算公开化、民主化的重要体现，它的顺利进行将有利于增强预算的透明性，提高资金使用效益和高等学校预算管理水平。为此，高等学校在预算监督观念上必须由"走过场"向"动真格"转变，树立"审计预算"新理念，通过实行高

等学校预算执行与决算情况审计制度，倾注更多的精力对预算资金的使用过程进行监督。重点应对预算安排、收入、支出、预算执行结果四个环节及事前、事中、事后三个时间段进行审计监督，严格预算管理，揭露和反映预算执行中的各种违纪违规问题，切实维护预算的严肃性和权威性。

（五）提高预算编制人员素质

一是提高预算人员的从业门槛，这是为了提高高等学校财务预算管理质量以及保证财务预算管理工作顺利进行而采取的硬性措施。二是加强对财务人员的培训。各级财政部门要对高等学校预算人员进行培训，使预算人员熟练掌握各基本环节的规定和要求，提高预算从业人员的业务素质。三是培养预算管理人员的团队合作精神，让他们意识到单位预算管理需要大家共同努力。

（六）引入总会计师制度

教育部在《建立健全教育、制度、监督并重的惩治和预防腐败体系实施纲要》中提出，要积极推行直属高等学校总会计师制度。高等学校引入总会计师制度，将有利于保障收费透明度，让缴费人更明白高等学校经费的来源及用处。高等学校设置总会计师职位，并让其进入校党委和校级领导班子，负责统一管理高等学校财务部门和校办产业等，这将能实现学校总体财力的统一管理，便于各财务核算机构协调交流，而且能够有效避免各自为政，还可以防止各级核算单位财务自主权过大现象的发生。

第九章　建立健全收入管理制度的质量保证

第一节　建立健全收入管理制度质量保证的重要性

一、组织收入是高等学校财务管理的重要职能

依法组织收入、积极筹措办学资金，这是高等学校财务管理的重要职能。高等学校应运用国家赋予的法人自主权利，严格按照国家有关政策规定，充分、合理利用有效资源，多渠道拓展高等学校的收入。一般来说，高等学校最基本、最主要的收入来源有财政补助收入（主要是生均拨款）及学生学费收入。

高等学校应严格执行国家的规定、政策和法规，合理合法地组织收入，加强收入管理，保障收入安全。收入管理就是"生财、理财"。高等学校收入来源的多元化、资金规模的扩大，为高等学校的快速发展提供了强有力的支持和保证。

二、加强收入管理制度质量保证的重要性

随着高等学校收入来源的增多，规模大的大学的年收入已经超过一般的地级市的财政收入，家大业大，在小集体利益等的驱动之下，高等学校的收入管理滋生了很多问题，加强收入管理制度质量保证的建设显得十分重要。

1. 建立健全收入管理制度是依法组织收入的有效保证

建立健全收入管理制度，才能依法、有效地组织收入，为高等学校的教学、科研等工作提供资金保证。

2. 确保学校收入的完成，使高等学校能集中财力办大事

建立健全收入管理制度，全面执行"统一领导，集中管理"的财务管理体制，才能杜绝收入分配利益分散，院系创收管理混乱的现象，从根本上强化收入管理的约束，消除各个院系利用所占有的资源，自行收费，导致"谁有资源谁收费，谁有办法谁创收"的富了院系、穷了学校的不正常现象的出现，集中学校的财力办大事。

3. 确保"收支两条线"政策的贯彻执行，杜绝私设"小金库"

贯彻执行"收支两条线"的政策，可以消除自收自支，坐收坐支的现象，解决高等学校的一些部门长期存在的将获得的收入自行留用，不上交到学校财务部门，或是只将收支发票相抵后的余额上缴，甚至将各种创收不上缴，私设"小金库"的违法乱纪问题，防范高等学校腐败的滋生。

4. 堵住票据管理的漏洞，防止截留学校收入

票据管理存在漏洞，使不法分子有机会截留学校的收入。堵住票据管理的漏洞，就能够从源头消除以自制或外购的三联根收据乱收费的情况，防止截留学校的收入和产生违法乱纪的现象。

第二节 建立健全行政事业性收费管理制度质量保证体系

一、政策依据

1. 上级政策依据

（1）国家有关部委的政策依据。《教育部　国家发展改革委财政部关于进一步规范高等学校教育收费管理若干问题的通知》（教财［2006］2号）。

（2）地方主管部门的政策依据。各省物价局、教育厅、财政厅关于进一步规范高等学校收费管理的规定。

2. 高等学校收费管理的要求

各院（系、部）、各单位（以下简称各单位）必须严格按照国家有关政策规定依法组织收费，各项收费必须严格按国家规定的收费范围和标准执行，各项收入必须全部纳入学校预算，统一管理，统一核算。

二、收费组织管理

1. 加强领导

为加强学校的收费组织管理工作，学校应成立收费工作领导小组。收费工作领导小组，以校领导为组长，财务处、审计处、教务处、学生处等行政职能部门领导为成员组成。

2. 明确职责

收费工作领导小组的职责如下：

（1）负责制定学校收费管理工作规章制度。

（2）负责审定收费项目、确定收费标准。

（3）负责审批学生缓交学费、国家助学贷款、免交学费等学生收费事项。

（4）监督收费过程、受理违章举报等，并定期向校长办公会汇报收费管理情况，通报收费违法、违纪事件及处罚决定。

3. 收费管理的职能部门

财务处是学校唯一的收费管理职能部门，在学校收费工作领导小组的领导下，履行收费管理职责。未经财务处批准或授权，任何单位和个人不得进行行政事业性收费。

三、收费项目及标准

（一）收费项目

1. 教育收费

包括普通在校生和成教学生学历教育的学费收入、住宿费收入以及修读第二学位、第二专业、辅修专业或因留级、结业申请复读教育收费、无故欠交学费延长学习年限教育收费。

2. 教育服务性收费和代收费

教育服务性收费包括证件工本费、证明资料费、课外通信网络费、直供热水费、打印复印服务费。

教育代收费包括代收的学生教材费、代收考级考务费、校园一卡通工本费、代办平安意外健康医疗保险费、军训服装费、代办身份证收费、代办户口迁移费、代办暂缓就业户口迁移邮寄费。代收学生教材费属代收费，由学校代收代付，定期结算，列作代管款项，不计入学校收入，不纳入财政专户管理。

3. 教育事业收费

包括非学历教育的培训班收费、报名费、考务费、工本费及各种手续费。

4. 经营收费

包括校产租赁收费（收入）、车辆停放费、科技开发与协作收入、科技成果转让收入、科技咨询收入、其他科技事业收入。

5. 其他收费

包括捐赠、赔偿、房租、水电费、卫生费、违约金、利息及其他零星收入。

（二）收费标准

根据《教育部 国家发展改革委 财政部关于进一步规范高等学校教育收费管理若干问题的通知》，以及各省物价局、教育厅、财政厅关于进一步规范高等学校收费管理的规定，由财务处制定教育收费标准，交学校审定后，报省物价局批准或备案，办理收费许可证，实行收费公示制度，亮证收费。

行政事业性收费必须严格按规定的收费项目和审批或备案的收费标准执行，凡收费项目没有的，未办理收费许可证的，一律不得收费。

四、收费审批

（一）收费审批程序

（1）各单位必须指定专人负责收费工作，在实施收费前应填报收费申请表，表中所列收费项目、收费标准、收费依据必须明确，经财务处初审后报学校收费工作管理领导小组。

（2）收费工作管理领导小组根据国家有关规定及学校实际情

况对申请表中的内容进行审定，审定要遵循合法、合规、合情、合理原则，做到既符合国家有关政策规定，又充分进行成本核算，并对支出使用项目进行论证审定，在审定通过后正式下达收费批准通知书。

（3）各单位在收到收费批准通知书后，应按通知书规定的范围、项目、标准并使用财务处提供的各类专用票据实施收费。

（4）各单位不得擅自变更已批准的收费项目的内容和标准，如有违反，则立即终止其收费项目。

（二）审批原则

（1）行政事业性收费，除省物价局有具体规定的收费项目外，原则上只能收取工本费和必要的劳务费，凡属正常办理公务、履行签章手续等行政管理事务，除有特殊规定外，原则上不允许收费。

（2）代收代支费，如代收的学生教材费、代收考级考务费、校园一卡通工本费、代办平安意外健康医疗保险费、军训服装费、代办身份证收费、代办户口迁移费、代办暂缓就业户口迁移邮寄费等必须按商品价格或服务成本以低于省物价局规定的收费标准收取。

（3）经营收费，应按照受益程度的大小、收益期限的长短、劳务成本和材料设施耗费的多少以及手续繁简程度等合理制定收费标准。

（4）学校内部各部门之间的收费：凡学校核定的属职责范围内的工作并已安排人员编制、房屋、设备和经费的原则上不准收费；由学校发津贴和奖酬金等待遇的党政机关原则上不搞有偿服务；学校内部的消费标准应按照实际成本计算。

五、收费资金管理及票据使用

（一）收支两条线

收费资金由财务处统一收取或授权收取，全部列作学校收入，设单独科目核算进行专项管理，需上缴财政专户的，及时足额上交，收费应贯彻执行"收支两条线"政策，杜绝私设"小金库"。

（二）统一收费票据

收费应统一使用财务处领购或印制的票据。各项收费应向被收取单位或个人开具财政部门或税务部门印制的票据。

（1）财政票据是单位财务收支的法定凭证和会计核算的原始凭证，是财政、审计等单位进行检查监督的重要依据。

（2）发票是根据《中华人民共和国发票管理办法实施细则》（国税发［1993］157号）由税务机关印制的法定票据，领购使用按相关规定办理。

（3）各单位收费必须凭财务处提供的票据进行收费，其他票据包括外购三联根收据均属违规票据，任何单位和个人不得使用违规票据进行任何收费。对使用违规票据进行收费的任何单位和个人，交费人有权拒绝交纳费用。

（4）高等学校应制定《票据使用管理办法》，规范票据使用行为。

（5）自制票据必须使用财务处统一印制的票据。

六、收费日常管理

（1）财务处是学校收费管理的职能部门，负责全校收费的立项、审核、报批、收取、检查的初审工作，负责收费票据的领购、使用、管理和核销。财务处结算中心负责收费管理的具体工作。

（2）学校的所有收费原则上由财务处统一收取，所有收费必须开具合法票据，需自行进行收费的部门经批准收费后应到财务处领取收费票据，不得自制或自购票据。

（3）领用的收费票据使用完后需及时到财务处核销，年末无论票据是否用完都应到财务处审核结算。

（4）校内非独立核算单位间的经费结算应采取内部转账方式结算，不得采用现金收付。

（5）从财务处领取票据进行收费的全部收入必须纳入学校财务处统一管理，统一核算，所收款项必须在五日之内全额交财务处，零星收入余额不足1000元的，经财务处同意，可定期缴纳，但达到 1000 元时应及时缴纳。

（6）学校财务处及校内独立核算部门的所有收入不得截留、隐瞒、挪用、私存、私分和坐支。

（7）学校财务处、审计和纪检、监察部门应把收费监督纳入日常工作，定期对各类收费收入的管理和上缴情况进行检查和监督。学校财务处、审计和纪检、监察部门有权对校内各独立核算部门及后勤各实体的收费工作进行检查和监督。

（8）凡属本职工作、计划内的收费应抵补预算，凡属有偿服务的收费应进行成本核算，并按学校审批时确定的比例进行收益分配或提成。

七、收费检查监督

（1）学校应严格执行教育收费公示制度。学校在招生简章中要注明收费项目和收费标准；在校内通过公示栏、校园网等方式，将收费项目、收费标准、收费依据和投诉电话等内容进行公示，主动接受学生、家长和社会的监督，增强学校收费工作的透明度。

（2）学校应严格执行"收支两条线"的政策，严禁各部门坐收坐支、私设账户、公款私存；校内所有非经营性部门的收费收入必须全额上缴学校财务处统一管理核算；各部门收费都必须出具收款收据，对无据收费行为，交费人可以拒绝交款，并可以向学校收费工作管理领导小组举报。

（3）学校一切收费行为必须依据有关的规定进行，对违反规定的收费行为，被收费单位或个人有权拒付，财务处应责令其纠正、退还多收款项或没收其违规收费。情节严重者追究当事人和主管人员的责任，并对有关人员给予处分。

（4）学校每年年底应进行收费情况检查，并就收费情况进行评比。对有违规收费行为的部门，除没收其所有收入外，应适当扣减预算经费，并对直接责任人员和负有责任的行政领导，酌情给予处分；触犯法律的，移交司法机关处理。

第三节　建立健全学生教育收费管理
制度质量保证体系

一、学生教育收费管理的基本要求

教育收费是指经国家教育收费行政主管部门批准的学校对学生的收费。收费管理工作必须符合以下要求：

（1）高等教育属非义务教育，学校必须依法向学生收取学费、杂费、住宿费等。

（2）教育收费工作由财务处负责，学生处、教务处、继续教育学院及各院（系）配合进行。

（3）财务处需根据上级有关规定到省物价局办理有关教育收费核准或备案手续、申领收费许可证，到省财政厅票据中心领购《高等、中专、成人学校教育收费收据》，按规定做好有关教育收费公示工作。

二、学生教育收费的日常管理方法

学校主要采用银行代扣的方式，以学年为单位组织收费，每学年开学前为集中收费时间。

（一）老生入学交费办法

老生需在每学年开学前把应交的教育费足额（比收费标准多1元以上）存进指定银行的活期存折，由财务处按标准统一划扣。学生在校期间其交费存折不得销户，如不慎遗失，应立即到指定银行另开存折，并及时通知财务处。

（二）新生入学交费办法

（1）按规定时间把教育费足额（比收费标准多1元以上）存进学校为其代开的指定银行活期存折（存折随录取通知书一起寄出），由财务处委托银行统一代扣。

（2）由于各种原因扣款不成功的学生，可在入学时确认应交费金额由财务处委托银行统一代扣。

（三）按收费收据办理注册手续

（1）交足教育费的学生凭教育收费收据办理注册手续。教育收费收据由财务处集中打印，统一发至各院（系），由各院（系）负责发给学生。

（2）财务处填发的财政部门印制的、加盖学校财务专用章的教育收费收据，是唯一有效的教育费交费凭据；从银行或邮局汇款到学校交费的学生必须持银行或邮局的回单到财务处查询并办理交费开票手续，银行或邮局的回单不能作为交费凭据。

（四）零星补交学费

在规定时间以外补交费和个别交费的学生，可到财务处填写现金交款单并把应交款金额存进指定的银行账户，凭银行盖章后的现金交款单换领收费收据；也可到财务处直接交纳现金，交费后即领收费收据。

（五）绿色通道

家庭经济困难的学生，可申请助学贷款（由学生处受理），待助学贷款到位后，用助学贷款转交教育费。助学贷款申请未获批准或贷款额不足的学生，仍需补交教育费。

（六）欠费等管理规定

（1）未交足教育费又未办理缓交手续的学生，各院（系）不予办理注册手续。已达到毕业条件和学位授予条件但未交清教育费的毕业生，学校暂不发放毕业证和学位证；待其还清欠款后，学校按规定发放毕业证和学位证。

（2）各院（系）有责任督促学生按时交纳教育费，教育学生树立诚信意识。在核实其家庭经济状况后，对有交费能力却欠费的学生，应耐心细致地做好思想工作，促使这类学生按规定交纳学费和归还贷款。

（七）收据备查

学生交纳教育费后应妥善保管收据，至少应保存至领取毕业证书及毕业派遣证时止，以备必要时查对。

三、插班、复读、试读生教育收费办法

（1）插班生按当年相同专业的收费标准交纳教育费。

（2）休学学生复学时，按复学当年相同专业的收费标准交纳教育费。

（3）试读生在试读期间按当年相同专业新生的教育费标准交纳教育费。

四、学生中断学业时教育费处理办法

（1）学生交费注册后，因故退学、转学或死亡的，其教育费按如下方法清退：交费后未入读的，按实交金额的80%清退；入读未满一个学期的，按实交金额的50%清退；入读超过一个学期的不予清退。

（2）属于下列情形之一的，学校不予退费：

①根据《学生违纪处分条例》予以开除学籍者。

②触犯刑律不能再继续学业者。

③无正当理由离校或私自离校者。

（3）学生中断学业离校时仍未交足教育费的，需按规定补交教育费后，方可给予办理离校手续。否则，学校不出具任何学习证明或肄业证书。

五、缓交教育费的程序与管理

（一）缓交教育费的条件

（1）学生由于家庭经济困难或其他原因，无法在规定期限内交纳或足额交清教育费，本人可以申请缓交或部分缓交学费，特别困难的学生可以同时申请缓交住宿费，学校通过"绿色通道"允许其先入学后办理手续，确保每一位学生顺利就读。

（2）具备以下条件之一的，可申请缓交全部或部分学费；具备以下第2、3、4项条件之一的，可以同时申请缓交住宿费：

①烈士子女、残疾军人子女、因公牺牲人员子女等国家法律规定的优抚对象；

②无资助的孤儿、无其他有经济能力的直系亲属资助者；

③父母双方或一方残疾、以救济为主、无其他经济来源者以及经县级民政部门认定的低保户子女等；

④不可抗力的原因，致使家庭经济极其困难，无力支付当年度学费和住宿费者；

⑤因家庭经济困难暂时只能交纳一部分学费、住宿费，或需延迟时间方能完成交费者；

⑥因家庭经济困难无力交纳全部学费和住宿费者；

⑦已经申请了国家助学贷款、贷款尚未到账者，或者学生正在申请办理国家助学贷款者；

⑧办理交费过程中某环节出现问题，致使学费及住宿费不能及时到账者。

（二）缓交教育费的期限

学生每次申请缓交教育费原则上不得超过一个学年，确因家庭经济困难而不能在一学年内还清欠费的，在第二学年开学时需重新填写缓交申请表，并列明以前学年度的欠费项目和金额。学生应根据自身的经济状况做好还款计划，有部分缴款能力的学生应分期交费，以减轻一次交费的压力。

（三）缓交教育费的程序

（1）符合缓交教育费条件的学生，必须在每学年开学报到后5天内向所在院（系）提交缓交申请。如实填写《缓交教育费申请表》，并附各类证明经济困难的材料。

（2）学生所在院（系）应在接到申请后的10个工作日内予以审核，并将审核意见报学生处审查核实，签署是否同意缓交、缓交期限等意见，报学校教育收费工作小组审定，交财务处、学生处、校医院、图书馆等相关部门备案并执行相应措施。

（3）学校教育收费工作小组应在学生入学后3个月内完成有关审批手续，并将是否同意缓交的意见抄送给学生所在院（系）。

（四）缓交教育费期间学生的权利与义务

1. 学生缓交教育费期间享有的权利

（1）学生经学校批准同意缓交教育费后，学校可以先给予注册，使其取得当年学籍，并在批准期限内享有与足额交费学生相同的权利；

（2）申请国家助学贷款用以交纳学费的权利；

（3）在申请国家助学贷款的前提下，可以申请国家助学奖学金或特困生伙食补助，可以优先获得安排勤工助学岗位、参加社会服务活动等权利；

（4）严重自然灾害或家庭重大变故导致家庭长时间内无收入来源的学生，可以申请减、免学费和住宿费，并可申请特困补助；

（5）免费参加学校安排的各类培训的权利；

（6）法律、法规规定的其他权利。

2. 缓交教育费期间应该履行的义务

（1）学生由于各种原因不能及时交纳或足额交清学费，必须在规定的时间内提交申请缓交学费或部分学费，家庭经济特别困难的学生可以申请缓交住宿费。缓交教育费需填报学生缓交教育费申请表，学生应如实填写表中各项内容；

（2）申请缓交教育费的学生，必须在提交申请的同时提供相关证明材料及家庭主要成员的意见。证明材料包括：当地民政部门（县级以上部门）出具的证明材料；镇或乡政府或街道办事处、村委会或居委会出具的家庭困难证明材料；父母所在单位的收入证明等。家庭主要成员意见需本人签字，证明需单位签章；

（3）申请缓交教育费的学生，如无其他渠道筹款的，在学校组织实施当年度国家助学贷款时，必须申请国家助学贷款；

（4）缓交教育费期间，学生必须按要求参加学校举办的有关规章制度的学习及国家助学贷款、信用知识方面的培训；

（5）缓交教育费期间，学生必须履行自己提交的申请书中的承诺和还款计划，并签订有关协议；

（6）法律、法规规定的其他义务。

六、无故欠交教育费的处理

（一）有以下情形之一的，视为无故欠费

（1）没有交纳或交清教育费，并且未在规定时间内提交缓交申请者。

（2）提出缓交申请，但因不符合缓交条件未获批准，拒不交

清费用者。

（3）已获学校批准缓期交纳或交清教育费，但在缓交教育费期间拒不申请国家助学贷款而无法交清学费者。

（4）缓交教育费期满仍未交清费用且未获延期者。

（5）伪造证明材料借以拖欠教育费者（一经查实视为恶意欠费）。

（二）对无故欠费学生的处理

（1）每学年对在规定期限内无故欠费的学生，学校送达催款通知书，收到通知后 5 天内仍无故欠费的学生，当年不予注册。

（2）无故欠费学生当年不予注册，不得使用学校提供的一切教育教学资源，没有学业成绩和学籍记录。

（3）获准缓交教育费的学生，既不申请国家助学贷款，又没有通过其他方式缴清学费的，不得享受勤工助学、特困补助等帮困助学机会。

（4）学生无故欠费超过一个学年，经多次催款仍既不交费也不按规定办理缓交手续的，作自动退学处理。毕业班无故欠费的学生在离校时，学校不出具学籍、学业成绩等证明或推荐材料。

（5）无故欠费学生不得享受特困补助、奖学金、助学金，不得参加评优及担任学生干部。

（6）伪造证明材料恶意拖欠教育费的学生，一经查实，学校给予其相关处分并追究其法律责任。

七、收费管理的组织领导

（一）学校教育收费工作小组

学校教育收费工作小组由财务处、学生处、教务处、继续教育学院、图书馆等部门人员组成，由分管学生工作的行政校领导任组长，由财务处、学生处负责人任副组长。

（二）院系职责

各院（系）有责任督促学生按时交纳教育费，教育学生树立诚信意识。对无故拖欠教育费的学生，学校将按欠款额扣除其所在院（系）相应的事业经费，包括实习实验费、学生活动费、管理酬金等经费。

八、学生缓交教育费申请表的格式（见表9.1）

表9.1　　　　×××大学学生缓交教育费申请表

院（系）：　　　　　专业：　　　　　入学时间：

姓　　名		性　别		出生年月	
民　　族		政治面貌		学　　号	
身份证号				联系电话	
家庭住址				家庭联系电话	
＿＿＿学年学费（元/年）		＿＿＿学年住宿费（元/年）		是　否申请贷款	
缓交费种类及金额	1. 学费（　　）；2. 杂费（　　）；3. 住宿费（　　）＿＿＿＿＿元；＿＿＿＿＿元；＿＿＿＿＿元请在括号内打"√"号并在画线部分填上缓交金额				
缓交费金额	大写：　万　仟　佰　拾　元；小写：				

家庭主要成员及相关情况				
姓　　名	关　　系	工作单位	收入情况	健康状况

申请缓交费的主要原因及缓交期限

家庭主要收入来源及家庭经济现状介绍			

证明材料（原件附后）			
级　别	证明单位名称	主要内容	是否加盖公章
县级以上民政部门			
乡镇民政部门或街道办			
家庭所属村或居委会			
其　他			

申请人承诺
本人保证以上所填写资料均真实，无任何虚假成分。本人愿意接受广大同学及老师的监督，愿意接受学校有关部门的审核，并愿意承担因失实而造成的法律责任。 　　本人将通过＿＿＿＿＿＿＿＿＿等方式在＿＿＿＿月内交清所有费用。 　　　　　　　　　　　　　个人签名：＿＿＿＿＿＿ 　　　　　　　　　　　　　日　　期：＿＿＿＿＿＿

还 款 计 划	
学生还款详细计划	
班主任 意 见	经与学生家长联系，所知的家长意见： 班主任本人意见： 签名： 日期：
院（系）意见	 签名： 日期：
学生处 意 见	 签名： 日期：
财务处 意 见	 签名： 日期：
学校收费工作 小组组长意见	 签名： 日期：

第四节　建立健全高等学校校内非独立核算单位服务性收入管理制度质量保证体系

一、高等学校校内非独立核算服务收入管理要求

为规范高等学校非独立核算单位的社会服务活动，加强对院内各非独立核算单位服务收入的管理，进一步调动高等学校校内各单位及广大教职工开展社会服务的积极性，必须有一套完善的管理制度。高等学校校内非独立核算服务收入的管理需满足以下基本要求。

（1）必须在国家有关政策法规框架内，组织各非独立单位的服务收入。

（2）高等学校鼓励各非独立核算单位，在认真履行岗位职责、完成规定的教学、科研、行政管理等各项任务的前提下，充分利用学院的各种有利条件，挖掘潜力，有计划、有组织地开展有偿教学、科技和其他社会服务活动。机关各处（部、室）除完成学校规定的收费项目外一律不准搞有偿服务。

（3）非独立核算单位从事社会服务，需在不影响学院正常教学、科研、行政管理及后勤服务工作的前提下进行；必须遵守学校各项财务制度，切实维护学校声誉及经济技术等各项合法权益，正确处理好国家、集体及个人之间的关系，兼顾各方面的利益。

（4）非独立核算单位服务性收入全部纳入学校管理，按规定要求逐级报批或备案。各项收入必须严格执行"收支两条线"的管理办法。学校按照鼓励有偿服务、优先进行成本核算、保证学校发展的原则，制定并执行收入分成标准。

二、管理机构及职责

（一）管理机构

学校财经工作领导小组是学校社会服务收入的领导管理机构。学校财经工作领导小组下设办公室。

199

（二）职责

高等学校应对社会服务实行院系两级财务管理。学校有关职能部门必须按照学校有关规定认真履行职责，做好本职范围内有偿服务的业务管理、协调工作。一般来说职能部门按以下分工进行业务管理及协调工作。

（1）教务处负责教学服务活动中场地、实验室、实验仪器设备使用等方面的协调管理工作。

（2）继续教育学院负责各种非学历培训班（各类培训班、非学历进修班、上岗证培训班等）的办班审批及招生等方面的协调管理工作。

（3）科技处负责科技开发、技术市场经营、科技合同管理等方面的协调管理工作。

（4）总务校产处负责校内各非独立核算单位有偿服务活动中涉及学校经营资产占用、工商税务关系挂靠及经济合同签订等方面的协调管理工作。

（5）财务处（含挂靠财务处的学校财经工作领导小组办公室）在学校财经工作领导小组直接领导下，负责社会服务活动的收费标准核定、会计核算及财务管理；负责未列入分配细则类别的项目的分配比例草案的确定并定期向学校财经工作领导小组和主管校长汇报收支情况。

（6）学校财经工作领导小组的主要职责是：制定修改服务性收入的管理办法，确定社会服务收入的分配政策；及时讨论审议在有偿服务中出现的有关收入分配的各种问题并提出相应政策、措施；审议、讨论由教代会提交或教职员工普遍关注的有关创收及服务收入问题，形成决议后，报学校审批后执行。

（7）开展创收活动的非独立核算单位（二级单位），必须成立财务管理小组，负责本单位有关社会服务的财务管理工作。非独立核算单位应根据有关规定，制定实施细则，设置兼职财务人员，严格财务管理，实行民主理财、财务公开制度。兼职财务人员，要定期与财务处核对有关项目明细账。

三、纳入管理的服务性收入范围

（1）各种定期、不定期或长期、短期培训班的学费、报名费等各项收入；

（2）科技开发、科技咨询等的收入；

（3）二级学院开展技术、经济、法律、行政等方面的咨询和服务活动所取得的收入；

（4）利用实习基地、实验室、资料室、档案室、文印室、电话室、各种仪器设备、设施、场地等以及学院无形资产，对外服务所取得的收入；

（5）处理、出售废旧物资、材料、固定资产所得收入；

（6）其他应纳入管理的服务性收入。

四、社会服务收入活动的管理办法

（1）非独立核算单位进行有偿社会服务活动，应由本单位对其服务活动进行书面申请，并按规定程序逐级进行审批。审批权限可参照以下办法实行。

①凡不需要签订合同协议的，项目总收入额在 10 万元以下的，由主管职能部门审签，再报分管院领导批准后执行。

②凡需要签订合同协议的，由经办的非独立核算单位填报申请表连同拟签订的合同协议草案送主管职能部门（含合同管理部门）会签，再报分管校领导加具意见后由校长批准并签订合同协议或授权委托（有授权书）分管校领导签订合同协议；重大合作项目合同协议的签订应经学校研究批准。

③项目收入总额在 10 万元以上、50 万元以下的不论是否需签订合同协议均需由校长审批；超过 50 万元的由校长办公会讨论批准后方能进行；超过 100 万元的，需由校长办公会审定，再提交党委会批准后才能实施。

（2）教师与科研人员的职务科技发明与科技成果的所有权属学校。任何个人和单位，未经学校批准不得私自将技术成果和其他归学校所有的知识产权向外界透露，转让或投资入股。学校应及时出台相应的技术合同管理办法，以便加强学校的科技管理工作。

（3）非独立核算单位开展有偿服务活动，收费项目和收费标准凡有国家统一的管理价格的，按规定标准收取；没有统一标准的，可先由主办单位参照社会同类项目的标准拟订，并报财务处核定后再按规定程序办理。

（4）凡纳入管理的服务性收入项目均需及时向财务和初审部门各报送一份最终审批的审批表，需签订合同协议并已经签订合同协议的连同审批表一并报送。

（5）学校的所有资产（含无形资产）都是国有资产，未经学校同意，不得用于开展社会服务活动。占用学校资源开展有偿社会服务活动的，应如实计收成本，资源占用成本和学校分成部分统称为学校留成。在项目收入分配时，学校按留成比例纳入学校基金，非独立核算单位进行社会服务活动中开支的直接人工费、材料消耗、综合管理费等必须在该项目分成中列支，不得转列事业费开支，如发现将应在创收分成中列支的成本费用转为事业费开支的，将全额追缴、通报批评并在事业经费预算中酌情扣减被挤列的事业经费。

（6）非独立核算单位各种服务性收费，必须统一使用财务处规定的票据并接受财务处监督，不得自制、购买、借用外单位的票据，不得私立银行账户，隐匿转移收入。学校根据需要可成立财务纠风督察组，对收入进行稽查并受理群众投诉。对违反财经纪律的行为按《国务院关于违反财经法规处罚的暂行规定》追究当事人及单位主要负责人的行政和经济责任。

（7）非独立核算单位对校内各单位的服务性收费，统一凭财务处"校内财务转账结算单"转账结算，不采用现金结算方式。

（8）对开展有偿服务工作成绩突出、经济效益和社会效益显著的单位和个人，年终考核时，应给予表彰和奖励。凡上交学校收入（即学校留成）超出上年上交额30%及以上单位，学校按其超出额给予20%的奖励。奖励资金中，50%为奖金，50%为发展基金。50%奖金部分用于重点奖励社会服务活动中的有功人员。

五、收入分配及会计核算办法

（1）所有社会服务收入需及时、全额进入学校财务处列作事业收入、经营收入。各非独立核算单位应严格执行"收支两条线"的管理办法，不得坐收坐支。财务处应严格按有关规定，及时结算，保证各方利益的兑现。

（2）非独立核算单位分成部分由财务处列作事业支出、经营支出并转作该单位创收分成代管及发展基金代管。创收分成代管开支的材料费、综合管理费及发展基金代管开支的费用必须凭规定票据报销，创收分成代管开支的直接人工费、单位集体奖酬金及福利需凭签收明细表列账，不得以领代报。

（3）结算分配后的资金，属学校留成部分的，主要用于弥补场地、设施、水电费、仪器设备消耗等资源耗费及管理费支出；属各非独立核算单位的，由财务处负责设置创收分成代管及发展基金代管账户进行管理，使用按下列两方面由各非独立核算单位自主安排。创收分成代管主要用于直接人工费、材料消耗、综合管理、集体奖酬金及福利支出，发展基金代管主要用于仪器、设备购置、维修等改善办学和工作条件的支出。可供结算分配的收入是指税后收入。个人收入应并入工薪收入一起计征个人所得税。

（4）机关各处（室、部）利用其掌握的学校资源取得的收入全额作为学校事业收入，用于补充教育经费。

（5）在设备、教材、图书、药品和其他物品采购与交易活动以及基建、维修、印刷等业务活动中取得的折扣、回扣或业务费等，全额上交学校。学校按各单位业绩酌情给予适当奖励。对按市场惯例应收取的折扣等不积极争取的一经发现将按失职处理。

（6）根据各项服务活动对学校场地、设备、水电使用等资源耗费程度及管理难易程度，分项目核定学校留成及非独立核算单位的分成比例。

服务性收入分配明细表见表9.2。

表9.2　　　　　　　服务性收入分配明细表

分成比例（%）　　项目　服务类别	学校留成（弥补场地、设施、水电、仪器设备等资源耗费及管理费）比例	非独立核算单位分成		备　注
		合计	其中发展基金	
教学服务类 对普教学历成教各类培训班	100			据实列报费用
对外各种培训班	30	70	15	
联合办学（颁发外单位学历）	30	70	15	按总分成收入计，成本本单位负责
	40	60	15	成本外单位负责
非学历进修班	30	70	15	
计算机中心计划外上机费	50	50	15	
教辅单位对外服务	40	60	15	
教辅单位对内服务	60	40	15	
科技服务类 技术服务、技术咨询	30	70	15	
实验室对外服务	100			据实列报费用
仪器设备租赁收入	100			据实列报费用
实习基地收入	30	70	15	
实习基地租赁收入	100			
网络服务	50	50	15	
其他服务类 停车服务收入	100			按50%控制比例据实列支费用
体育场（馆）、教室、会议室出租收入	100			据实列报费用
医务室挂号费	80	20		
医务室对外接种	90	10		直接成本在90%中列支
学生体检费	100			据实列报加班费、适当奖励
其他收入				由财务处按程序核定

204

六、服务性收入的检查监督

必须坚决杜绝坐收坐支等违反财经纪律的行为，对弄虚作假、隐匿收入和私设"小金库"的单位，除全额收缴违规所得款项外，视情节的轻重扣减该单位学校统发的奖酬金，并追究党政主要领导的责任，给予党内警告直至撤销党内职务，行政警告直至撤职处分。

第五节　建立健全票据管理制度质量保证体系

一、原则

1. 依据

为加强学校票据管理，规范教育收费行为，保障依法收费，贯彻执行"收支两条线"政策需建立健全票据管理制度质量保证体系，质量保证体系以《中华人民共和国发票管理办法》、地方政府制定的关于财政票据及发票的管理办法为依据。

2. 高等学校票据使用范围

（1）校内票据是指校内为组织收入使用的票据，执行学校的有关规定。

（2）校外票据是指向税务局或财政局购买的票据，执行上级有关规定。

（3）具有法人资格的校办企业，按另行制定的办法执行。

二、票据的种类及使用范围

1. 高等、中专、成人学校教育收费收据

由各省财政厅印制，收据套印财政票据监制章，财政部监制椭圆图章，用于收取普通在校生和成教生的学费、住宿费及教材费。

2. 行政事业单位往来结算收据

行政事业单位往来结算收据由各省财政厅印制，收据套印财政票据监制章、财政部监制椭圆图章。

行政事业单位往来结算收据的使用范围如下：

（1）行政事业单位（社会团体）之间和系统内上下级之间的往来款（如各项代收代付资金）。行政机关、事业单位（社会团体）在往来款业务中，收取与支出（上缴）款项金额必须一致，中间不得增加或减少其他费用。

（2）行政事业单位（社会团体）内部往来款。

（3）行政事业单位（社会团体）收取的各类保证金、押金等。

（4）银行、保险公司、邮政局等单位退回给行政事业单位（社会团体）的各种退费、退赔、退款等。

3. 国税税务发票

由国家税务局征管的增值税发票和普通销售发票。

4. 地税税务发票

由地方税务局征管的，需到税务机关领购的发票，包括"市地方税收税控专用发票"和"省地方税收通用定额发票"两种，套印全国统一发票监制章、地方税务局监制椭圆图章。分应纳税用途和免纳税用途两种。应纳税的发票用于收取校产租赁收入、汽车保管费收入等；免纳税的发票用于收取各类教育培训费和横向科研拨款等。

5. 自制票据

自制票据由财务处负责印制，包括专供校医院用于收取挂号费的收据和用于校医院收取自费医疗费的收据。

自制票据还包括用于校内经费结算的发料单（含电脑打印、手写）和转账单（含电脑打印、手写）。

三、票据领购及核销

（一）财政票据

财政票据包括：高等、中专、成人学校教育收费收据和行政事业单位往来结算收据。对外领购由财务处统一向各省财政厅票据中心申请领购，对外核销由各省教育厅和财政厅、财务处核销。财务处应按各省财政厅的要求办理票据"验旧领新"手续。

校内领购由财务处负责管理领用和核销。

（二）税务票据

税务票据包括：国税税务发票、地税税务发票。对外由财务处统一向属地市级地方税务局征收分局领购和核销。

（三）校内票据

校内票据包括各种自制票据。

（1）校内领用由财务处结算中心领用和核销，保卫处等票据使用单位也应向财务处领用和核销。

（2）财务处负责印制、登记使用、核销。

财务处应掌握票据使用情况，及时足量领购或印制相关票据，建立健全票据领购（印制）、使用、核销台账，票据领用应严格控制数量，"验旧领新"。

对外票据核销由财务处负责，财务处应将拟作核销的票据登记造册，留作会计档案保存，需送印刷厂销毁的应按规定办理。

四、票据使用及保管

（1）开具票据单位或部门必须指定专人开具、保管票据，设置票据登记簿并定期检查；应建立健全票据管理的各项规章制度，以用好、管好票据。

（2）凡在票据上加盖"财务专用章"的所收款项必须全额缴交财务处。校内各单位根据其实际需要，可以向财务处领用票据。

（3）校内领用票据，采取分次限量、交旧领新或者验旧领新方式。所有领用票据部门或单位必须填写票据申领表，按规定程序核准后领用。

（4）领用票据，必须按申请用途使用。票款要及时缴交财务处入账，不准挪用学校资金，否则按违反财经纪律追究有关责任人的责任。

（5）开具票据的单位必须在发生经济业务确认资金收入时开具票据，未发生经济业务一律不准开具票据。开具票据应当按号码顺序填开，填写项目齐全，内容真实，字迹清楚，全部联次一次性复写，内容完全一致，并在发票或缴款人联加盖财务印章。

（6）开具票据后，如发生交款退回需开红字票据等情况，必须收回原票据并证明"作废"字样或取得对方有效证明,方可重新开具票据。

(7)任何单位和个人不得转借、转让、代开票据;未经批准,不得拆本使用票据;不得自行扩大票据使用范围。

(8)对使用中的票据,应尽快将已使用完毕的票据送到财务处交款核销。如票据使用时间较长的,应定期办理缴交款项手续。办理缴交手续时,除交还第三联(进账联)外,还需提供票据存根,财务审核人员在审核无误后,在已使用票据存根联的最后一张的背面签字或盖章确认。财务处票据管理人员凭审核人员的签章办理票据核销手续。

(9)票据的基本联次为三联:第一联为存根联,开票方留存备查;第二联为发票或缴款人联,收执方作为付款原始凭证;第三为记账联,为入账原始凭证。

(10)财务处应加强票据保管,使用铁柜保管,注意防潮。同时列入财务处安全防范重点部位,防止盗窃。

五、票据使用检查及处罚

(1)除财政票据、税务票据、财务处自制票据为合法票据外,其他票据包括外购三联收据均属违规票据,任何单位和个人不得使用违规票据收取任何费用。对使用违规票据进行收费的任何单位和个人,缴款人有权拒绝交纳费用。

(2)票据使用应贯彻执行"收支两条线"政策,收取的各项收入应及时足额上交财务处,杜绝"小金库"。各项收入属于应上缴财政专户的交财政专户,属于学校收入的由财务处列作学校收入,属于学校和部门分成的由财务处按有关规定进行分配。

(3)使用票据的单位和个人,必须接受财务处及主管机关的检查,如实反映情况,提供有关资料,不得拒绝、隐瞒。

(4)下列行为属于未按规定开具票据的行为:

①应开具而未开具票据;

②单联填开或上下联金额、内容不一致;

③填写项目不齐全;

④涂改票据；

⑤转借、转让、代开票据；

⑥未经批准拆本使用票据；

⑦虚构经济业务活动，虚开票据；

⑧开具票物不符票据；

⑨开具作废票据；

（5）下列行为属于未按规定保管票据的行为：

①管理不善，丢失票据；

②损（撕）毁票据；

③丢失或擅自销毁票据存根联以及票据登记簿；

④未按规定缴销票据；

⑤未按规定建立票据保管制度；

⑥其他未按规定保管票据的行为。

凡违反《中华人民共和国发票管理办法》、《行政事业性收费收据管理办法》以及高等学校有关票据管理规定的，将由税务部门或财政部门等主管机关和相关职能部门按规定处理。

第六节　建立健全清理小金库制度质量保证体系

一、"小金库"的定义

高等学校及所属单位凡违反国家财经法规和其他有关规定，侵占、截留、隐匿各种应交收入，或以虚列支出、资金返还等方式转移资金，私存私放，不将资金纳入学校预算管理，不将收支列入学校会计账内的行为，均属"小金库"行为。

二、"小金库"的危害

高等学校各级领导要充分认识到"小金库"的危害性。学校及所属各单位私设"小金库"的目的是谋取小团体或个人利益，逃避财务监督和群众监督，从事违规、违法活动。其危害十分巨大：

（1）造成学校收入流失，财力分散；

（2）不利于党风廉政建设，腐蚀人们的思想，成为贪污、腐败的温床；

（3）导致消费基金的非正常增长和经济秩序的混乱，影响学校整体发展；

（4）造成个人经济犯罪。

高等学校各级领导必须从讲学习、讲政治、讲正气的高度，提高认识，采取切实有效措施，预防和坚决制止"小金库"。要防微杜渐，正确处理改革创新与遵纪守法的关系，确保学校有一个良好的经济环境和经济秩序。一旦出现"小金库"问题，就应坚决对主要责任人员和有关单位、领导按照处罚规定严肃处理，绝不姑息。

三、采取措施，强化管理，预防"小金库"的产生

各高等学校应按照国家和地方政府颁布的财经法规和财务制度，结合本单位实际情况，加强管理，采取切实可行的措施，预防"小金库"的产生和蔓延。

（1）强化法制观念。各高等学校要加强校内各级领导和全体教职工的法制观念教育，尤其是要加强对校内各单位负责人和财务人员的财经法规和规章制度教育。学校的财务部门要经常组织各单位有关人员认真学习国家财经法规，要求大家在财经工作中严格按规章制度办事。要按照《事业单位财务规则》、《高等学校财务制度》的精神和要求，加强高等学校内部制度建设，增强自我约束机制，防范各类财经违纪现象发生。

（2）建立责任制。各高等学校要建立预防"小金库"的各级经济责任制，从主管校领导到财务部门负责人、校内各级经济单位负责人以及各级财务人员，都应严格履行各自职责，层层防范，层层落实。在建立经济责任制的过程中，做到权责利三者相结合。

（3）加强对二级单位的管理。学校财务部门对校内二级单位的财务工作要发挥指导、监督职能，规范二级单位的财务管理和会计核算。二级单位新任财务主管必须进行财务管理和财经法规学习

培训。对二级单位的财务人员要经常进行培训和考核，结合学校自身特点，推行会计人员委派制。要合理划分事权和财权，凡不具备理财职能的单位，应一律将其收支交由学校财务部门集中管理。

（4）规范票据管理。各高等学校财务部门应集中统一管理全校的行政事业性收费票据和其他合法票据，建立高等学校内部的购领、使用登记、检查和核销等管理制度和程序，实行票款分离制度。同时，各高等学校要采用多种措施，如公开收费票据的票样标准，公开收费项目及标准，对违规收费、违规使用票据实行举报奖励制度等，充分发挥民主监督和群众监督的作用。

（5）建立内部约束机制。各高等学校要建立完善的内部控制制度，对各项收入和支出实施有效的监督，加强稽核，防止收入流失，资金转移。校内各职能部门之间应加强配合，共同从维护学校利益出发，防止资金"跑、冒、滴、漏"。

（6）加强收费管理。各高等学校要严格贯彻中央关于"收支两条线"的规定，遵照财政部《关于直属高等学校和事业单位落实"收支两条线"规定的通知》（教财厅［1999］5号）精神及其他相关法规，加强行政事业性收费管理和单位银行账户的管理。所有收入要纳入学校预算管理，如实入账。

四、严肃纪律，加大监督和处罚力度，严惩"小金库"的责任人员

（一）强化监督，特别要强化内部审计监督

各高等学校要加强财务监督，定期或不定期地开展财务收支检查和专项检查工作。学校财务部门应与审计、纪检、监察等部门密切配合，互相支持，对群众反映比较强烈的单位和有举报问题的单位，要组织人员尽快认真检查、核实，并作出严肃认真的答复和处理。学校应建立起财务部门监督、财会人员监督和全体教职工监督相结合的内部综合监督机制。要加强内部审计力量，强化审计责任意识。内部审计部门要严格按照国家有关规定对违纪违规行为进行惩处，不能因为是校内单位，便大事化小，从轻处理，或将功补过。要总结内部审计的经验教训，重大审计失误要追究有关人员

责任。

（二）严肃法纪，严惩违纪人员

各高等学校要严格执行国家财经纪律，对查出私设"小金库"问题的单位，要按照财政部、审计署和中国人民银行《关于清理检查"小金库"的具体规定》（财监字〔1995〕29 号）进行严肃处理。除给予单位经济处罚外，还要给予单位主要负责人和有关责任人员党纪、政纪处分；构成犯罪的，应及时移交司法机关处理；必要时，要在校内外媒体或职代会上曝光。要结合校内业绩考核、职务晋升、职称评定、福利待遇等，制定办法，对制造"小金库"、纵容"小金库"、参与"小金库"的人员分别予以适当惩罚。清理检查中发现的其他违反财经法规的问题，也要一查到底，按国家有关规定处理。

高等学校应定期对单位内部"小金库"问题进行认真、全面的自查自纠，并做到边自查边整改。学校自查过程中发现的重大问题，要及时纠正，并予以通报批评，追究该有关校领导的责任。

第十章　支出管理的质量保证

第一节　支出管理的基本内容

一、基本概念

(一) 支出的定义

高等学校的支出是指开展教学、科研及其他活动发生的各项资金耗费和损失，高等学校的支出具有不可补偿性。

(二) 支出管理的定义

高等学校的支出管理是指高等学校在正确划分基本支出和项目支出的前提下，加强对各类支出的预算管理与控制，严格执行国家和上级主管部门对支出的有关规定，优化支出结构，提高资金的使用效果，使经费支出能满足高等学校教学科研和人才培养需要。

(三) 基本支出的定义

基本支出是高等学校为维持机构正常运转，完成日常工作任务而发生的必要的经费支出。基本支出属于维持性支出，高等学校首先要解决的是"吃饭"问题。也就是说，基本支出是必需的，是高等学校为了完成日常教学、科研和管理等任务而发生的。基本支出必须优先保证，高等学校在既定财力的情况下，必须先保证基本支出，而后再安排项目支出。尤其是工资、离退休费等人员支出，具有刚性约束的特点，随着经济的发展，基本支出的金额一般只能增加，不会减少，因此，更应优先保证。

基本支出包括人员经费支出和公用经费支出两部分。

(1) 人员经费支出是与高等学校在职职工、临时聘用人员、学生和离退休职工等人员直接相关的支出，包括人员支出与对个人和家庭的补助支出两部分。

人员支出反映高等学校在职职工和临时聘用人员的各项劳动报酬及为上述人员缴纳的各项社会保险费。具体包括基本工资、津贴、奖金、社会保险缴费和其他支出。

对个人和家庭的补助支出反映政府对高等学校相关人员如在职职工、离退休人员及其家庭和学生的无偿性补助支出。具体包括离休费、退休费、退职（役）费、抚恤费、生活补助、医疗费、住房补贴、助学金和其他补助支出。

（2）公用经费支出反映高等学校为维持正常运转和完成日常工作任务而购买商品和劳务的支出。具体包括办公费、印刷费、水电费、邮电费、取暖费、交通费、差旅费、会议费、日常培训费、招待费、福利费、劳务费、就业补助费、租赁费、物业管理费、日常维修费、专用材料费、一般办公设备购置费、一般专用设备购置费、一般交通工具购置费、非大批量图书资料购置费和其他日常公用支出。

（四）项目支出的定义

项目支出是高等学校支出的重要组成部分，是高等学校为完成其特定的事业发展任务而在基本支出之外发生的专项经费支出。项目支出是相对于基本支出而言的，不是非得发生的支出，只有在优先保证基本支出的前提下，根据事业目标和财力可能，才安排项目支出。因此，各类项目支出并不是每所高等学校每年都会发生的支出，往往随着特定项目任务的完成而终结。

由于项目按照其性质分为基本建设类项目、行政事业类项目和其他类项目，相应的可以将项目支出按照支出性质划分为基本建设类项目支出、行政事业类项目支出和其他类项目支出。

基本建设类项目支出，是指高等学校按照国家关于基本建设管理的规定，用基本建设资金安排的项目发生的支出。

行政事业类项目支出，是指高等学校由行政事业费安排的项目发生的支出，具体包括专项计划项目支出、专项业务项目支出以及大型修缮、大型购置、大型会议和其他项目支出。

其他类项目支出是指除上述两类项目支出之外的项目支出，主要包括科技三项费用、政策性补贴支出、对外援助支出等。

对于基本建设类项目，其支出管理必须遵循国家关于基本建设资金支出管理的有关规定，其他类项目支出以及行政事业类项目中的大型会议和其他项目支出在高等学校发生得较少，限于篇幅，本章所讲的项目支出主要指行政事业类项目支出中的专项计划项目支出、专项业务项目支出以及大型修缮、大型购置项目支出。

二、支出管理的基本原则

（一）预算控制原则

高等学校要严格按照国家确定的年度教育事业费预算和高等学校审查批准的教育事业费支出计划办理各项支出。编制年度预算，要量入为出，收支平衡。预算执行中要严格控制，加强支出审核，按实际支出数办理报销手续。无预算或超预算的特殊支出应按正常程序审批后支出。

（二）定额管理原则

凡能进行定额控制的各项支出，高等学校必须实行定额管理。教学单位可以按学生人数和计划课时制定定额；职能部门可按编制人数制定定额；专项支出可按性质制定定额。定额的开支范围与预算项目应当一致，保证定额管理与预算管理紧密结合。

（三）划清支出界限原则

事业支出要根据财政补助收入、事业收入、其他收入等收入情况统筹安排并正确划分各类支出的界限，实行分类管理。上述收入原则上不得用于经营支出，经营支出要与经营收入配比。由高等学校在事业支出中统一垫支的各项经营费用，要按规定比例合理分摊，在经营支出中列支并冲减事业支出。高等学校在保证事业支出需要，保持收支平衡的前提下，可以将财政补助收入以外的资金用于自筹基本建设支出。自筹基建资金应单独列支并纳入学校基本建设财务管理范围。

（四）优化支出结构原则

高等学校要不断优化支出结构，尤其是各类事业支出中人员经费与公用经费的比例。高等学校要严格执行国家关于工资、津贴、补贴和职工福利待遇的规定，控制人员经费支出，相对增加公用经费支出。同时，高等学校也应注意保持教育、科研、业务辅助支出与行政管理、后勤等其他事业支出的比例。高等学校要精打细算、勤俭节约。对于各项支出要分清轻重缓急，合理安排资金，加强经济核算，不断提高资金使用效益。

(五) 专项管理原则

专项资金是用于特定项目或有指定用途的资金并形成专项支出。凡用于指定项目或用途的支出，均应进行专项管理。在指定项目完成前，每年的专项资金收支差额应结转下年度，继续由原项目使用。每年年末，必须按规定向主管部门报送专项资金年度收支情况。在指定项目完成后，学校应当报送专项资金收支总预算和使用效果书面报告，接受主管部门的检查、验收。

(六) 收支配比原则

为准确反映本年度经营活动成果，高等学校在划清事业支出与经营支出界限的同时，应参照企业财务制度的要求，按收支配比原则确定本年度经营支出。

三、支出的标准和定额

(一) 费用定额的内容及分类

1. 按定额用途分类

(1) 预算定额

预算定额，又称为计划定额，也就是预算资金的分配定额。它起着费用控制作用，是编制、审核年度预算或财务计划时使用的定额。如每个教工年平均工资、补助工资各多少，每个研究生 (含博士、硕士)、本科生和专科生的综合定额是多少，等等。

(2) 执行定额

执行定额，又称费用开支标准，是政策性的规定，带有强制性、统一性，必须按标准执行。如教工书报补贴、主要副食品价格补贴、取暖补贴、差旅费中规定的途中伙食补助、住勤补助及学生的助学金标准等。

（3）考核定额

考核定额，又称成果费用定额，是用来分析考核投资效果的。如在大学阶段，培养一名研究生（含博士、硕士）、本科生和专科生需要投资多少钱。在同一地区、同样专业，投资少学生质量高的投资效果好。又如在同一科类的学校，学生规模相等，教学手段条件相同，一年消耗水多少吨、电多少度以及行政经费占公用经费的百分比等。

2. 按定额表现形式分类

（1）绝对数定额

绝对数定额，为单项定额。如每个教工全年行政差旅费、办公费多少，又如每个博士、硕士研究生、本科生和专科生全年综合定额各多少。再如专项补助定额，为新增一个专业，或新开一门课程补助专项设备费多少等。

（2）百分比定额

百分比定额，是以某一项目额度为基数，确定某项费用的计提比例，如现行工会经费按工资总额的2%计提，委托培养学生的经常费收入按实收数的80%作事业费抵支收入、20%转作学校基金。学校基金用于发放奖金和集体福利基金的不超过60%，用于事业发展的不少于40%以及各项费用占教育事业费的比例、与上年实际支出相比上升或下降的比例等。

此外，费用定额还可按定额性质分为人员经费定额和公用经费定额。

（二）费用定额制定的原则及方法

1. 高等学校制定费用定额的原则

（1）充分体现党和国家的方针、政策，掌握投资方向，合理分配资金，保证重点，兼顾全面，有利于事业计划的完成。

（2）实事求是，量力而行。各项费用定额的制定，既要考虑有利于各项任务的完成，又要考虑学校财力的可能，防止超前分配。

（3）要科学合理，切实可行，注意横向矛盾，避免连锁反应，有利于协调和稳定。

2. 高等学校费用定额制定的方法

（1）确定费用定额项目。从学校实际情况出发，根据各项业务工作的需要，确定制定或修改的费用定额项目。

（2）费用定额项目确定后，划清费用项目界限，明确每个费用项目的开支范围或综合定额的组成范围。

（3）费用项目开支范围或组成范围确定后，经过分析、测算，合理地制定每个项目的费用定额。

（4）费用定额的计算单位及其方法，要按定额的用途分别进行确定。

①预算定额计算单位及其方法。人员经费定额，按年均教工人数或者是按年均学生人数及人员经费包含的内容，计算出每一明确项目的单项定额或者是人员经费的综合定额，不同的经费定额，分不同情况制定。

②执行定额计算单位及其方法。人员经费定额中的各种补助、津贴，一律按照享受范围和对象，按人确定每月定额。讲课酬金和超工作量酬金，按课时制定定额，并按照不同级别制定不同定额。

公用经费定额，对外一律按照国家规定执行，对内按照各项费用成本制定定额。如交通费，按照不同类型的汽车消耗的人工、燃料、费用等制定不同定额，按照不同项目消耗的药品试剂制定每项定额等。

③考核定额的计算单位及其方法。人员经费中的补助工资，按包含的内容，制定年均教职工人均定额，用以检查费用开支定额的执行是否合法有效。公用经费定额，按照不同的明细费用项目制定，与学生直接相关的以年均学生人数制定，与教职工直接相关的以年均教职工人数或其他相关的计算指标制定不同的绝对数定额，或各明细项目费用开支占公用经费的百分比定额、占综合定额拨款的百分比定额，用以考核投资效果和费用是否合理、协调。

218

四、支出管理存在的主要问题

(一) 支出结构不合理

在教育经费支出管理中，支出结构对教育绩效的影响很大，人员经费支出过大将会影响教学质量，公用经费支出、基建支出的比例也将影响教学硬件设施的质量。人员经费支出比例不合理的主要原因是：受到高等学校管理行政化的影响，高等学校内部存在"重官轻学"观念，行政管理人浮于事，政务繁杂、办事成本居高不下；后勤等非教师闲杂人员比例过大，授课及科研教职工占全体教职工的比例不到35%，有的学校仅为20%。

(二) 科研经费使用效率低下

(1) 科研经费重项目申报，轻预算编制。科研人员为了申请项目的通过所进行的预算编制通常都是凭借个人经验估计，很少进行科学论证，合理地分配支出。这样做的预算在执行中，往往与其预算存在很大偏差，因此，在执行过程中屡屡出现预算支出未经批准调整，课题扩大开支范围等情况，导致预算失去了权威性、严肃性，造成科研经费监管的困难。

(2) 科研经费存在着严重的滥用现象。在科研经费的使用过程中存在着大量不合理支出，甚至存在违规违纪操作。例如在报销中，通过巧立名目进行虚支冒领，将设备费转换成买车买房费用，将资料费通过开立虚假办公文具发票来报销等情况时有发生，而实际使用在项目上的经费则很少。据调查统计，科研资金用于项目本身的仅占40%左右，大量资金流失在项目之外。

(三) 重大项目支出管理问题

(1) 项目支出存在管理权限不明确，多头管理、交叉管理的现象。在一些高等学校重大项目管理过程中，管理权限被分割到基建、设备、后勤等部门，形成分块管理。管理权限的分割导致"政出多门，交叉管理"，进而导致分工不明、权责不明，因此在项目建设过程中易出现缺乏统一规划，资金使用效率低下的问题。

(2) 在基建项目支出中，存在着不规范操作。随着高等学校招生规模的扩大，基建项目支出已成为高等学校第三支出，然而在建设过程中，存在诸如修改设计、增加设备、提高建设标准等问题，导致基建项目经常出现工期延长、严重超出投资预算等现象。基建项目管理、监控不严格，滋生出许多贪污、腐败现象。

第二节　应收及暂付款和财务报销管理制度的建立与设计

一、建立健全应收及暂付款和财务报销管理制度的目的

为规范财务收支行为，加强财务管理和监督，加强对各类支出的预算管理与控制，严格执行国家和上级主管部门对支出的有关规定，优化支出结构，提高资金的使用效果，保障学校教学、科研等各项事业的健康发展，高等学校必须建立健全应收及暂付款和财务报销管理制度。建立健全应收及暂付款和财务报销管理制度是高等学校财务工作质量保证体系的重要组成部分，应引起高度重视。

二、建立健全应收及暂付款和财务报销管理制度的依据

建立健全应收及暂付款和财务报销管理制度的依据是国家和高等学校上级主管部门有关支出管理的法律法规。如《中华人民共和国会计法》、《高等学校财务制度》、《高等学校会计制度》、《会计基础工作规范》、《内部会计控制规范》和其他有关的法律法规。

三、应收及暂付款和财务报销管理制度的适用范围

在高等学校全校范围内适用，各院（系、部）、各单位（以下简称各单位）办理应收及暂付款和财务报销手续时，应当遵循学校统一的应收及暂付款和财务报销管理制度。

后勤服务总公司属于高等学校财政拨款部分，也应当遵循学校的支出管理制度。具有独立法人资格的校办企业和后勤服务总公司非高等学校财政拨款部分可参照高等学校的支出管理制度执行。

四、支出管理的业务审批

(一) 支出管理业务审批的总体要求

应依据国家法律法规和学校相关的规章制度建立健全业务审批制度。业务审批的内容主要包括真实性、采购程序、标准定额、业务绩效、内部会计控制规范等内容。

各单位应依照财务管理制度和有关法律法规，建立健全本单位经济责任制，并制定相关实施办法，加强会计基础工作，规范本单位经费支出管理，使财务工作依法有序高效地进行。

各院 (系、部) 应将按领导班子分工的财务审批分工情况书面报财务处备案，机关各单位、教辅单位原则上实行正职负责制，副职签批需办理正职授权备案。对于业务重要，副职难以承担相应责任或授权不当的，财务处有权要求撤销授权，由正职审批。

委托审批的必须向财务处办理书面授权委托手续。项目审批负责人出差或出国进修时要书面指定授权委托审批人；时间为一周内的不予办理授权审批手续，需于事前或事后办理相关事务。

业务和项目审批实行分工负责制，谁审批谁负责。分工负责人对分管业务 (项目) 的财务和会计行为负责，实行财务 "一支笔" 审批制度。

(二) 支出管理的一般业务审批规定

校内各单位在《学校综合财务预算》预算范围内，按《预算管理办法》的细化预算原则，未改变经费项目使用渠道的正常开支，按一般审批权限审批。

凡使用已列入《学校综合财务预算》的预算内项目经费 1 万元以下 (不含 1 万元) 的、符合预算开支范围的正常开支，由各单位分工负责人或指定委托授权人进行审批；1 万~5 万元 (不含5 万元) 的项目由分管校领导审批；5 万~10 万元 (不含 10 万元) 的项目由主管财务校领导审批；10 万~50 万元的项目由校长审批，重大开支由校长办公会议或党委会议批准，校长凭会议纪要审批。

1. 预算项目开支范围确认

(1) 正常项目

业务审批预算项目开支范围必须符合预算申报指定的开支范围。

（2）不得调剂使用的项目

人才工程、对外学术交流、岗位通信费、校级会议、电影支出、学历进修费、节假日加班、临工工资、引进人才安家费、出国人员经费、保卫及消防项目、学生军训经费、国家助学贷款、勤工助学基金、网络资费、教学水电费、行政水电费、校园修缮立项项目、图书购置费、电子资料费、培训交流外聘教师酬金等预算项目原则上不得进行预算调剂。

（3）专款专用

凡预算项目有指定专门用途的，必须符合指定用途方可开支。财务处可根据有关规定对预算项目用途范围进行界定。

2. 审批权限规定

凡超越本单位审批权限的开支项目，本单位必须加具意见逐级上报，报分管校领导审批；分管校领导不能审批的，需加具意见逐级上报。

3. 细化预算审批规定

根据《预算管理办法》细化预算规定不能串项目使用而确需进行项目调整的，必须办理有关预算调整手续，项目调整后仍需按原审批程序办理。

凡预算项目经费不足的原则上不予追加，确需开支的，首先由分管校领导特支费开支，再由学校准备金开支，最后申请预算外立项。

由学校准备金开支的项目由校长审批；申请预算外立项项目单项开支 10 万元以下（不含 10 万元）的由校长审批；申请预算外立项项目单项开支 10 万元以上的由党委会批准，校长凭会议纪要签批。

细分项目及细分批准规定。校属科研课题、校重点学科、校重点扶持学科、著作出版费、硕士点建设费、申硕运作费由学术委员会审批细分方案，主任签批执行；校属教研课题、专业建设、教材建设、课程建设（含研究生课程建设）、校外实习基地建设费由教学委员会审批细分方案，主任签批执行；教学实验设备购置由设备处会同教学单位编制细分方案，校长或校长办公会议审批执行；业务招待费、教学管理设备购置、行政设备购置、大学生创新基金、研究生创新基金、勤工助学金、就业指导费、就业指导招待专项由职能部门制定编制方案，分管校领导签批执行。

职能部门归口管理的属于全校性事业的教育事业经费基本支出安排的教学科研专项经费，必须按"细化预算"的规定做好细化分项工作。在预算编制的"二上"时能编制预算经费二级分割草案，经分管校领导批准的直接下达细分预算项目。

已按细化预算规定下达的项目，实际使用经费时由使用单位按业务审批的按一般规定审批。

凡预算编制"二上"时未报送经批准的书面明细方案，或预算下达后未报送经批准的书面明细方案的，财务处预算管理软件不能录入明细项目资料，预算将不能执行。

4. 实行经费报销单位审批和职能部门核准双（多）重审批规定

（1）双（多）重审批项目

工资、奖金、津贴、补贴（含加班费）等人员经费；学生实习费；学生实验费；实习基地建设费；教学设备购置；设备维修（含电脑配件及耗材）费；勤工助学金；会务差旅费（专指参加业务会议的会务费和差旅费，不含一般调研差旅费，不分经费来源）；1万元以上的教研项目开支；3万元以上的科研项目开支；未履行政府采购、政府协议采购程序；未履行招标程序；不符合《支付结算管理办法》规定的支付。

（2）双重审批规定

工资、奖金、津贴、补贴（含加班费）等人员经费由项目单位审批送人事处核准后交财务处在工资中一并发放。支付给学生的劳务费等不需要人事处审批。

实习费、基地建设费由教务处审批；教研项目开支的会务差旅费、1万元以上的教研项目开支由教务处审批。

实验费、教学设备购置费、设备维修费、设备维修（含电脑配件及耗材）费由设备处审批。

科研项目开支的会务差旅费、3 万元以上的科研项目开支由科研处审批。

勤工助学金由学生处审批。

（3）多重审批规定

不符合或未履行政府采购程序，不符合政府集中采购目录及政府采购限额标准的采购，由本单位负责人、招标办主任、审计处长多重审批。

凡不符合《招标投标管理暂行办法》、《政府集中采购限额标准以下物资采购程序》的，属于物资采购的，由采购招标办主任和审计处长共同审批；属于工程服务项目（含工程项目物资设备采购）的，由工程招标办主任和审计处长共同审批。

不符合《支付结算办法》规定要求报销现金的支出，由本单位负责人、审计处长双重审批。

双（多）重审批原则上需由职能部门负责人审批，若由对口科长审批需向财务处办理书面授权手续。

未实行双重审批的由职能部门管理的，如就业指导费、就业指导招待专项等实行职能部门绩效评价制度。

5. 职能部门管理的属于全校性使用的预算项目经费审批权限

职能部门管理的属于全校性使用的预算项目，必须按需要与可能客观审批，防止审批违纪违规现象发生。

（1）学校招待费项目由学校办公室负责审批，凡属于学校层面的重要招待由该项目列支。行政办公设备购置费归口由学校办公室负责管理，应根据各单位、各行政管理部门（包括行政、科研、教辅，不包括教学单位行政管理部分）报送的属于行政管理的行政设备购置计划按轻重缓急进行预审，编制分配方案送分管校领导批准后方可执行。凡未报送书面审批计划的，5000 元（不含 5000 元）以上由分管校领导审批。

（2）教学管理设备购置归口由教务处负责管理。各院（系、部）根据教学管理（包括教学单位行政管理部分）需要提出申请，教务处汇总各院（系、部）申请编制购置方案，由分管校领导审批。教务处的教务管理设备购置纳入行政办公设备购置范围，不得在教学管理设备购置费中列支。

（3）工资基金、奖励基金由人事处负责管理，在编教职工工资、人事处聘任的聘任制人员工资、教职工奖酬金及节日慰问金、节假日加班费、离退休人员经费、退职金、教职工探亲费、职称评审费、丧葬及遗属补助费、人事档案管理费由人事处长审批。一次性奖酬金及变更发放标准的奖酬金由人事处加具意见后交主管财务的校领导审批。金额较大、涉及面广的，由校长办公会议批准，再由主管财务的校领导凭会议纪要审批。在编人员正常工资、离退休人员正常工资、聘任制人员正常工资、教职工探亲费、丧葬及遗属补助费可由人事处长授权人事处科长审批。

（4）人才引进业务费（含业务差旅费）、人才引进招待专项、岗前培训及职业资格年审费、学历教育经费、引进人才的差旅费由人事处长审批。高等学校人才工程项目、人才引进安家费、科研启动费、人才引进赔偿其原单位的赔偿费由校长审批；对学校人才引进优惠条件没有明文规定的需界定的人才安家费、人才科研启动费由校长界定和审批。

（5）外宾外教招待专项、外籍专家经费、外事业务费由外事处长审批。出国人员经费列支的出国开支由校长审批；5人以上的出国人员经费由校长办公会议批准，再由主管财务的校领导凭会议纪要审批；出国人员经费列支的中国香港、澳门、台湾的开支由分管外事的校领导审批。

（6）教学实验设备购置费、实验室建设配套费、资产管理费、实验室（大型设备）维持费由设备处长审批。教学实验设备和实验室建设配套根据各院（系、部）申报计划，根据需要与可能编制详细的使用计划，由分管校领导加具意见，报校长或校长办公会议审批后执行。已经细分的教学实验设备细分项目由使用单位和设备处实行双重审批制。

（7）3万元以下（含3万元）的基建零星土建立项项目（以占《学校综合财务预算》下达的预算总额的50%为限），由分管校领导审批；3万元以上的零星土建立项项目，由校长审批。零星土

225

建立项项目总额以《学校综合财务预算》下达的预算为限。

（8）单项项目金额 10000 元以下（含 10000 元）的，方可界定为经常性维修及零星土建项目，属于全校性事业发展使用项目，5000 元以下（含 5000 元）的由总务处长审批，5001～10000 元的由分管校领导审批。

（9）各院（系、部）经批准的独立资料室的图书购置费，由图书馆图书购置费项目列支。列支时图书馆先加具意见后，报分管校领导审批。该项支出原则上为小批量或批量图书购置，未设资料室的或已设资料室的零星图书购置不在此列，由各单位经费列支并按原渠道审批。

6. 项目支出的审批权限

基本建设投资项目、教育事业经费安排的立项项目（含校属科研项目）、财政拨款立项项目和纵横向科研立项项目，项目支出审批权限按照《项目支出财务管理办法》执行。

7. 专用基金支出的审批权限

（1）拨付工会福利费以外的专用基金、职工福利基金由主管财务的校领导审批。

（2）国家奖学金、国家助学金、学校奖学金（含新生奖学金）由学生处根据上级有关规定和《奖学金条例》制订方案，报校领导审批印发正式文件，凭学校正式文件通过银行转存发放或 IC 卡发放；学生勤工助学金由学生处按《学生勤工助学管理办法》审批，财务处结算中心通过银行转存发放。

（3）各院（系、部）主任基金、各单位总结活动费由行政负责人审批。

8. 代管经费支出的审批权限

（1）各单位服务分成项目、发展分成基金项目，由各单位行政负责人负责审批或授权审批，授权审批的应向财务办理审批授权备案手续。发展分成基金仅限列支设备购置和办公条件改造开支。

（2）各种协会代管经费由协会负责人审批。

（3）教职工提取个人住房公积金，需提供住房公积金管理中心和建设银行规定的资料，由总务校产处发放"中国建设银行住房公积金个人提取申请表"，办公室加盖学校公章，财务处加盖银行预留印鉴，个人自行到建设银行提取，提取后将第二联交回财务处，财务处凭第二联"客户联"和银行支出凭单作账务处理。

（4）代管学生教材按相关规定审批。

（5）其他代管由代管项目单位负责人审批。

（6）代管经费借款不通过项目控制，报销审核人员需事先查询代管项目余额或打印代管科目余额表，代管经费借款一律不得垫付、报销一律不得超支。

（三）支出管理特殊项目的审批规定

（1）对外投资、对外参股、对外合作等支出，由校长办公会议或党委会议批准，校长凭会议纪要审批。

（2）支付工资、奖金、津贴、补贴（含加班费）等人员经费审批，工资、奖金、津贴、补贴（含加班费）等人员经费支出需从严控制。凡在编教职工按规定领取人员经费，全部列入工资、奖金、津贴、补贴（含加班费）等人员经费核算，不列入劳务费核算；凡符合《经费开支标准》规定的可领取补贴的项目由经办单位造表送人事处审批后交财务处在工资中一并发放；凡符合《外聘（兼职）教师管理办法》条件的，由各院（系、部）向人事处办理手续，由人事处审批发放。

（3）支付外聘专家的一次性的劳务费需从严控制，支付外请专题报告专家、主管部门专家、实验实习指导专家的劳务费，按照《支付个人劳务报酬使用票据及代征税费管理办法》执行，全部由分管的校领导审批，人事处备案。支取酬金时需提供支付个人劳务报酬申请表和支取人员身份证复印件。月末由财务处按月汇总到税务机关代为办理《税务登记证（临时）》，由经办税务机关填制《税收通用缴款书》交纳税费后，再由税务机关开具《税务机关代开统一发票》。专家差旅费原则上不予报销，确需报销的，由分管校领导审批。办理个人劳务支出事务必须实事求是，不得弄虚作假使用学生身份证或其他人的身份证代替。实际领取人与提供身份证不相符的，或者使用在校学生证件领取的均视为虚报冒领。

（4）业务餐费和礼品费开支审批。

①误餐费、夜餐费、差旅费中的伙食费（或包干补贴）由单位负责人审批。经费开支渠道为业务对应项目预算。夜餐费、误餐费，领取（报销）时需列示用餐者姓名。

②以教育事业经费安排的业务招待费和有关业务招待专项，支出 800 元/餐（次）以下（含 800 元）的，由经费使用单位自行审批；800 元/餐（次）以上的由分管校领导审批。经费开支渠道必须为业务招待费或有关业务招待专项。

③学校业务招待费项目支出 3000 元/餐（次）以下（含 3000元）的由办公室主任审批；超过 3000 元/餐（次）的由分管校领导审批。

④学校教育经费安排的教研立项项目、课程建设项目、专业建设费、校属科研立项项目不得开支业务招待费。校属重点学科建设经费、校属重点扶持学科建设经费、纵向科研经费立项项目原则上不得开支业务招待费，确需开支的在项目申报书规定的业务费限额之内可酌情列支，由项目负责人审批。横向科研教研立项项目开支业务招待费由项目负责人审批。

⑤超过经费开支标准的业务招待费支出需由分管校领导审批。

⑥严禁校内单位之间、上下级之间使用公款宴请。

⑦招待礼品必须符合国家有关法规的规定，支付的礼品费不管金额大小，一律由分管校领导或校长审批。

（5）专著出版费、版面费审批

①使用公款出版专著（含教材）3 万元以下（含 3 万元），教研项目由教务处审批，科研项目由科研处审批。专著（含教材）销售收入应列作开支项目抵冲数，开支时需附专著去向及专著销售报告。

②纵向科研经费立项项目、横向科研经费立项项目、校属科研经费立项项目、重点学科经费、重点扶持学科经费列支的版面费，在经费开支标准内由项目负责人审批。

③纵向教研经费立项项目、校属教研经费立项项目、名牌专业、精品课程、新专业列支的版面费，在经费开支标准内由项目负责人审批。

④权威刊物版面费、超出经费开支标准的版面费、上述以外的一般教育事业经费列支的版面费，由校长审批。

⑤报销版面费时应注明发表文章的刊物的级别，科研处和财务处需对项目级别进行审核。

（6）差旅费（含会务费）特殊情况的报销审批

①市内外出差交通工具审批规定：出差人员乘坐飞机要从严控制，科级（含相应专业技术职务）职务及以下人员如出差旅途较远、出差任务紧急或陪同校级领导的，需事前提交书面报告，经校长（或校长授权）批准，可以乘坐飞机普通舱位。不符合乘坐飞机条件的人员（含科级），凡购得飞机普通舱位三折以下（含三折）票价的，可据实按常规程序报销，不需经校长（或校长授权）批准报销；三折以上的按火车票或三折报销，由单位负责人审批；全额报销的需说明理由，由校长审批，方可报销。

②会议主办单位类型审批规定：参加由教育部直属部门（不含挂靠单位）、省教育厅、省委省政府主管部门组织的工作会议、业务培训会议由单位负责人审批；其他主办单位召开的会议由分管领导审批。

③会务差旅费（专指参加业务会议的会务费和差旅费，不含一般调研差旅费）开支费用项目审批规定：学校教育经费安排的教研立项项目、课程建设项目、专业建设费、校属科研立项项目由单位负责人和教务处负责人联合审批。校属重点学科建设经费、校属重点扶持学科建设经费、纵向科研经费立项项目由单位负责人和科研处负责人联合审批。

④出国出境考察（含会议）审批规定：到香港、澳门、台湾考察（含会议）的，由分管校领导审批；到国外考察（含会议）的，属于科研经费的由分管校领导审批，属于教学经费的由校长审批，5人以上的由校长办公会议批准，校长凭会议纪要审批。

（7）出租车费报销规定

①出租车费原则上不得报销。副处级（含相应专业技术职务）以上级别的人员到市内开会、办事等，可根据具体情况，酌情报销出租车费。其他人员因公办理护照、专程提取贵重仪器设备以及领

取、保送保密资料、到银行提取大额现金等或早上5点钟前晚上11：30后发站或到站的可以乘坐出租车，由各单位负责人负责审批，经本单位领导审批，可报销一趟出租车费。凡报销出租车费的，不发给误餐补助。

②教育经费（含校属学科建设、校属科研项目、校属教研项目、专业课程建设项目）列支的出租车费，不符合上述规定的，一律不准乘坐出租车，要乘坐出租车需经分管校领导审批。

③学校教育经费以外项目列支的出租车费，凡属科研项目的以申报书规定的交通费为限，由项目负责人审批。

④市区至机场不得乘坐出租汽车，应使用民航班车。

⑤一次乘坐出租汽车车款100元以上（含100元）的，由分管校领导审批。

（8）使用后勤总公司车队车辆交通费的审批

①使用后勤总公司车队车辆，用于市内办理公务的，由各单位负责人审批。

②使用教学经费（含教学单位综合费）、行政办公经费、校属科研教研经费、学科建设经费、专业建设经费、课程建设经费租用后勤总公司车队车辆到市区以外的由分管校领导审批。学生乘坐后勤总公司车队车辆到市区以外的由各院（系、部）负责审批。

③使用单位留存经费（包括单位服务分成、主任总结基金、奖金留存）或横向科研经费的，市外均由单位负责人或项目负责人审批。

④市区到机场应乘坐机场航班专线车，原则上使用后勤总公司车辆的车费不予报销，确属接待用的由分管校领导审批。

（9）使用私人小汽车办理公务费用报销规定

使用私人小汽车办理公务费用报销规定：报销时必须连路桥费一起办理，以便于审核，使用一次报销一次或单独使用一张粘贴单；使用私人小汽车在市内办理公务的，使用一次报销一次，不予多次累加报销；使用私人汽车办理公务途中，车辆维修准予报销维修费，不予报销配件费，凡属投保保险公司免赔项目的不予报销。凡票据没标明单价的，按当次报销的其他票据中的单价计算，没有其他依据的由财务处核定。

（10）各类罚款支出的审批规定

各类罚款支出原则不得报销。特殊情况需说明原因、分清责任，由校长审批。属于个人责任造成的罚款应由个人承担。凡罚款金额 5 万元以上的，由校长办公会议批准，校长凭办公会议纪要审批。

（11）购买特殊商品的审批规定

凡购置下列特殊商品的，不分经费来源，不论金额大小以及是否已安排预算经费来源，一律需由校领导审批。

①小汽车、大轿车、摩托车、工具车等由校长办公会议批准，校长凭会议纪要审批。

②空气调节器、摄像机、照相机由校长审批。

③电视机、录像机、放像机、各种音像设备，由分管校领导审批。

④手提电脑、台式电脑、复印机、随身听播放器（含带有播放功能的 U 盘）、录音笔，由分管校领导审批。

⑤移动电话由分管校领导审批。

⑥各类体育器材（体育耗材除外）、健身器材由分管校领导审批。

（12）超标准或定额的审批规定

①凡超出经费开支标准、使用不符合《会计基础工作规范》规定的票据，若确需开支的，不论金额大小，一律需由主管财务的校领导审批。

②因业务需要到税务部门开具临商税务发票的，原则上不得开支。若确需开支的，必须由学校出具申请开具临商税务发票证明（盖学校公章），不论金额大小，一律需由主管财务的校领导审批。

（四）支出管理的回避条款

（1）各单位行政负责人以及党总支负责人使用本部门预算经费均需由联系各单位的校领导审批，不得由其他下属代为办理经手，自己核准审批。

（2）行政负责人或总支书记与其他人一起出差的（即两人以

上），由行政负责人、总支书记交叉审批。

（3）各单位副职出差的由正职审批。

（4）夫妻（含直系亲属）同属学校的，审批实行回避制度。

五、支出管理的财务审批

（一）财务审批的依据和重点

财务审批应依据国家、省主管部门有关的法律法规，依据学校财务规章制度建立健全财务审批制度。财务审批的主要内容包括资金作业计划执行、预算执行（含预算项目使用范围、预算指标）、票据合法性、标准定额、招投标程序、立项批文等内容，审核经济业务的合法性和逻辑性。

（二）财务处审核岗位审批权限

（1）凡已列入《学校综合财务预算》并未改变项目开支范围、票据符合《会计基础工作规范》、结算符合《现金管理暂行条例》和《支付结算办法》的各项开支，单次报销总金额 3000 元以下（含 3000 元），单张票据金额 2000 元以下（含 2000 元）由经费核算科、后勤核算科、财务科会计审核岗位审批报账。

（2）业务招待费、版面费需由财务处科长或处长审批。

（三）财务处科长审批权限

凡已列入《学校综合财务预算》并未改变项目开支范围、票据符合《会计基础工作规范》，单次报销总金额 3001 元至 10000 元（不含 10000 元），单张票据金额 5000 元以下（含 5000 元），符合经费开支标准的省级刊物和核心刊物版面费，由经费核算科科长、后勤核算科科长、财务科审批；勤工助学金的由财务处结算中心主任审批。

（四）财务处长审批权限

（1）经费支出 10001 元至 30 万元（含 30 万元）由财务处长审批，30 万元以上由财务处长加具意见报主管财务的校领导审批。

（2）凡列入《学校综合财务预算》变更预算项目用途、校领导特支费、学校准备金开支的项目。

（3）由校长或主管财务副校长及有关会议批准同意追加的未列入《学校综合财务预算》的预算外项目开支。

（4）基本建设投资支出。

（5）购置特殊商品支出。

（6）按有关程序经分管校级领导批准同意全额报销的超过经费开支标准的各项开支；不符合《现金管理暂行条例》和《支付结算办法》的各项开支；无法取得符合《会计基础工作规范》的票据的各项开支；不符合乘坐飞机（购得三折以下机票的除外）和出租车条件人员的交通费票据。

（7）支付外单位的科研协作费。

（8）纵向科研经费立项项目、横向科研经费立项项目、校属科研经费立项项目、重点学科经费、重点扶持学科经费列支的超过经费开支标准的省级和核心刊物版面费，权威刊物版面费。

纵向教研经费立项项目、横向教研经费立项项目、校属教研经费立项项目、名牌专业、精品课程、新专业列支的超过经费开支标准的省级和核心刊物版面费，权威刊物版面费。

上述项目以外的由教学事业费列支的版面费。

（9）对外聘请人员的酬金和劳务费支出；非通过银行转存的在编和聘任制人员工资；各种节假日加班费支出。

（10）专用基金支出中除探病专项、学生勤工助学基金（非通过银行转存）、独保费以外的各项专用基金支出。

（11）各单位单次报销招待费总额超过 3000 元，一次招待超过 800 元；校办报销招待费单次总额超过 10000 元，一次招待超过 3000 元的招待费开支。

（12）各项罚款支出。

六、多部门联合审批规定

凡违反国家和学校有关规定的经济事项，财务处不得自行审批；此类开支确需办理的，实行职能部门（含专业部门）、审计处、财务处多部门联合审批程序。

七、支出管理中借款和报销的有关规定

(一) 借款主体的资格规定

(1) 因公需要，凡学校在编（含人事处聘任）教职工和在读硕士、博士研究生，在《学校综合财务预算》预算内和允许支出的其他经费来源范围内，按规定办理有关借款审批手续后，均可借支公款（暂付款），非学校在编（含人事处聘任）教职工和在校本科生一律不准借支公款（医疗住院借款除外）。

(2) 本科学生以及其他人员一律不得挂名借支公款（包括现金、支票、汇票等）。如有违反规定，一经发现，应立即退回公款，已造成经济损失的，由所在单位批款人负责追回或赔偿。

(二) 先借后报的规定

按照《事业单位财务制度》的规定，除零星支出外，办理公务必须先借支后使用，以防止发生先支出后报账纠纷。假期经费使用按规定需由银行转账支付的，必须办理借款手续后转账；符合现金支付范围的可以先垫付，事后再补办借款手续或直接报销。

(三) 借支单的填写

(1) 凡借款一律填写借款单（无碳，一式三联），不同经费项目开支的需要分开填写（财务核算对冲号不同，否则无法冲账），第一联财务处作借款支出凭单记账；第二联记录凭证号后交借款人存查，业务完成时，借款人凭第二联、第三联、原始凭证（票据）到财务处报销，第二联作报销附件，第三联退回报账人存查。

(2) 借款单的各项内容填写应真实、完整、清晰，必须注明资金来源、用途（需填写具体详细用途，不得填写泛指用途）、借款金额（大写、小写应相符），不得涂改；由相关负责人（或被授权人）审批。还必须填写借款单位、经费开支项目的财务核算电脑系统统一编码。

(3) 借款必须"一事一借，前清后借"。每一事项单独办理借款手续，前借未清，不得再次借款。

借款只能用于学校教学、科研、行政、后勤等各项公用性开支，不得挪用作为个人开支。

对不符合开支规定、无资金来源、无预算计划或超预算的情况，一律不得借支。

（4）必须按规定要求填写借款单内容，在借款用途栏注明借款事由等明细内容。

办理报销手续时，实际发生与借款单内容相一致，未改变项目经费用途、未突破借款金额、报销金额在 3 万元以下（含 3 万元）的，只需报账单位负责人签名，财务处可凭借款单报销核对联（即第二联、第三联）的校领导签名办理报销手续，即可以不用重复办理校级领导审批手续。

办理报销手续时，实际发生与借款单内容不一致，或改变项目经费用途、突破借款金额、报销金额在 3 万以上（不含 3 万元）的，除报账单位负责人签名外，还需重复办理校级领导审批手续。

（四）特殊项目借款的规定

（1）凡借支学校维修工程（校园修缮、实验室建设、科研设施维修）、零星土建、设备购置立项项目，应依据《项目支出财务管理暂行办法》提供已审批的书面立项报告。凡属按《政府集中采购目录及标准》、《政府协议采购范围及目录》、《招标投标管理暂行办法》、《政府集中采购限额标准以下物资采购程序的决定（试行）》规定，需由省招投标中心招投标、政府集中采购、政府协议采购、学校招投标、学校询价采购的，要严格执行招投标程序。报销时，凡属招投标中心招标的，需附招标中心中标通知书；凡属政府采购的，需附政府采购协议和中标通知书；凡由学校自行招标的，需附学校工程招标办中标通知书和评标人员签章的资料；凡属学校采购招标办的，需附采购招标办中标通知书；凡属政府采购集中采购限额标准以下的，需询价采购并提供询价报告，由采购办审批。

（2）项目借款应提供基建处和审计处审签的工程预算及有关合同或协议书，工程款按进度支付，最多支付至工程款的80%。立项项目（设备采购除外）需提供经学校审计处审计的工程结算书，竣工验收后方可结清工程余款，并需扣除工程质量保证金5%。

（3）用于购买教学设备、实验实习用品等的借款，应写明购买设备、实验实习用品的名称，凡涉及零星土建、水电安装、电路调整、增容扩容的需经总务处审签方可借款。

（4）凡借支会务差旅费必须凭主办单位的会议通知经权限审批后注明出差地点、出差人员姓名、职务，出差起止时间、途中使用主要交通工具等项目内容后方能办理。

（5）购买单台件价格在2万元以上（含2万元）大型的、精密贵重的设备、仪器，应经有关专家鉴定、部门评估和签署意见并报分管校领导批准后方可借款。

（6）学生活动经费需凭法定票据办理报销手续，不得报销业务餐费，属于奖金性质的可造表发放，属于学生误餐的可造表领取误餐费或凭餐费发票报销误餐费，标准为10元/餐。

毕业生聚餐学校补贴不足部分的，可在学生活动经费列支。

（7）特殊原因需到外地采购物资的，必须事前提出书面报告，经有关部门审核签署意见后，报经分管校领导批准。购货经费由财务处从银行电汇、信汇或票汇，不准携带大额现金或挪用预借差旅费在外地采购物资。

（8）按照《合同管理暂行规定》必须签订合同的，办理借款和报销业务时必须附合同（或办理确认手续的合同复印件）。遇到不能即时交货或不能即时开具发票结清款项的5000元以上的经济业务（购买设备、维修、零星土建项目、购销中规定需通过招标的货物、存在保修事项的业务、需扣押质保金保修金的业务）必须签订合同。签订合同必须以学校的名义并加盖学校的公章方为有效，不得以各单位的名义签订合同和加盖各单位的公章。按照《中华人民共和国经济合同法》的规定，只有法定代表人或经法定代表人书面授权签订的合同方为有效合同。

（9）《学校综合财务预算》下达的各项经费预算必须按细化预算的要求层层负责，层层把关。学校明确要求需细化的项目预算（如校属科研课题和学校立项实习基地建设等），职能部门必须报送经主管校领导、学校有关机构或会议批准的书面明细方案给财务处。凡未报送经批准的书面明细方案的，财务处预算管理软件不能录入明细项目资料，预算将不能执行。财务处核算系统设置经费超支控制功能，凡经费实际支出超过本单位本项目的经费控制指标的自动暂停借款，待解决资金来源后，方可借款，不得赊欠或串项目垫付，不得先斩后奏，否则经费开支有异议，后果由当事人负责。

（五）办理借款的相关规定

（1）各项支出必须遵守《现金管理暂行条例》和《支付结算办法》，凡对国有企业、事业单位以及具有开立银行对公结算账户的经营单位发生的业务，一次性使用经费 1000 元以上（不含 1000元）的需预先办理借款。

（2）凡借支手续或凭法定票据，按规定必须使用转账支票或银行汇款支付的，不得借支现金或自行垫付现金；以现金支付同单位同时间票据合计超过 1000 元或单张发票超过 1000 元的不得报销；一次性业务超过银行转账起点，人为分开发票或跨日期分开发票视为捏造经济业务，属违法行为；虽办理借支现金，但报销业务票据属于应转账支付的，财务处不予报销。

（3）凡预借或报销现金 3000 元以上（含 3000 元）的，必须在报账借款日的前一天与出纳预约，否则可能不能满足现金支付。

（4）凡持外地游商（外地企业在本市开设的办事处未经本地工商注册并持本地发票，均属游商）在本市开出的外地发票报销的，不论金额多少，一律不予报销现金，只能办理银行汇款或邮政汇款，并将汇款凭据作为报销附件。出差地购入的零星发票随差旅费一并报销的，不属此列。

（5）办理支付市区外的版面费，在开支标准限额内可以填写借款单，由财务处汇款取得发票冲账报销；自行通过银行、邮政汇款支付版面费报销者，凭发票附银行汇款或邮政汇款手续费凭据，方予报销；外地作者代交的需提供作者属地依据，出差时交纳的版面费需随差旅费一并报销。

（6）银行汇款手续费和邮政汇款手续费可同汇出经费一并报销；通过财务处汇款的，汇款手续费由学校"银行手续费"项目列支。

（7）凡外地出差购入的物品发票必须与差旅费一起报销方能

支取现金。

（8）不得开具不确定金额的限额空白支票，业务部门可以事先联系确定金额或开具略低于所需金额的支票，再补足或退回少额现金后，回财务处报销时多退少补。严禁开具远期支票。

（六）支出管理的财务报销规定

（1）文件呈批表批准立项的，同时符合批文立项 3 万元以下（含 3 万元），实际发生与借款单内容相一致，未改变项目经费用途，未突破借款金额，只需实施（报账）单位负责人签名审批并附批文即可；立项 3 万元以上（不含 3 万元）的，由经费权属者审批。

（2）凡属个人职称考试费用、培训费用、评聘职称购买的书籍费均由个人承担，不得报销；学历教育的学费、交通费等按《教师攻读博士、硕士学位暂行规定》报销相关的费用，超额或限制报销的学历教育学费、交通费，不得在其他教学经费或科研经费中报销。

（3）报销差旅费时发现与出差地点不符或无故绕道者，不予报销。凡使用学校经费（含科研经费）以调研为名，明显是回家探亲或旅游观光的，不予报销。课题组以外的人员不得使用科研经费调研或参加会议，临时委托调研或参会的，由分管校领导审批。

提供会务主办方出具会议无伙食补助或会议伙食自理等类似证明，可报销伙食补贴；凡会议主办方虽收取会议伙食费并说明伙食费由参会者自理，但将伙食费开具发票回单位报销的，会议期间不予报销伙食补贴，只报销在途期间伙食补贴。与差旅费一起报销省内伙食补贴的票据应为出差地的餐饮发票，学校所在地的餐饮发票限报出差最后一餐 20 元。

（4）出差人报销差旅费的需附会议通知或电话通知记录，调研的需实事求是；市内出差，按要求应填写市内出差报销单，乘坐公共汽车的应附公共汽车票；报销单应有报销人、负责人签名。

（5）差旅费只和出差地点发生的需一起报销的票据（仅限小额物资采购、会务费）同时报销，利用私人汽车办理公务的差旅费需与路桥费、燃料费一起报销，不得一边在财务处报领补助，一边又将未作附件的票据在其他单位报销。差旅费报销与在其他经费开支的票据分开报销，其他经费开支的票据不得填写于差旅费单上，不得与差旅费粘在同一张粘贴单上。

差旅费伙食补贴、公杂费补贴时间以车船交通工具起止时间为准，使用学校后勤车队汽车的需附"车辆结算单"第三联一起计算起止时间，使用校办汽车或私人汽车的与路桥费一起计算起止时间。

省内伙食补贴凭票按标准据实报销，餐费需全额填写在票据金额栏，根据人数标准填写实报栏，超过人数标准数的自负，低于人数标准数的不补。

省内外出差不得将出差人自行用餐餐费列为招待餐费报销，确为招待餐费的，填在差旅费报销单随报栏，每报销一餐招待费，省内在核报伙食补贴标准内减少 20 元，省外包干伙食补贴减少 20 元。

（6）报销进口设备，应附订货合同和进口设备的批文、卖汇水单、报关单等。凡持有外文单据报销的，必须先译成中文，并由翻译人签章。

（7）用正常教学经费或科研经费购入或自制固定资产的，在报账之前，需先送有关部门登记和验收入库并录入固定资产电脑系统中，然后凭电脑打印固定资产卡片连同购物发票到财务处报账。

基建工程（含零星土建工程）必须经过验收合格，并提交由学校审计处审签的决算报告和资产报增单后才能付款。

（8）凡属于固定资产购置的，需办理固定资产报增手续，连同发票、固定资产报增单和其他所需附件办理报销手续。属于教学、科研、行政、后勤的到设备处资产管理科办理，属于图书的到图书馆办理。

（七）《会计基础工作规范》和《内部会计控制规范》的有关规定

（1）原始凭证的内容必须具备：凭证的名称、填制日期、填制凭证的单位名称或者填制人姓名、经办人的签名或者盖章；接受凭证单位名称、经济业务内容、实物的数量、单价和金额。报销时必须将原始凭证粘贴整齐，并提供完整的原始凭证。

从外单位取得的原始凭证必须盖有填制单位的财务专用公章，从个人取得的原始凭证必须有填制人员的签名或者盖章。使用学校自制的原始凭证必须有经办单位领导或者其指定的人员签名或者盖章。对外开出的原始凭证必须向财务处申领并加盖学校财务专用章。

一式几联的原始凭证，应当区分各联的用途，只能以"财务报销"联作为报销凭证。

办理经济业务时对方单位开具给高等学校的票据，单位名称只能填写"××大学"，不得填写各院（系、部）名称。

（2）填有大写和小写金额的原始凭证，大写小写金额必须相符。购买实物的原始凭证必须有验收人、经费权属审批人（负责人）、经办人签章，并写明用途、经费来源。支付款项的原始凭证必须有收款单位和收款人的收款证明。

原始凭证不得涂改、挖补，金额填错必须按《中华人民共和国会计法》的要求重开，其他项目填错可以在更正处加盖开票单位财务专用章。

（3）从校外单位取得的原始凭证，不论是发票还是收据，均必须符合税务、财政部门的规定，套印发票监制章或财政监制章，未经税务或财政部门统一印制、监制的发票和收据，一律不予报销。

对于确需在农贸市场采购的教学科研实验用品（鲜活农副产品），由于特殊原因无法取得正式发票的白条单或收据，每次金额限定为100元（含100元）以内，必须填写学校自制的支付证明单，应说明理由、用途，经单位负责人、经手人和两人以上验收人签名，方可报销。

上年票据（即发票填写时间为上一年度12月31日前）截止报销时间为报账年度3月31日止（如2013年12月31日前的发票截止时间为2014年3月31日）。课题经费未下达或未到位前，因工作需要垫付资金取得的票据，必须附上事前向财务处提出的书面申请报告，待经费到位后予以报销。

税务机关明确规定票据版本式样已过期并停止使用的一律不得报销。

凡节假日加班应填写由财务处统一印制的加班工资发放单；发放防毒补贴应填写人事处印制的防毒补贴发放单；教职工探亲车船费应填写差旅报销单；一次性外请兼职教师酬金或劳务费应填写支付个人劳务报酬申请表；凡以领款单报销的应加盖单位公章，并有负责人、经办人签名，签收栏应由本人签名，原则上不予代签代领，不得虚报冒领。

凡符合代办代签条件的，签名栏必须填写代办代签人姓名，在名字后加"代"字，不得签署别人姓名。

（4）办理报账业务，按规定需要附批文的应附上批文原件，原件需由学校或主管单位存档的，可附经存档单位注明"原件与复印件相符"并加具印章的复印件。经上级有关部门批准的经济业务，应当将批准文件作为原始凭证附件。批准文件需要单独归档的，应当在凭证上注明批准机关名称、日期和文件号。

（5）外地建筑企业承担学校工程，必须办理外出税务转移，按属地原则开具建筑工程发票，以避免跨区税务纠纷。

国税和地税业务应取得相应发票，购买商品等必须取得增值税发票或一般销售发票等国税发票，属于地税业务（打印服务）需取得服务业等地税发票。

取得外单位委托税务机关代开的发票，除了加盖税务机关印章外，还需加盖该单位印章。

（6）遗失车票、船票、飞机票等，必须由当事人提供出差证明材料和书面报告说明情况，单位领导签批意见、加盖本单位公章，方可代作原始凭证，报销金额一律按票面金额的60%报销。

（7）从外单位取得的原始凭证如有遗失，应取得原签发单位盖有财务公章的证明，并注明凭证号、金额和内容，由经办单位负责人批准后，才能代作原始凭证报销。确实无法取得证明的由当事人写出详细情况，经所在单位负责人加具意见后由分管校领导批准，方可代作原始凭证报销。

（8）购买图书、资料等支出，必须附购书电脑打印清单，无电脑打印清单的单位应在一般销售发票填写书名，验收人必须是图书资料管理人员（或指定人员），使用教学经费、科研经费购买的图书属于国有资产，应列入购买单位资产管理，造册登记台账，凭书验收并加具"公用图书，列入移交"字样，方可报销。严禁报销与教学、科研及其他业务无关的书籍、资料，个人申报职称的书籍和学历教育的书籍不得报销，财务处将定期核对各单位图书台账，各单位可定期将不使用的图书移交图书馆。

（9）货物名称（或业务内容）、数量、计量单位要填写清楚，原则上货物名称规格少于发票栏目的应逐项填写，不得填写"文具一批"、"食品一批"等。如果货物品种繁多，一张发票填列不完，可以写"××一批"，同时附售货小票（凡在超市购买的一律附小票报销），没有小票的必须附售货单位另列的售货清单，载明各货物的数量、单价、合计金额（要与发票合计金额相符）并加盖对方单位财务专用章。

（10）市内差旅费必须逐笔填列，不能笼统地填总计金额，以便核实和审核。取得票据金额超过实际支付金额的，必须据实填列。每张粘贴单左边留出 2cm 空白，以鱼鳞状形式粘贴，窄的票据限贴 2 排，每排 15 张，每排注明张数和金额以便审核，提高工作效率，宽的票据限贴 1 排，每排 15 张，确保每张票据都粘贴到粘贴单上，不准票贴票。招待费必须一次招待使用一张粘贴单。粘贴单排列多排的应分排计算票面金额，以便提高财务核算效率。

（11）凡一次性报销五张以上票据、开支经费分属三个以上不同预算经费项目的，必须填写"经费报销分类（汇总）单"，经费隶属不同部门的，"经费报销分类（汇总）单"单位负责人为报账人单位负责人，项目经费负责人在票据上签名。

手工填写发票、电脑打印（大额）发票需在发票背面加具报账方章，在核准人、经手人、验收人栏签名，并注明用途和开支项目。手撕票、电脑打印（小额）发票不需在发票背面加具报账方章，只需在粘贴单上签名。

银行转账支付、现金支付或不同单位银行转账支付的票据要分开粘贴单粘贴，同一票据在不同部门不同项目列支的要填明各单位各项目列支的比例及金额，不能只填写比例。

（八）流动资产报销管理规定

（1）高等学校必须建立健全医疗药品、教材、实验实习用品、后勤总公司库存物资、设备处分管的设备维修（含电脑配件及含耗材）费、政府采购或协议采购用纸等流动资产收发存的台账，以加强材料收发存核算管理。

（2）使用计算机辅助管理，采购报销时凭发票、保管物资的保管员电脑打印的材料入库单（随发票报销联）、采购程序审批批文，然后凭入库单（报账联）到财务处办理报账手续；物资发出凭电脑打印的发料单（财务记账联）按月分别列支对应费用，发料单需签具相关手续。

（3）为满足本科教学工作水平评估体系对四项教学经费中教学设备维修费达到30%的要求，设备维修（含电脑配件及耗材）费需事前向设备处申请，由设备处或自行采购配件，设备处出具设备维修费清单后，方予报销。为加强电脑配件及耗材管理，墨盒、硒鼓、移动硬盘、U盘等由设备处自行统一采购供应或委托后勤总公司实行统一采购，使用单位领取后财务处进行经费转账。

（4）政府采购规定的纸张由设备处按政府采购自行统一采购供应或由后勤总公司按程序采购后供应，使用单位领取后财务处进行经费转账。

八、支出管理的报销流程

（一）按规定的程序和手续完成业务审批

各单位应按《内部会计控制规范》的规定要求，由不相容职务人员完成相关经济业务，按《会计基础工作规范》的规定要求，认真填写、粘贴有关票据，注明票据张数，金额合计，在经费使用单位内部完成规定的业务审批手续。

（二）按规定办理财务审核审批报账手续

（1）单次报销总金额3000元以下（含3000元），单张票据金额2000元以下（含2000元）的一般开支，直接到会计审核岗位编制记账凭证。

（2）超过经费审核岗位规定的权限限额的，需送财务处科长审批；单次报销总金额3001元至10000元（不含10000元），单张票据金额2001至5000元（含5000元）的一般开支由财务处会计科、后勤核算科审批，符合报账手续的，到会计审核岗位编制记账凭证。

（3）财务处会计科、后勤核算科不能审批的，先由该科长加具意见，再送财务处处长审批，获批后到会计审核岗位编制记账凭证。

（4）审核编制凭证时，按《支付管理结算办法》和《现金管理办法》的规定需使用银行转账支票结算，或使用现金支票支付的，先到出纳岗位索要书面支票号码，再到会计审核岗位处编制记账凭证。

（5）报账人员持会计凭证到财务处总稽核岗位进行有纸、无纸复核，稽核岗位完成复核签章后，将会计凭证直接交出纳岗位完成收付业务。

（6）财务处审核岗位、科长、处长审核审批时应一次性告知报账人员不能办理审核审批的票据差错、未办妥的相关手续和缺少的资料附件，以避免审批原因造成报账人员重复同类错误。

（7）凡在财务处未完成现金收付的已出账的凭证，若因手续不齐也不得从财务处拿走，若经办人需取走报销单据的，会计科应随即修改取消电脑中的会计凭单。

（三）财务报销业务流程

财务报销业务流程见图10.1。

九、支出管理违规的处罚办法

（1）挂应收及暂付款三个月以上的人员和借款用于在建工程设备购回待验收，时间需要较长的，借款人应主动向财务处书面说明情况。

财务处发出催报单无反馈意见的人员，暂停借款。

（2）有下列情况之一者，每日按借款总额的0.5%计收滞纳金。

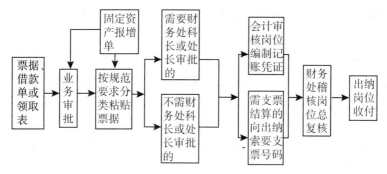

图 10.1 财务报销业务流程图

①借支差旅费的以返程车、船、飞机票日期为依据，返学校后未在规定期限内办理报销手续。

②借支现金购置零星杂务等，在货到一个月内必须办理报销手续，以购货发票日期为依据，超过规定期限的。

③借支现金办理公务，完成任务后在一个月内必须办理报销手续，以发票日期为依据，超过规定期限的。

④借款交由财务处办理信汇或自行通过邮局汇款订购资料以及其他用途的，要积极收回发票，以发票日期为依据，一个月内必须办理报销手续。货到一个月发票未收回的，应主动向财务处书面说明情况，超过规定期限，既不报账又不说明情况的。

⑤以借支款项用"转账支票"采购仪器、设备、材料、公共物品，以货到验收日期为依据，一个月内必须办理报销手续，超过规定期限的。

（3）借款未在规定时间内报销的，手中持有应返纳现金超过100元以上，除每日按借款总额的 0.5% 计收滞纳金，还要按返纳现金总额计收利息，利息按同期银行贷款利息计算。

（4）汇款到外地购买仪器、设备等物品的，合同期内未到货，应积极催问对方，督促到货或退回货款，逾期不办的，所产生的经济损失由具体购买部门负责赔偿。

（5）教职工调离本校或校内调动，必须先清借款，凡借款未报账的，应由本人清理，不得转由他人代理，也不得由单位出证明担保，财务处严格把关，经核实确实无借款后方可盖章，转由人事处办理调动手续，否则人事处不得给予办理调动手续。

（6）对无视财经纪律、长期拖延不办，又无正当理由，对催报无动于衷的，除停止借款和在其工资中扣除借款和滞纳金外，视其情节轻重在全校通报批评，扣发 1~3 个月奖酬金。

违反本规定计收的滞纳金，由借款人负责交清，财务处收款后开出收据并说明款项为滞纳金，任何单位不得报销，所收金额上交学校。

（7）财务处应及时清理应收及暂付款。每月 10 日前，财务处对应收及暂付款进行定期清理；每年 12 月，全面清理应收及暂付款，并向有关单位发出催报单。

第三节　支出管理的标准与定额①

一、计划生育工作达标奖励标准

（1）计划生育工作达标奖励发放对象为学校党政主要领导、学校分管计划生育工作的领导和计生工作人员。主要领导和分管领导同一时间段内只能奖励一人，计生工作人员按实际在岗人数计算。

（2）学校计生奖励金的提取：事业单位按编内在职人员总数乘以属地市上年职工年平均工资额的 5% 计提。

（3）学校计生奖励金的拨付与发放：计生奖励金由财政部门统一审核后拨付到单位，再由单位发至个人，发放标准以核拨数为准；若财政部门不予拨款，则由学校自筹资金发放，发放标准由学校计生与人事部门商定标准后报学校批准执行，标准一年一定。

（4）离退休人员不发放计生奖，发放老人节慰问金，发放标准为 300 元/（人·年）。

---

① 本节以广东省某高等学校为例进行论述。

（5）执行文件或依据：属地市人口和计划生育委员会、属地市委组织部、属地市人事局、属地市财政局《关于落实计划生育工作达标奖励金问题的补充通知》

（6）执行时间：2006 年 7 月 6 日。

（7）标准编号：JF-BZ07-01。

二、水电费补贴标准

（1）水费补贴标准 9 元/（月·人）；电费补贴标准 17 元/（月·人），与工资一并发放。

（2）聘任制人员或实行包干工资人员不发放水电费补贴。

（3）执行文件或依据：省财政厅、人事厅《关于修订省级行政事业单位部分补贴标准的通知》

（4）执行时间：1999 年 9 月 30 日。

（5）标准编号：JF-BZ07-02。

三、加班工资计发标准

（1）正式在编人员按天计发加班工资，日加班工资标准为平均日工资额。

平均日工资额=可计算加班工资的月工资总额/20.83 天。

可计算加班工资的月工资总额包括学校统发工资表的职务工资和津贴两栏、省财政厅统发工资的职务工资和活工资两栏。平均日工资额计算不足 30 元/天的，按 30 元/天计发。聘任制人员不分级别加班工资统一规定为 30 元/天。

（2）加班工资按日计算，计算方法为：不满半天按半天计算，满半天不满一天按一天计算，夜间加班超过 2 个小时按半天计算，超过当天 23 时 30 分按一天计算。

（3）日加班工资标准统一计算。不区分经费来源，即不论学校教育事业经费、部门创收经费、纵向横向科研经费、各级各类专项经费；不区分节假日与平时；不区分工作强度、难度或特殊任务。

（4）教职工非正常上班时间工作若属于正常轮班的（即正式

247

上班时间安排休息的）不计算加班工资，已计算工作量酬金的不计算加班工资。聘任制人员按规定未享受带薪假期的，寒暑假不计发加班工资，节假日加班才能计算加班工资，白天休息或正常时间休息而轮班在非正常时间上班的也不计发加班工资。学校统一安排的节假日、非常时期留守性值班的不计发加班工资。

（5）加班工资发放程序，由加班单位上报天数和金额，由人事处审核，报财务处在工资中发放。

（6）招生人员在招生期间按 50 元/（天·人）的标准计发招生专项补贴，经费在招生业务费项目中支出。

（7）其他经费确因需要列支加班工资的由人事处从严审批。

（8）执行文件或依据：省人社厅《工资支付条例》。

（9）执行时间：2007 年 1 月 1 日。

（10）标准编号：JF-BZ07-03。

四、考试监考费标准

（1）普教考试监考费标准：按监考人员 50 元/（人·次）计发，由教务处制表报人事处审批后与奖酬金一并发放；任课老师已计算教分的监考不再计发监考费。

（2）成教考试监考费标准：按监考人员 50 元/（人·次）计发，由继续教育学院制表报人事处审批后发放；任课老师已计算教分的监考不再计发监考费。

（3）各类专项考级监考费标准：大学英语四六级考试监考费标准 70 元/（人·次）；计算机等级考证考试监考费标准 70 元/（人·次）；成教学生英语和计算机统考监考费标准 70 元/（人·次）；普教专升本插班生考试监考费标准 70 元/（人·次）。

（4）监考人员一天监考多场次的，其监考费标准不得超过 210 元/（人·天）。

（5）成教学校统考英语补考评卷酬金标准：3 元/份，成教学校统考英语试卷（含 A，B 卷及标准答案）出卷费标准 200/套，补考使用考试备用试卷，不再计发出卷费。

（6）执行文件或依据：高等学校自行制定。

（7）执行时间：2006 年 1 月 1 日。

（8）标准编号：JF-BZ07-04。

五、岗位通信费补贴标准

（1）岗位通信费补贴实施范围：省纪委、省财政厅、省监察厅《关于省直机关单位通信费改革的实施意见》明文规定的在聘人员及参照该规定予以适当补贴的在职其他人员。

（2）明文规定的在职人员补贴标准：校级领导（正副厅级）、巡视员 580 元/月，助理巡视员（副厅级）530 元/月；处长（部长、主任）450 元/月，调研员（正处级）380 元/月，副处长（副部长、副主任）350 元/月，助理调研员（副处级）300 元/月；正科级、政治辅导员 200 元/月，副科级 150 元/月；其他工作人员（含在编工勤人员）100 元/月。

（3）予以适当补贴的其他在职人员补贴标准：教授（含相应技术职称人员，下同）350 元/月，副教授 300 元/月，讲师 150 元/月，助教及以下 100 元/月。

（4）处级建制的教学和教辅单位任室（部）主任的讲师 200 元/月，任室（部）副主任的助教 150 元/月。

（5）岗位通信费补贴按月单独发放，所需经费列入学校预算，在岗位邮电费中列支。人事处审核发放人员名单和标准，财务处按月单独发放到个人。离退休人员岗位通信费补贴按月与工资一并发放。

（6）为了鼓励专业技术人员多争取校外研究课题，并解决好开展科研的通信费，教学、科研系列人员，职称高于职务的，职务补贴部分由学校支付，职称与职务差额部分，如有校外科研经费的，可在科研经费中列支。补贴总额正高职称人员不超过 450 元/月，副高职称人员不超过 350 元/月，中级职称以下人员不超过 200 元/月。

（7）凡享受岗位通信费补贴的在职人员应自行配备通信工具，副科级和相当于副科级的教学和教辅单位副主任以上管理人员和具有副高以上职称专业技术人员应自行配备移动电话，保证工作需要。

（8）为体现企业独立经营，自负盈亏的原则，校办的后勤服务总公司中经营性实体、校企发展公司、劳动服务公司等企业人员的岗位通信费补贴由企业负担，在不超过学校规定的标准和范围内自行发放。

后勤服务总公司的服务性实体人员享受校本部同类人员岗位通信费补贴，学校按实际人数和标准总额拨款，由总公司发放到个人。

（9）离退休人员的岗位通信费补贴范围和标准：省（部）级干部及相当级别人员 150 元/月，正、副厅级干部及相当级别人员 120 元/月，处长 80 元/月，其他经批准人员 60 元/月。

（10）执行文件或依据：省纪委、人事厅、财政厅、监察厅《关于省直机关单位通信费改革的实施意见》；省教育厅《关于我省发放通信费补贴工作有关问题的通知》；离退休人员仍按省委办公厅、省政府办公厅《关于省直单位日常通信工具安装、配备和管理的规定》的规定执行。

（11）执行时间：通信费补贴参照公务员管理的事业单位人员享受的期限从 2003 年 1 月起实施。

（12）标准编号：JF-BZ07-05。

六、防毒劳保补贴

（1）接触化学、生物类有毒有害物质及物理致病因素等工作的人员，按不同的等级发放防毒劳保补贴，乙级营养保健费标准为 27.10 元/月，丙级营养保健费标准为 20 元/月。

（2）实验人员防毒劳保补贴分为乙级、丙级两类。实验课按教学班每 2～3 节为一天享受保健费，乙级 1.00 元/天，丙级 0.80 元/天；实验员按工作时间的 80% 计发；科研人员、生产人员及其他短期从事有害健康工种人员按实际接触时间计算，达 21 天为一月，每日享受金额为享受等级全额的 1/20；病假、事假、探亲假、离职学习和非从事有害健康工种人员出差时，应按实际天数扣除保健待遇；专职从事暗室、静电复印工作人员按 50% 计发保健费。

（3）教务处、人事处、财务处、学校办公室、图书馆等部门专职从事复印的人员按丙级标准发放补贴，保健费标准为 20 元/月，每年按 8 个月计算。

（4）防毒劳保补贴每学期末发放。实验人员的防毒劳保补贴发放，由系、处、室填写申请表，实验管理科审核确定人数、课时、标准，由人事处审核批准后发放。

（5）执行文件或依据：《从事有害健康工种人员营养保健等级和标准的实施细则》。

（6）执行时间：2006 年 1 月 1 日。

（7）标准编号：JF-BZ07-06。

七、医疗费报销标准

（1）在职人员门诊自负 20%，住院自负 10%；退休人员门诊自负 10%，住院自负 5%；离休人员 100% 报销；学生门诊自负 20%，住院的经校医院院长批准后可按医疗保险办理。

（2）个人自负限额：在职自负 500 元/（年·人），退休自负 400 元/（年·人），当年超限额后按 100% 报销。

（3）省公医办规定的自费药品、挂号费、诊金、护理费、伙食费、其他费用等不得报销。

（4）住院床位费标准：科级及科级以下人员 37 元/（天·人），副处级以上人员（含相应专业技术职务人员）1.5 倍（即 55.5 元/（天·人））、厅级人员（含相应专业技术职务人员、持优先医疗证高级职称专业技术人员）2 倍（即 74 元/（天·人））。

（5）除急诊、专科医院门诊外必须在学校医院指定的挂钩医院就诊才能报销。

（6）门诊不使用记账单，住院治疗挂钩医院可使用挂钩医院记账单。

（7）执行文件或依据：省政府《省直属单位公费医疗制度改革方案》。

（8）执行时间：2007 年 6 月。

（9）标准编号：JF-BZ07-07。

八、幼儿托费报销标准

（1）幼儿保教费由学校和家长共同负担，学校报销 50%。3.5岁以下幼儿保教费满 200 元的，按 200 元的 50% 报销，即 100 元/月；超出 200 元部分家长自负，不满 200 元的，按实际金额的50% 报销。3.5 岁以上（含 3.5 岁）幼儿保教费满 153 元的，按153 元的 50% 核销，超出 153 元部分家长自负；不满 153 元的，按实际金额的 50% 报销。代收代管费用，全部由家长负担。

（2）幼儿父母只有一方在我校，学校报销男方为上半年，女方为下半年，另半年由另一方单位负担，双方都在我校的报销全年。托费半年核报一次，上半年在当年 7 月份核报，下半年在当年12 月份核报。报销时应提供当年连续的半年或一年的法定票据，不得抽取其中部分月份的票据报销。9 月份新入学的当年幼儿托费报销按当年实际入学月份的一半，双职工按实际月份报销。报销托费不需审签，由财务处会计科直接审核报销。

（3）执行文件或依据：高等学校自行制定。

（4）执行时间：1996 年 9 月 1 日。

（5）标准编号：JF-BZ07-08。

九、独生子女保健费及奖励标准

（1）凡领取《独生子女优待证》的干部、职工每月发给独生子女保健费，独生子女保健费由夫妻双方所在单位各负担 50%，一方是干部职工，另一方是农民的，由干部职工一方所在的单位全部承担。发放标准为 5 元/月，由学校全部承担的为 10 元/月，与工资一并发放。

（2）学校干部、职工在领取《独生子女优待证》后，给予一次性奖励，奖励标准为 200 元，夫妻双方各 100 元；一方是干部职工，另一方是农民的，由干部职工一方单位支付 200 元。

（3）独生子女保健费及奖励由学校计划生育部门审签。

（4）执行文件或依据：《计划生育工作条例》。

（5）执行时间：2003 年 3 月 6 日。

（6）标准编号：JF-BZ07-09。

十、丧葬费及遗属补贴标准

（1）工作人员死亡后，其丧葬费标准调整为按死者所在地上年度3个月职工平均工资一次性发给死者亲属包干使用。

（2）已参加社会保险的工作人员死亡后，其丧葬费标准按社会保险部门的规定执行。

（3）遗属补贴按地区及不同性质办理。

（4）执行文件或依据：省人事厅、省财政厅《关于调整省直机关、事业单位工作人员死亡后丧葬费标准的通知》。

（5）执行时间：1999年3月。

（6）标准编号：JF-BZ07-10。

十一、纪检监察干部办案补贴标准

（1）在职纪检监察干部办案补贴标准为100元/（人·月），与人员工资一并发放。

（2）执行文件或依据：省教育厅《关于高等学校纪检监察干部办案补贴的通知》。

（3）执行时间：1999年6月1日。

（4）标准编号：JF-BZ07-11。

十二、专职档案管理干部岗位保健津贴标准

（1）专职档案管理干部岗位保健津贴标准为65元/（人·月），与人员工资一并发放。

（2）执行文件或依据：省教育厅《关于给高等学校专职档案干部发放岗位保健津贴的意见函》。

（3）执行时间：1998年6月1日。

（4）标准编号：JF-BZ07-12。

十三、专职保密工作岗位补贴标准

（1）专职保密工作岗位补贴标准为：参加工作10年以下的，100元/（月·人）；11至20年的，120元/（月·人），21年以上的，150元/（月·人），调离工作岗位或已办理退休手续的停发。

专职保密工作岗位补贴与工资一并发放。从2002年1月起执行。

（2）执行文件或依据：省委办公厅、省政府办公厅《关于发放保密工作岗位补贴的通知》。

（3）执行时间：2002年3月24日。

（4）标准编号：JF-BZ07-13。

十四、保卫干部岗位津贴标准

（1）高等学校保卫干部岗位津贴标准，从1992年开始发放的45元/（月·人）提高到90元/（月·人），所需经费由学校自行解决，调离工作岗位或离退休不再享受该项津贴。

（2）执行文件或依据：省教育工委、省教育厅《关于提高高等学校保卫干部岗位津贴的通知》。

（3）执行时间：2002年10月。

（4）标准编号：JF-BZ07-14。

十五、公务差旅费开支标准

（1）乘坐车、船、飞机和住宿的等级标准（见表10.1）

表10.1　　　　乘坐车、船、飞机和住宿的等级标准

级别＼交通工具	火车	轮船(不包括旅游船)	飞机	其他交通工具(不包括出租车)
副省长及相当职务以上的人员	软席(软座、软卧)	一等舱	头等舱	凭据报销
省直正副厅(局)长及相当职务人员以及具有高级技术职务人员	软席(软座、软卧)	二等舱	公务舱(没有公务舱的航班可以乘坐头等舱)	凭据报销
其他人员	硬席(硬座、硬卧)	三等舱	普通舱(经济舱)	凭据报销

（2）工作人员出差，应住内部招待所或宾馆。厅级干部（指表中的第一类）可住套间，处级干部（指表中的第二类）可住单间，其他人员（指表中第三类）可两个人住一个标准间。出差人员住宿费标准上限为：副厅级以上人员（含相应专业技术职务）每人每天 600 元，处级人员（含相应专业技术职务）每人每天 300元，科级以下人员每人每天 150 元。科级以下人员单人出差或男、女出差人员为单数，其单个人员可选择单间（或标准间）住宿，其住宿费按不超过上述住宿费标准上限两倍以内报销，超过部分自理。出差人员无住宿正式发票的，一律不予报销住宿费。

（3）城市间火车属于直达全列软席列车的，副厅（局）长以上及相当职务人员可以乘坐高级软席，其余人员则乘坐软席。乘坐火车，从晚上八点至次日早上七点之间，在火车上过夜 6 小时以上的，或连续乘车时间超过 12 小时的，可乘坐同席卧铺。

（4）出差人员乘坐飞机要从严控制，科级（含相应专业技术职务）职务及以下人员如出差旅途较远、出差任务紧急或陪同校级领导的，需事前提交书面报告，经校长（或校长授权）批准，可以乘坐飞机普通舱位。

表列不符合乘坐飞机条件的人员（含科级），凡购得飞机普通舱位三折以下（含三折）票价的，可据实按常规程序报销，不需经校长（或校长授权）批准报销。

（5）出差人员要按照规定乘坐不高于规定等级的交通工具，凭据报销城市间交通费。乘坐超规定等级交通工具的，超支部分自理。

（6）乘坐飞机往返机场的专线客车费用、民航机场管理建设费、燃油附加费和航空人身以外伤害保险费（限每人每次一份），凭据报销。

市区至机场间不分经费来源，一律不得报销出租车费。

出差期间除报乘坐飞机往返机场的专线客车费用外，车站与住地间的交通费已列入公杂费包干，不再重报。

（7）工作人员到省外出差的伙食补助费按出差自然（日历）天数实行定额包干，补助标准为 50 元/（人·天）。工作人员在省内出差不发放伙食补助费，可以凭出差地餐饮发票，按自然（日历）天数，补助标准为 50 元/（人·天）以内据实报销。主办方已统一安排用餐且不需另付餐费的，不得报销伙食费补助；不统一安排食宿的，会议（培训）期间的住宿费、伙食补助费和公杂费均回本单位按上述规定报销。出差期间有公务招待需报销业务招待餐费（只能在招待项目中列支）的，每餐扣减每日伙食费补助标准 20 元。

科研人员到市区以外的固定科研基地从事科研工作，一次连续 15 天以内的省外伙食补助费按 50 元/天包干，一次连续 15 天以上的（不含 15 天）省外伙食补助费按 25 元/天包干；省内不分天数，伙食费补助费一律按 25 元/天包干。

教学人员随学生到广州市 10 区以外实习蹲点的，已按学分计算酬金，省内省外伙食补助费按 25 元/天包干。

（8）出差人员的公杂费实行定额包干，用于补助市内交通、文印传真、长途固话等支出，按出差自然（日历）天数、省内省外同一标准，补助标准为 30 元/（人·天）。领取公杂费的不得再报销市内交通费等。

科研人员到市区以外的固定科研基地从事科研工作，一次连续 15 天以内的公杂费按 30 元/天包干，一次连续 15 天以上的（不含 15 天）公杂费按 15 元/天包干。

教学人员随学生到市区以外实习蹲点的，已按学分计算酬金，公杂费按 15 元/天包干。

（9）事业单位汽车司机驾驶汽车在市区外出差的，按一般工作人员差旅费规定执行。在市区内行车的，不发放伙食补助费和公杂费，符合误餐费有关规定的，可按规定领取误餐费。

（10）工作人员乘出差或调动工作之便，事先经领导批准就近回家省亲办事的，其绕道超支的差旅费由个人自理。绕道和在家期间一律不报销出差伙食费补助、住宿费和公杂费。

（11）工作人员调动的交通费、住宿费、伙食补助费、公杂费，按出差的有关规定执行。工作人员调动工作，一般不得乘坐飞机。

夫妇双方都是工作人员而又同时调动的，其交通费、住宿费可按职务高的一方标准报销，一般不得乘坐飞机；单方调动的，其同居的父母、配偶、十六周岁以下的子女，按被调动工作人员的标准报销，已满十六周岁的子女，按一般工作人员标准报销。

工作人员调动工作的行李、家具等托运费，不分工作人员和家属，每人在不超过 500 公斤的范围内按实报销（其中，生活上急需的物品，每人可在 50 公斤的范围内办理快件托运），超过部分由个人自理。个人的书籍、仪器运费，可在以上限量外凭据报销，但应单独包装。行李、家具等包装费用，均由个人自理。可以使用集装箱托运行李、家具等，但是，报销的金额应以上述规定行李重量的运费为限，超出部分自理。集装箱内如装有个人的书籍、仪器，其运费无法分开计算的，不得作为限量以外报销。以上发生的各项费用，由调入单位报销。凡夫妻双方从同一单位先后调入现所在单位，家具搬迁费只能报销一次，搬迁时乘坐出租车的费用自理，因故拖延了提取行李的时间而被罚款的费用，学校不予报销。新调入职工差旅费在对方单位或学校预支的差旅费（派遣费）限额内核报，超过部分由个人自负 50%。

工作人员调动的差旅费，由调出单位按合理路线、规定标准计发，于调入单位后结算，多退少补。

由部队转业到地方工作的干部，其差旅费按照解放军总后勤部的有关规定，由所在部队按合理路线、规定标准计算发放，到达调入单位后结算，多退少补，作为增加或减少单位的差旅费处理。

工作人员出差期间，因游览或非工作需要的参观而开支的费用，均由个人自理。出差人员不准接收违反规定用公款支付的请客、送礼、游览。各接待单位要根据各类出差人员住宿限额标准和伙食补助费包干标准适当安排，不得以任何名义免收或少收食宿费。对弄虚作假，虚报冒领，违反规定的，应按照有关规定严肃处理。

（12）引进正高级人才的，可凭有效票据 100% 据实报销。

（13）执行文件或依据：《财政部关于印发〈中央国家机关和事业单位差旅费管理办法〉的通知》；省财政厅《关于印发省直党

政机关和事业单位差旅费管理办法的通知》。

（14）执行时间：2008 年 1 月 1 日。

（15）标准编号：JF-BZ07-15。

十六、车辆燃料费报销标准

（1）教职工使用私人汽车办理公务的，可按单次里程耗油量据实报销车辆燃料费，单次里程凭路桥费交费票据计算确认，油耗标准为 0.11 升/公里，路桥费实报实销；使用私人汽车于广州市 10 区内办理公务的，需使用一次报销一次，不予多次累加报销；使用私人汽车办理公务途中，车辆维修准予报销维修费，不予报销配件费，凡属投保保险公司免赔项目的不予报销。

车辆燃料费报销上限不得超过按出差人员职务职称制定的交通费标准。

（2）执行文件或依据：高等学校自行制定。

（3）执行时间：2007 年 6 月 29 日。

（4）标准编号：JF-BZ07-16

十七、临时出国（境）费用开支标准

（1）贯彻"勤俭办外事"的方针，在核定的年度财政预算内组织安排出国（境）活动，应严格执行各项费用开支标准，不得擅自突破。出国（境）人员在出国（境）前，要按规定的开支标准编制经费使用计划，送财务部门审定，并经所在单位领导批准后予以预付经费。

（2）出国（境）人员要选择经济合理的路线。所选航线有中国民航的应按规定乘民航班机，并尽可能购买往返机票。

副部级以及相当于副部级以上人员，可乘坐飞机头等舱、轮船一等舱、火车高级软卧包厢；司局级以及相当于司局级人员可乘坐飞机公务舱、轮船二等舱、火车软卧；其他人员均乘坐经济舱、轮船三等舱、火车硬卧。其所发生的国际旅费在上述标准内据实报销。

出国（境）人员乘坐国际列车，国内段按国内差旅费的有关规定执行；国（境）外段超过 6 小时的按自然（日历）天数计算，每人每天补助 12 美元。

出国（境）人员根据出访任务需要在一个国家（地区）城市间旅行，应事先在出访计划中列明，并报本单位外事、财务部门批准。出国（境）人员在批准的计划内旅行，城市间交通费凭有效的城市间原始交通票据实报实销。

持多次前往港、澳签注通行证的临时出访人员单程前往香港交通费按不超过 200 港元的标准凭有关单据实报实销。

（3）出国（境）人员在国（境）外的伙食费和公杂费（指用于市内交通、邮电、办公用品和必要的小费等项目），除特殊情况外，均按规定的标准发给个人包干使用。包干天数按离、抵我国国境之日计算。

根据工作需要和特点，不宜个人包干的代表团组，其伙食费和公杂费由代表团统一掌握，包干使用。

外方以现金或实物形式提供伙食费和公杂费接待我代表团组的，出国（境）人员不再领取伙食费和公杂费。

（4）出国（境）人员国外零用费，按离、抵我国国境之日计算。每人每次出国在 10 天以内的，发给 50 美元；超过 10 天的，从第 11 天起，发给 5 美元/（天·人）。

持多次前往港、澳签注通行证的临时出访人员个人零用费、伙食费、公杂费按规定标准和实际出境时间计算，个人零用钱按 5 美元/（天·人）计算。

（5）出国（境）人员在国外的住宿费，副部级以及相当于副部级以上人员根据工作需要，本着节约的原则安排，据实报销；其他人员在规定标准内予以报销。

参加大型国际会议或活动的出国（境）人员，原则上应按住宿预算标准执行，如对方组织单位要求统一安排，也应严格把关，通过询价方式从紧安排，超出预算标准的，可据实报销。

持多次前往港、澳签注通行证的临时出访人员住宿费按每住一天 450 港元的标准使用，不得突破，具体由各出访单位自行规定。

（6）出访费用由外方负担的，只核个人零用钱用汇。外方邀请函必须注明费用的来源，不注明出访费用的，不予核汇。

（7）各国家和地区住宿费、伙食费、公杂费开支标准表另附。

（8）以上标准凡涉及外汇的，汇率由财务处根据国家公布的外汇汇率确定折算汇率（仅取小数点后一位）。

（9）执行文件或依据：省财政厅《转发财政部、外交部关于印发〈临时出国人员费用开支标准和管理办法〉的通知》，省财政厅《关于临时出国人员费用开支标准和管理办法的补充通知》。

（10）执行时间：2006年1月1日。

（11）标准编号：JF-BZ07-17。

十八、会务费报销标准

（1）由主办单位安排食宿的，会议（培训）期间的住宿费、伙食补助费由主办单位按会议费规定统一开支；不统一安排食宿的，会议（培训）期间的住宿费、伙食补助费和公杂费均按本办法第二十一条差旅费报销规定报销。

（2）到市区以外参加教育部直属部门（不含挂靠单位）、省教育厅、省委省政府主管部门组织的工作会议、业务培训会议在途期间的住宿费按本办法第二十一条差旅费报销规定报销，上述会务主办单位收取的会务费凭发票据实报销。其他主办单位组织的省外会务费标准为800元/（人·次），省内会务费标准为600元/（人·次），超出部分自理。

（3）执行文件或依据：省财政厅《关于印发省直党政机关和事业单位差旅费管理办法的通知》。

（4）执行时间：2008年1月1日。

（5）标准编号：JF-BZ07-18。

十九、市内交通费开支标准

（1）教职工到市内开会、办事和采购等，包干补助交通费10元/（天·人）。报销凭证必须填写出差事由，经本单位领导审批，凡使用校车、公车接送、按规定报销出租车的，不发给交通补助费。

（2）出租车费原则上不得报销。副处级（含相应技术职务）以上级别的人员到市内开会、办事等，可根据具体情况，酌情报销出租车费。其他人员因公办理护照、专程提取贵重仪器设备以及领取、保送保密资料、到银行提取大额现金等或早上5点钟前晚上11：30分后发站或到站的可以乘坐出租车，由各单位负责人负责审批，经本单位领导审批，可报销一趟出租车费。凡报销出租车费的，不发给误餐补助。

教育经费（含校属学科建设、校属科研项目、校属教研项目、专业课程建设项目）列支的出租车费，不符合上述规定的，一律不准乘坐出租车，要乘坐出租车需经分管校领导审批。

学校教育经费以外项目列支的出租车费，凡属科研项目的以申报书规定的交通费为限，由项目负责人审批。

（3）凡报销出租车费的，应按实际发生金额填列，报销时由财务人员按到达目的地里程数及现行计费标准进行逻辑审核。

（4）教职工到广州市10区内非学历进修学习的，经批准限报10元/（天·人）交通补助。在市内非学历进修学习的，不得报销住宿费（党校除外）。

（5）执行文件或依据：省财政厅《关于印发省直党政机关和事业单位差旅费管理办法的通知》。

（6）执行时间：2008年1月1日。

（7）标准编号：JF-BZ07-19。

二十、短期培训、外派及挂职锻炼差旅费补贴

（1）干部职工经批准，到市区以外参加国家和省级党政机关、工青妇团体举办的党员培训班、任职培训班、干部培训班（不含学历、学位教育），学习期间伙食费自理的，凭培训通知回所在单位报销学习补助费，补助标准为：学习培训时间在一个月以内的，15元/（人·天）；学习培训时间在一个月以上的，10元/（人·天）。不再报销伙食补助费和公杂费。

到市区以外基层单位实（见）习，挂职锻炼和参加各种支援工作队、医疗队等人员，工作时间10天以上的，在途期间的住宿

费、伙食补助费和公杂费按照差旅费规定执行；在基层单位工作期间，标准为 20 元/（人·天），不再报销住宿费和公杂费。

到市区以外的基层单位工作的人员被省直单位选调（抽调）到省直单位挂职锻炼、开展专项工作或到地方督导工作的，按以下规定报销差旅费：从基层工作单位到省直有关部门或派到异地临时工作单位往返程的城市间交通费，按基层单位所在地的差旅费补助标准回原工作单位报销；在省直有关部门或派到异地工作期间，伙食补助费标准为 20 元/（人·工作日），由选调（抽调）人员的省直单位报销，原工作单位不再报销公杂费和伙食补助费。

补助经费列支渠道按"谁派出，谁负担，谁审签"原则执行。挂职锻炼、扶贫工作由党委组织部审签；"三下乡"工作由学生处团委审签；社会调查由人文系审签。

（2）执行文件或依据：省财政厅《关于印发省直党政机关和事业单位差旅费管理办法的通知》。

（3）执行时间：2008 年 1 月 1 日。

（4）标准编号：JF-BZ07-20。

二十一、教职工探亲路费报销标准

（1）乘坐火车的（包括直快、特快），不分级别，一律报销硬座席位车票。年满 50 周岁以上男女职工并连续乘坐火车 48 小时以上，可以报销硬席卧铺。

（2）乘汽车及其他民用交通工具，平时按 0.20 元/公里核报，春节期间按 0.30 元/公里核报。里程按高等学校与探亲地的距离往返双程计算。

（3）探亲途中的市内交通费（指高等学校往返火车站、汽车站交通费，探亲地的火车站、汽车站往返家庭的交通费，中转地点往返火车站、汽车站的交通费），乘坐公共电车、汽车和轮渡的，按实报销，乘坐出租车的费用自理，按照本标准第二点里程核报探亲路费的，不再报销市内交通费。职工探亲往返途中，需中途转车转船并在中转地住宿的，每中转一次，按一天的住宿费包干报销 20 元。

（4）教职工探亲不得报销飞机票。因故乘坐飞机的，可按实际相同里程的直线车船票核报，或采取本条第二点规定核报。

（5）已婚教职工探望父母的往返路费在本人工资的 30% 以内的，由职工本人自理，超过部分由学校报销。

（6）订票费、退票手续费、候车费、行李托运寄存费、保险费、伙食费等均由教职工个人自理。

（7）家住邻市（县）的教职工，利用公休假探望配偶（未婚教职工探望父母），每月可报一次直线往返车船费的 60%。

（8）执行文件或依据：《国务院关于职工探亲待遇的规定》（国发〔1981〕36 号）。

（9）执行时间：1981 年 3 月 14 日。

（10）标准编号：JF-BZ07-21。

二十二、教职工上下班交通费补贴标准

（1）凡高等学校没有安排住房的教职工，住处距离学校超过两公里，按 80 元/月标准计发交通补贴。

（2）全年按 10 月计算，按月随工资每月计发，由总务部门审签。

（3）市内实习基地的交通费（含伙食及公杂费）补贴标准为 25 元/（出勤天·人）。

（4）执行文件或依据：省财政厅、人事厅《关于修订省级行政事业单位部分补贴标准的通知》。

（5）执行时间：2004 年 5 月起试行。

（6）标准编号：JF-BZ07-22。

二十三、教职工误餐费补贴标准

（1）工作人员在市内联系工作，超过下班时间不能在联系工作单位搭食，又不能赶回本单位或在家就餐，而必须在外买食者，可领取误餐补助费，补助标准为 10 元/（餐·人）（只限午、晚餐）。

（2）凡学校派车、乘坐出租车或报销业务招待费者，不再领

取误餐补贴。

（3）执行文件或依据：省财政厅《关于调整省级国家机关事业单位误餐费、夜餐费、学习补助等开支标准的通知》。

（4）执行时间：1996 年 7 月 10 日。

（5）标准编号：JF-BZ07-23。

二十四、教职工夜餐费标准

（1）因工作需要，经单位负责人批准，人事处备案，夜间加班工作至 23：30 以后可以计发夜餐费，标准为 10 元/（次·人）。夜间工作属于正常工作时间（医生、保卫干部上夜班），只计发夜餐费，不计发加班工资；属于加班，可以同时计发夜餐费和加班工资。非正式编制聘任人员晚上上班（值班）工作至 23：30 以后可以计发夜餐费，标准为 6 元/（次·人）。

（2）执行文件或依据：省财政厅《关于调整省级国家机关事业单位误餐费、夜餐费、学习补助等开支标准的通知》。

（3）执行时间：1996 年 7 月 4 日。

（4）标准编号：JF-BZ07-24。

二十五、外聘专家（教师）酬金标准

（1）各院（系、部）、各单位确因教学、科研等业务需要对外聘请教师、专家讲课或指导工作，需支付的外聘专家酬金，按教授（含相应专业技术职称、正副厅级职务人员）80 元/课时标准，副教授（含相应专业技术职称、正副处级职务人员）70 元/课时标准，讲师（含相应专业技术职称、正副科级职务人员）60 元/课时标准，其他人员 50 元/课时标准发放。学校领导特聘的或事前经学校批准的专家（含上级主管部门专家）酬金标准参照上述标准，由财务处酌情控制开支。

受聘客座教授津贴标准为 300 元/月。

本科教学工作水平评估专家劳务费补贴标准为 2000 元/（人·次）。

（2）对于开办不满三年的新专业，确因社会人才缺乏较难聘请教师的，由教学单位申请，经教务处、人事处审核，报分管教学的副校长和校长审批，课酬可适当提高，但不得超过现同级标准的20%。

（3）对外聘（兼职）教师不另外提供交通补贴，但外聘（兼职）教师可以免费乘坐学校交通车。学校领导特聘的或事前经学校批准的专家（含上级主管部门专家），经校级领导审批可酌情报销差旅费。

（4）外请专家酬金标准已包括外请专家个人应交个人所得税，凡需由学校代交纳个人所得税的由主管校领导审批。

（5）外请专家酬金标准不分经费来源使用统一标准。

（6）执行文件或依据：省教育厅《关于进一步规范教育评估接待工作及专家评审劳务费发放标准的意见（试行)》；《外聘（兼职）教师管理办法》。

（7）执行时间：2007年12月20日。

（8）标准编号：JF-BZ07-25。

二十六、业务招待费开支标准

（1）业务招待费是指高等学校为执行公务或开展业务活动需要合理开支的招待费，包括在招待地点发生的交通费、用餐费和住宿费。任何不符合规定的开支均不得列入业务招待费范围。

（2）业务招待费的总数不得超过"当年教育事业公共支出总额（扣除招待费和维修费)"的2%。

（3）招待外来人员时招待单位应控制陪同人员数量，外来人员1~2人的，陪同人员不超过3人；外来人员3~5人的，陪同人员不超过5人；外来人员5人以上的，陪同人员不超过7人。

在高等学校校内食堂用餐的，早餐标准为15元/（餐·人），正餐标准为30元/（餐·人）；在营业性餐饮机构就餐的，早餐标准为30元/（餐·人），正餐标准为80元/（餐·人）。

高等学校重要的招待，其开支标准由财务处酌情控制。

（4）执行文件或依据：财政部《高等学校教育培养成本监审办法》。

（5）执行时间：2001 年 9 月 1 日。

（6）标准编号：JF-BZ07-26。

二十七、高等学校校内评审费开支标准

（1）高等学校校级职称评审（高评委、中评委联合评审）标准为 300 元/（人·天/次）。

校级学科与专业建设评审、课程建设评审，评审小组人员（具有表决权）标准为 200 元/人；校级招投标评审，评审小组人员（具有表决权的）标准为 150 元/（人·天/次）。

工作人员（限定评审小组人数 1/3 以下）标准为 100 元/（人·天/次）。

非学校校级评审的不计发评审费。

（2）执行文件或依据：高等学校自行制定。

（3）执行时间：2006 年 1 月 1 日。

（4）标准编号：JF-BZ07-27。

二十八、学历进修资助标准

（1）经批准攻读博士学位并取得学位者，学校资助 15000 元，入学时可预支 5000 元，取得毕业证书和学位证书后一并报销 15000 元。

（2）经批准攻读硕士学位并取得硕士学位者，学校资助 10000 元，入学时可预支 3000 元，取得学位证书后一并报销 10000 元。

（3）凡未在规定学习时间内完成学习任务（以学习所在学校规定的学制为准），按延长时间扣除学习资助费，每延长一年扣 20%，直至扣完为止。

（4）执行文件或依据：高等学校自行制定。

（5）执行时间：2006 年 6 月 30 日。

（6）标准编号：JF-BZ07-28。

二十九、科研项目立题费、管理费和实验室维持费标准

（1）标准（见表 10.2）

266

表 10.2　　科研项目立题费、管理费和实验室维持费标准

课题类型	立题费（％）	管理费（％）	实验室维持费（％）
省部级以上课题	20	5	2
厅局级课题	10	5	2
横向课题	30	8	2

（2）省部级以上课题包括国家级项目（"973"、"863"、国家自然科学基金、国家科技攻关、国家星火项目、国家火炬项目、国家社科规划基金等项目）、省部级项目（教育部项目、省自然科学基金、省科技攻关、省社科规划基金项目等）纵向科技项目。

厅局级课题包括省教育厅项目、省农业厅项目、市级科技三项经费项目、市级社科规划基金项目等。

横向课题指学校与企业或单位签订的技术合同项目。

（3）立题费上限不得超过 8 万元，不得将同一项目分拆套取立题费。科技三项项目单项管理费不得超过 5 万元。

（4）立题费和管理费的计提基数以实到经费扣除转出的对外协作费的净额为准，实验室维持费计提基数以实到经费（含转出的对外协作费）为准。

（5）执行文件或依据：教育部、财政部《关于进一步加强高等学校科研经费管理的若干意见》（教财〔2005〕11 号）。

（6）执行时间：2006 年 4 月 21 日。

（7）标准编号：JF-BZ07-29。

三十、科研经费开支范围分类标准

（1）科研费用开支范围包括直接费用和间接费用。

直接费用是指科学研究过程中使用的可直接计入课题成本的费用，一般包括设备购置费、能源材料费、试验外协费、资料印刷费、租赁费、鉴定验收费。

间接费用是指科学研究过程中发生的难以直接计入课题成本的

费用，一般包括差旅交通费（含自备车辆的路桥油费）、项目管理费、版面费、通信费、课题组聘用人员工资、专家咨询费、接待费。

（2）纵向科技项目经费开支，直接费用（含仪器设备购置）不少于70%，间接费用不超过30%。计算经费开支比例基数均剔除立题费、科研管理费和实验室维持费。

横向科技项目经费开支，直接费用（含仪器设备购置）不少于60%，间接费用不超过40%。计算经费开支比例基数均剔除立题费、科研管理费和实验室维持费。

校级科学基金项目经费开支只限直接费用。

（3）仪器设备不超过项目经费总额的30%。

购置0.2万～0.5万元的仪器设备，由科研处批准；购置0.5万元以上的仪器设备，由分管科研的校领导批准。

（4）使用科研经费出国参加学术交流会议或进行科研考察的需经学校学术委员会批准，严禁私自使用科研经费出国参加学术交流会议或进行科研考察。

（5）执行文件或依据：财政部、国家发改委、经贸部《科技三项费用管理办法（试行)》（财工字［1996］44号）；财政部、国家发改委、经贸部、科技部《产业技术研究与开发资金管理办法》（财建字［2002］30号）；教育部、财政部《关于进一步加强高等学校科研经费管理的若干意见》（教财［2005］11号）。

（6）执行时间：2006年1月1日。

（7）标准编号：JF-BZ07-30。

三十一、引进人才安家费和科研启动费标准

（1）省级以上重点学科带头人优惠待遇：科研启动费30万元，安家费30万元。

（2）博士生导师（或国外工作、学习一年以上的正教授）优惠待遇：科研启动费30万元；安家费30万元。

（3）正高级职称人才优惠待遇：科研启动费5万元（文科减半）；安家费15万元，学校提供三室一厅周转房一套或一次性发

给住房补贴 3 万元。

（4）硕士以上学位副教授、博士学位人员的优惠待遇：科研启动费（文科减半）为具有硕士以上学位副教授 3 万元、博士学位人员 2 万元；安家费为紧缺（新兴）学科博士学位人员或紧缺（新兴）学科的具有硕士以上学位副教授发给安家补贴 3 万元，学校提供二室一厅周转房一套或一次性发给住房补贴 2 万元，其他具有硕士以上学位副教授、博士学位人员只享受一次性住房补贴 2 万元。

（5）夫妻双方均为博士或教授的，以职称或学历高的一方享受补贴，并在现有基础上增加安家费 2 万元。

（6）执行文件或依据：高等学校自行制定。

（7）执行时间：2007 年 11 月 1 日。

（8）标准编号：JF-BZ07-31。

三十二、校级科研教研项目资助额度标准

（1）校级科研基金项目资助额度，理工农科类每项 1 万～2 万元，人文社科类每项 0.5 万～1 万元。

（2）校级教研项目资助额度，不分学科类别每项 0.1 万～0.8 万元。

（3）教材编写资助额度，国家"十五规划教材"、"十一五规划教材"、"二十一世纪规划教材"主编者，资助 1 万～5 万元，资助金额由学校学术委员会批准。

（4）执行文件或依据：高等学校自行制定。

（5）执行时间：2004 年 1 月 1 日。

（6）标准编号：JF-BZ07-32。

三十三、科研项目结题结余经费分配标准

（1）纵向科研项目结余经费按以下比例分配：课题组人员加班津贴 50%，课题组预设课题经费、科研启动费（直接费用）或国内外学术交流活动费 50%。

（2）横向科研项目结余经费按以下比例分配：课题组 70%，

院（系、部）20%，学校科技发展基金 10%。

（3）执行文件或依据：高等学校自行制定。

（4）执行时间：2004 年 1 月 1 日。

（5）标准编号：JF-BZ07-33。

三十四、科研论著出版费、论文版面费资助及报销标准

（1）科研论著出版费，由学校学术委员会评审确定资助金额，资助金额标准为 1 万～5 万元，以学术委员会评审会议纪要为准。经费列支渠道为"著作出版费"项目，由财务处立项报销。

（2）省级以上（含省级）刊物发表科研论文，版面费报销标准为 800 元/篇（学校酬金分配办法中已计算发放科研工作量酬金的，资助标准将逐步降低直至取消）；核心刊物发表科研论文，版面费报销标准为 1500 元/篇；权威刊物发表文章，版面费报销标准为 5000 元/篇，由校长审批。

上述标准不含汇款手续费。

（3）执行文件或依据：高等学校自行制定。

（4）执行时间：2006 年 1 月 1 日。

（5）标准编号：JF-BZ07-34。

三十五、研究生生活补贴

（1）由硕士生导师给学生发放生活补贴（工资由原单位发放的定向培养研究生及本校在职研究生除外），以津贴形式发放，一学年按 10 个月计算。

（2）发放标准：一年级 400 元/月，二、三年级 500 元/月。学校鼓励导师在规定的生活补贴以外从科研课题经费或应用开发经费中适当增发硕士研究生生活补贴。

（3）对于不能正常完成学业，违法、乱纪的学生，导师可以中止对其继续发放生活补贴。

（4）对没有能力支付学生生活补贴的导师或课题组，学院将调整其下一年度的硕士研究生招生计划。

（5）执行文件或依据：高等学校自行制定。

（6）执行时间：2006年1月1日。

（7）标准编号：JF-BZ07-35。

三十六、稿费、编审费、编辑及校对费开支标准

（1）学报稿费按80元/篇，审稿费50元/人，编辑部主编编审费200元，副主编编审费120元，编辑校对人员80元/人的标准支付。

（2）校报稿费按1~200字3元，101~200字6元，201~300字9元，301~400字12元，401~500字15元，501~600字18元，601~700字21元，701~800字24元，801~900字27元，901~1500字30元，1500字以上40元的标准发放。

主版编辑校对50元/版，中缝编辑校对20元/版，编审费100元/期。

（3）院（系、部）编刊报稿费100字以下的5元/篇，100字以上的10元/篇。院（系、部）编刊报经费由院（系、部）自筹解决。

（4）执行文件或依据：教育部办公厅《高等学校学报管理办法》（教备厅〔1998〕3号）。

（5）执行时间：2001年9月1日。

（6）标准编号：JF-BZ07-36。

三十七、高等院校本专科生学费收入支出比例标准

（1）高等院校普通本专科生学费收入支出比例标准：补充教学经费25%；教职工超工作量酬金25%；学生奖学金和助学金5%（以教育事业收入为基数，与原计算金额的差额用于补充教学经费）；补充学校办学经费（含归还基建贷款）35%。

（2）高等院校成教生学历教育收费分配比例，教学点的教学经费65%，补充学校办学经费35%；校本部的教职工奖酬金等25%，补充教学经费75%。

（3）使用财政性资金投资兴建学生公寓住宿费收入的支出标准：补充教学经费80%，公寓管理费20%。

（4）自筹资金或引资兴建学生公寓的住宿费收入的支出标准：偿还投资 80%；公寓管理费 20%。

（5）省政府及有关主管部门有关文件明确规定的支出比例应在补充办学经费中统筹安排，不单独解决某项经费比例问题。

（6）执行文件或依据：省教育厅、省财政厅、省审计厅《关于进一步加强高等学校财务管理工作的意见》；省人民政府《普通高等学校和中等职业学校家庭经济困难学生资助政策体系的实施意见》。

（7）执行时间：2007 年 11 月 22 日。

（8）标准编号：JF-BZ07-37。

三十八、工会经费、福利费计提开支标准

（1）省直机关、事业单位工作人员福利费标准，由现行规定的 25 元/（月·人）调整为 30 元/（月·人）。

（2）福利费提取标准比例，由 1965 年规定的工资总额的 2.5%，调整为 2.5%～4%。提取福利费的范围包括离退休人员。

（3）福利费的使用要有余地，做到略有结余，不能分光用光。提成的福利费用以解决工作人员及其家庭生活困难为主，可用于集体福利费，但比例一般不超过本单位提成福利费总额的 40%。

（4）工会经费按职工工资总额的 2% 提取。

（5）执行文件或依据：省人事厅、省财政厅《关于福利费提取办法的规定》；省人事厅、省财政厅《关于调整福利费提取办法的规定》。

（6）执行时间：1997 年 7 月。

（7）标准编号：JF-BZ07-38。

三十九、预算人头费（综合办公费）定额标准

（1）综合办公费标准按人头（不含聘任制人员）计算，教授（正副厅级）1200 元，副教授（正副处级）1000 元，讲师（正副科级）750 元，助教（科员）500 元，其他 400 元。各有关部门按

上列标准计算申报；考虑到个别行政部门人员少，公务活动多，计算综合办公费时可核定一定基数，基数由财务处按照实际情况与有关单位协商核定。

（2）执行文件或依据：高等学校自行制定。

（3）执行时间：2003 年 11 月 1 日。

（4）标准编号：JF-BZ07-39。

四十、实习实验费定额标准

（1）实习经费定额标准

实习每次少于一周的：教学实习（技能训练）按每周五天，文科 4 元/（天·人），其他科类 5 元/（天·人）；生产（毕业）实习按每周六天，文科 5 元/（天·人），其他科类 8 元/（天·人）的标准核定预算额度。

实习每次多于一周的：教学实习（技能训练）按实际天数（实际实习天数），文科 4 元/（天·人），其他科类 5 元/（天·人）的标准核定预算额度；生产（毕业）实习按实际天数（实际实习天数），文科 5 元/（天·人），其他科类 8 元/（天·人）的标准核定预算额度。

指定专业参加学校安排的公益劳动，可适当补贴交通费，按每学期一周，每周 5 天，4 元/（天·人）的标准核定预算额度。

农科、工科学生按毕业论文（毕业设计）200 元/人，课程论文 50 元/人的标准核定预算额度；经济类学生按毕业论文（毕业设计）150 元/人，课程论文 50 元/人的标准核定预算额度。

（2）实验经费标准

实验经费按一等 1.5 元/人/课时，二等 1.2 元/人/课时，三等 1 元/人/课时，四等 0.8 元/人/课时，五等 0.5 元/人/课时，六等 0.3 元/人/课时的标准核定预算额度。

（3）执行文件或依据：高等学校自行制定。

（4）执行时间：2003 年 11 月 1 日。

（5）标准编号：JF-BZ07-40。

四十一、奖教奖学金

（1）校级奖教奖学金

奖教金标准：一等奖 1200 元/人，约 3 名；二等奖 800 元/人，约 7 名；三等奖 400 元/人。

奖学金标准：一等奖 1200 元/人，约 3 名；二等奖 600 元/人，约 6 名；三等奖 300 元/人，约 25 名。

（2）优秀新生奖学金

第一志愿报考我校，且高考分数在第一批录取分数线上的本科新生，可获得一等奖，3000 元/人。

第一志愿报考我校，且高考分数在第二批录取分数线上的本科新生，按 10% 的比例评选二等奖，2000 元/人。

（3）其他奖学金

优秀三好学生奖金标准 2200 元/人；三好学生奖金标准为 1500 元/人；单项积极分子奖金 700 元/人；特别奖 500 元/人。

（4）执行文件或依据：高等学校自行制定。

（5）执行时间：2003 年 11 月 1 日。

（6）标准编号：JF–BZ07–41。

四十二、学生助学金、勤工助学基金开支标准

（1）农科类学生、师范类学生享受人民助学金，按 50 元/（月·生）、每年 10 个月的标准开支。

（2）勤工助学基金

学生参加学校组织的在各院（系、部）、各单位勤工助学领取的勤工助学金，首先由使用单位申请，学生处在贫困学生库中挑选合格学生面试，人事处审批确定岗位职数。

使用单位应严格做好学生勤工助学金原始考勤记录，由学生处制单，按学生处制定的学生勤工助学管理办法进行审批，由财务处结算中心通过银行转存发放。

学生勤工助学原则上每周不超过 8 小时，每月不超过 40 小时，勤工助学金标准为 8 元/小时。学生勤工助学金每月原则上不得超

过 320 元。

（3）执行文件或依据：教育部、财政部《高等学校勤工助学管理办法》。

（4）执行时间：2007 年 11 月 1 日。

（5）标准编号：JF-BZ07-42。

四十三、学生参加学科、科技竞赛管理与奖励办法

（1）对指导教师的奖励

根据学生获奖等级，学校对创新性学科或科技竞赛的指导教师按表 10.3 所示的标准进行奖励。

表 10.3　　　　　　　　对指导教师的奖励标准　　　　　单位：元/队

奖励额度　　　获奖等级　竞赛类别	一等奖	二等奖	三等奖	优秀奖
国家级	10000	6000	4000	2000
全国性、省级、国家级省赛区	6000	4000	2000	1000
全省性、全国性省赛区	2000	1000	500	300
校级	1000	600	300	100

注：1. 获奖等级以竞赛主办单位或团体颁发的证书或文件为依据；

2. 同一个队同时获得同类多等级奖项的按最高级奖励，奖金不累加；

3. 另有计算指导工作量的（如创新基金项目），奖励减半；

4. 获奖等级设特等奖、一等奖、二等奖的，特等奖按表 10.3 中的一等奖奖励、一等奖按表 10.3 中的二等奖奖励，以此类推。

（2）对获奖学生的奖励

①各级学生竞赛的获奖级别的认定，以竞赛主办单位或团体颁发的证书或文件为依据，由主办单位颁发统一的获奖证书，竞赛成绩记入学生档案。

②根据获奖等级，学校对获奖学生按表 10.4 所示的标准进行

奖励。

表 10.4　　　　　　　对获奖学生的奖励标准　　　　单位：元/队

获奖等级 奖励额度 竞赛类别	一等奖	二等奖	三等奖	优秀奖
国家级	10000	6000	4000	2000
全国性、省级、国家级省赛区	6000	4000	2000	1000
全省性、全国性省赛区	2000	1000	500	300
校级	1000	600	300	100

注：（1）以个人为单位（1 人/队）参赛的，按同等级每队奖励额的50% 予以奖励；

（2）同一个队同时获得同类多等级奖项的，按最高级奖励，奖金不累加；

（3）获奖等级设特等奖、一等奖、二等奖的，特等奖按表 10.4 中的一等奖奖励、一等奖按表 10.4 中的二等奖奖励，以此类推。

③经学校批准组队参加国家级、省级竞赛的竞赛队（校队），报名费由学校承担；其他学生可自由组队以学校名义自费参赛，在不影响校队情况下可以参加学校组织的有关培训，如获奖，学校给予报销报名费并与校队享受同等奖励待遇。

（3）对优秀组织单位的奖励

学校对积极组织并取得显著成绩的校外竞赛的组织单位给予奖励。每一竞赛项目，学校按 1 个最高获奖级别学生参赛队的奖励额度奖励承办单位，凡在同一年度内组织两项以上（含两项）竞赛的，不予累加。

（4）执行文件或依据：高等学校自行制定。

（5）执行时间：2008 年 1 月 28 日。

（6）标准编号：JF-BZ07-43

四十四、体育教师专项补助标准

（1）教学劳保服装费标准：在编教师 200 元/（人·年），聘

276

任制（聘用期一年以上的）教师 150 元/（人·年）。体育教师服装费凭法定正式发票报销，发票需载明服装类别为运动服，报销时在不超过规定限额标准内据实报销，票据金额不足标准的按实际金额报销。

（2）高温费补贴标准：体育教师室外高温费补贴标准按每年 3 个月补贴，按每月 22 天 3 元/天标准计算发放，凭考勤记录于每年 9 月 30 日前一次性发放。由体育部制表，人事处审批，在体育维持费中列支。

（3）各项比赛奖励标准

市级比赛：学生取得单项前三名的教师奖励 250 元，学生取得集体项目前三名的教师奖励 300 元。

省级比赛、区域性比赛：学生取得单项前三名的教师奖励 500 元，学生取得集体项目前三名的教师奖励 600 元。

省大运会比赛：学生取得单项前三名的教师奖励 750 元，学生取得集体项目前三名的教师奖励 800 元。

全国大学生比赛：学生取得单项前三名的教师奖励 1000 元，学生取得集体项目前三名的教师奖励 1200 元。

（4）校级运动会补助标准：竞赛期间各项目裁判长和核准规定工作人员按每人 50 元/天标准给予补贴，凡领取补贴的不得算教分。

（5）执行文件或依据：高等学校自行制定。

（6）执行时间：2001 年 9 月 1 日。

（7）标准编号：JF-BZ07-44。

四十五、学生比赛训练及比赛期间补助奖励标准

（1）学生平时比赛训练期间补助标准：校级田径队、游泳队、排球队、武术队、定向越野等各运动队参加市级单项比赛、省级比赛、区域性比赛、省大运会、全国大运会赛前平时训练，参训队员按 3 元/（人·次）标准计发补助；训练期为 30 天以上的按 6 元/（人·次）标准计发补助。

（2）学生寒暑假比赛训练补助标准：校级田径队、游泳队、

排球队、武术队、定向越野等各运动队参加市级单项比赛、省级比赛、区域性比赛、省大运会、全国大运会赛前寒暑假期间技能训练，参训队员按15元/（人·次）标准计发补助。

（3）学生比赛期间补助标准：校级田径队、游泳队、排球队、武术队、定向越野等各运动队参加市级单项比赛、省级比赛、区域性比赛、省大运会、全国大运会比赛期间，参赛队员按20元/人·天标准计发补助。

校级运动会学生裁判员补助标准按每人每天30元计发。

（4）校外竞赛获奖奖励标准

市级比赛：个人单项30元/分；集体项目30元/（分·项）。

省级比赛、中南区比赛：个人单项60元/分；集体项目60元/（分·项）。

省大运会比赛：个人单项100元/分；集体项目100元/（分·项）。

全国大学生比赛：个人单项150元/分；集体项目150元/（人·分·项）。

（5）执行文件或依据：省教育厅、省财政厅、省体育局《大学生体育比赛经费开支标准及财务管理办法》。

（6）执行时间：2006年9月1日。

（7）标准编号：JF-BZ07-45。

第十一章　高等学校资产及负债管理的质量保证

第一节　资产及负债管理概述

一、资产的概念及分类

（一）资产的概念

资产是指学校占有或使用的能以货币计量的经济资源，包括各种财产、债权和其他权利。

（二）资产的分类

资产包括流动资产、固定资产、无形资产和对外投资等。

1. 流动资产

流动资产是指可以在一年内变现或消耗的资产，包括各币种现金、存款、应收及暂付款、借出款和存货等。

各单位必须建立健全现金及存款的内部管理制度。应收及暂付款项应当及时清理结算。

存货是学校在开展教学、科研及其他活动过程中为消耗而储存的资产，包括各类材料、燃料、消耗物资、低值易耗品等。存货应定期或不定期清查盘点，保证账实相符。存货盘盈或盘亏，应及时调账。

2. 固定资产

固定资产是指一般设备单价在 500 元以上、专用设备单价在 800 元以上、使用期限在一年以上并在使用过程中基本保持原有物质形态的资产。单位价值虽未达到规定标准，但耐用时间在一年以上的大批量物质，也作固定资产管理。

固定资产分房屋及建筑物、专用设备、一般设备、文物和陈列品、图书、家具、其他固定资产。

固定资产应定期或不定期清查盘点，保证账实相符。

3. 无形资产

无形资产是指不具有实物形态而能为使用者提供某种权利的资产，包括专利权、商标权、著作权、土地使用权、非专利技术、商誉及其他财产权利。

无形资产转让或对外投资时，必须按有关规定进行资产评估。无形资产转让收入记入教育事业收入，取得无形资产的支出记入教育事业支出。

4. 对外投资

对外投资是指学校利用货币资金、实物、无形资产等方式向校办企业和其他单位进行的投资。

以实物资产、无形资产对外投资的，必须进行资产评估，按评估价作为对外投资价值入账。学校对外投资，应当按国家有关规定报经主管部门、国有资产管理部门和财政部门批准或备案。学校对外投资必须在保证资金安全的前提下坚持效益优先的原则。对外投资取得的收益，计入投资收益有关科目，按照有关规定分配。

二、负债的概念及分类

（一）负债的概念

《高等学校财务制度》规定的负债是指"高等学校所承担的能以货币计量，需要以资产或劳务偿还的债务"。

（二）负债的分类

根据高等学校债务会计制度，可将高等学校的债务分为：借入款、应付及暂存款、应缴款项和代管款项。应缴款项包括规定高等学校应当上缴财政专户的预算外资金和应当上缴财政预算内的资金、应交税金以及其他按照国家有关规定应当上缴的款项。应缴款项、应付及暂存款和代管款项主要是指日常财务核算中形成的待结算款项。

（三）高等学校的债务

1. 高等学校债务的概念

高等学校债务是指高等学校因借贷行为所产生的负债，主要用于教学、科研、基本建设和后勤等方面的借款，主要为银行信贷借款。

2. 高等学校债务风险的概念

高等学校的债务风险是指高等学校的负债在宏观经济环境、微观条件以及高等学校的资金供需情况等因素的影响下，对自身的运营和发展造成的不确定性影响。

3. 债务风险类型

分为主观风险和客观风险。主观风险是指高等学校的融资项目缺乏科学性及可行性，从而导致高等学校的财务风险；客观风险是指国家或上级主管部门政策的变化导致融资成本上升的风险。

第二节 高等学校资产管理制度质量保证体系的建设

一、现金管理制度的建立与设计

（一）现金管理制度

1. 限额库存现金

一般为 3～5 天的现金使用量，不准超限额库存现金。

2. 三不规定

不准以白条抵库；不准私人借支公款；不准挪用公款。

3. 现金提取管理办法

提取现金要填制现金提款单，由出纳科长审核签章，报处长审批后方可开支票到银行提款。经费核算科应根据现金使用情况及时通知出纳科补充现金。

4. 现金管理办法

（1）现金出纳必须每天核对库存现金与账面余额是否相等，做到日清月结，随时接受稽核。

（2）必须指定专人对库存现金进行定期和不定期盘点，定期盘点为每月一次，时间为月末最后一个工作日，不定期盘点为随机突击盘点。

（3）学校必须根据《现金管理暂行条例》的规定，结合学校的实际情况，确定学校现金的开支范围。不属于现金开支范围的业务应当通过银行办理转账结算。

（4）现金收入应当及时存入银行，不得用于直接支付自身的支出。因特殊情况需坐支现金的，应事先报经开户银行审查批准。

对外借出款项必须执行严格的授权批准程序，严禁擅自挪用、借出货币资金。

（5）取得的货币资金收入必须及时入账，不得私设"小金库"，不得账外设账，严禁收款不入账。

（二）库存现金余额审验办法

（1）审验时，出纳人员暂停现金收付业务，将所有现金锁入保险柜；

（2）出纳人员将未记账的收付款凭证登记入账，结出现金日记账余额，打印出现金收付日报表。

（3）准备好现金清点表。

（4）先由出纳人员点数，稽查人员及会计核算负责人从旁监点，然后将数字填入清点表。清点过程中发现的所有款项，均应计数并填入现金清点表。

（5）稽查人员复查。

（6）清点结束，将现金清点表记录的总额与现金日记账余额进行核对。如发现盘盈、盘亏，应立即查明原因，一并填入清点表。盘盈的现金如属其他单位寄存，出纳应提供证明文件；盘亏短缺的现金，出纳员应说明理由。

（7）清点表应由出纳、稽查人员及会计核算负责人签名，对查处的问题应及时上报。同时进一步调查了解，根据具体情况，提出处理意见。

（8）长短款的处理。对长款要查明原因，及时入账；对短款也要查明原因，属于出纳人员责任的由出纳人员赔偿。

二、银行存款管理制度的建立与设计

(一) 管理规定

(1) 银行出纳应严格执行银行结算制度和结算纪律，按规定的程序签发支票，不准公款私存，不准出租或出借支票或账户，不准挪用公款等。

(2) 学校应当严格按照《支付结算办法》等国家有关规定，加强银行账户的管理，严格按照规定开立账户，办理存款、取款和结算。

开立银行账户需按省财政厅《省级预算单位银行账户管理暂行办法》的规定办理审批和备案手续。

财务处应当定期检查、清理银行账户的开立及使用情况，发现问题，及时处理。

(3) 银行出纳应及时到开户银行取回银行对账单，交给财务处指定的银行账户对账员。对账员应定期核对银行账户，每月至少核对一次，编制银行存款余额调节表，使银行存款账面余额与银行对账单调节相符。如调节不符，应查明原因，及时处理。

(4) 对账单应由对账员签名、出纳科长签名、财务处长签名、审计处长签名、主管财务校长签名。

(二) 支票签发管理办法

应加强对银行结算凭证的填制、传递及保管等环节的管理与控制。

1. 支票的签发

(1) 学校应当严格遵守银行结算纪律，不准签发没有资金保证的票据或远期支票，套取银行信用；不准签发、取得和转让没有真实交易和债权债务的票据，套取银行和他人资金；不准无理拒绝付款，任意占用他人资金；不准违反规定开立和使用银行账户。

(2) 支票签发由银行出纳员进行，电脑审核制单及复核人员不能兼任支票的签发工作。审核人员录入记账凭证需使用支票号时，由报账人员向银行出纳索取支票号后四位号码，交由审核人员录入，不得由报账人员直接持有空白支票。

（3）银行出纳员签发支票时，必须根据审核无误并经复核的记账凭证开出。

在签发支票前，出纳人员应认真查明银行存款的账面结余数额，禁止签发空头支票；不得签发远期支票，控制签发限额支票。

在签发支票时，应详细列明收款单位及签发日期，并按经济业务列明款项用途及余额；不得巧立名目，套取现金或购套物资；不得签发无日期和无收款单位或金额的支票。签发支票收款单位应与开具发票单位名称相符，使用借款的应与借款单填列的单位名称相符。

因支票印章实行出纳、会计分管，出纳人员在开具支票时先填好有关事项，并加盖所管印章，然后将支票存根附在记账凭证上，连同支票交由另一指定会计核对后加盖印章，支票方为有效。

（4）签发现金支票应遵守现金结算管理制度；严禁用现金支票支付现金结算范围外的应付款项。

（5）原则上不予开具不确定金额的限额空白支票，业务部门可以事先联系确定金额或开具略低于所需金额的支票后，再补足或退回少额现金后回财务处报销时多退少补。

2. 支票的保管

（1）银行出纳员负责保管空白支票，因出纳写错形成的作废支票统一由出纳员保管，月末装订、登记，经会计核算负责人审核、签名后，附在当月记账凭证后面。

（2）退回的作废支票按规定附在与之相关业务的记账凭证里，随单装入册。应定期与银行核对作废支票记录。

（3）应设立"支票购入使用登记簿"，由票据管理人员负责登记支票的购入使用情况。购买支票，需出纳提出书面申请，经会计核算负责人批准。购回的支票，由票据管理人员在登记簿上列明所购支票数量及号码并签名，交银行出纳签收。银行出纳应根据空白支票使用情况，及时通知票据管理人员购买空白支票，避免出现空白支票短缺情况。

（4）开出支票时，由使用者在登记簿上填写支票使用情况，月末（或定期）由银行出纳将登记簿连同银行日记账交票据管理人员核销已用支票。

（5）票据管理人员负责制定"作废支票登记表"和"支票购入使用登记簿"的具体格式及内容，并在实践中逐步修订完善。

（三）票据及银行预留印鉴的管理

（1）银行支票和印章分别由银行出纳和会计核算负责人（或指定会计）保管。支票由银行出纳保管，印鉴由指定会计及出纳分管。

（2）委托银行从银行卡（折）代发职工工资、奖酬金及学生各类补贴等，需由个人经费核算人员提供明细资料。明细资料需经过复核确认并作入账原始凭证（或单独装订存查）。

（3）凡委托银行现场收款时，各类收款凭证总计金额必须和银行现场人员核对无误，并在取得银行有效入账单后及时进账。

（4）凡校内单位或个人因业务需要，需财务处提供银行账号的，需登记所在单位，姓名及用途。财务处将提供加具印章的关于银行账号的书面证明。

（5）支票印鉴章保管。为明确财务会计岗位责任，加强内部牵制，支票印鉴章实行出纳、会计分别管理。

财务处在银行预留印鉴章三枚，银行出纳人员保管两枚印章，另一枚由相应指定会计负责保管。印章应分保险柜存放。

财务专用章由指定人员保管，并按规定使用。负责保管印章的人员不得兼管收据、发票等票据购销、保管工作。

三、货币资金安全防范保障措施

（1）存放现金及重要票证，必须用保险柜，不得存放在木制桌柜和无保险防护设施的器具内。库存现金应严格按银行规定限额存放。保险柜钥匙要专人妥善保管，不得存放在办公室抽屉内。

（2）遇特殊情况，有超限额的大量现金存放财务处过夜的，需经过领导同意，并安排专人值班看护。

（3）到银行提取或送存大额现金，必须有专人专车护送。

（4）加强对支票的管理，坚持检验复核制度，严格执行支票使用规定，防止丢失、受骗。

四、货币资金管理的监督检查

学校应当建立对货币资金业务的监督检查制度，明确监督检查机构或人员的职责权限，定期和不定期地进行检查。对于重要货币资金支付业务，应当实行集体决策和审批，并建立责任追究制度，防范贪污、侵占、挪用货币资金等行为。货币资金监督检查的内容如下。

（1）货币资金业务相关岗位及人员的设置情况。重点检查是否存在货币资金业务不相容职务混岗的现象。

（2）货币资金授权批准制度的执行情况。重点检查货币资金支出的授权批准手续是否健全，是否存在越权审批行为。

（3）支付款项印章的保管情况。重点检查是否存在办理付款业务所需的全部印章交由一人保管的现象。

（4）票据的保管情况。重点检查票据的购买、领用、保管手续是否健全，票据保管是否存在漏洞。

对监督检查过程中发现的货币资金内部控制中的薄弱环节，应当及时采取措施，加以纠正和完善。

五、高等学校固定资产管理制度的质量保证体系

（一）高等学校固定资产管理存在的主要问题

1. 固定资产投资大绩效欠佳

根据教育部关于各类高等学校教学工作水平评估标准的规定，各类高等学校生均教学设备（不含科研后勤管理固定资产投入）为5000元。按2005年全国各类普通高等学校在校生1400万人计算，教学固定资产的总投入为700亿元，如广东省2006年各类普通高等学校在校生为85万人，教学固定资产投入近50亿元。巨大的固定资产投入经费来源为财政拨款、财政贴息贷款、预算外收入（学杂费收入）、学科与专业建设专项资金，科研经费等，如2003—2005年，广东省对省属高等学校一次性投入财政贴息贷款资金10亿元。但从实际效果看巨额资金投入的绩效欠佳，重点实验室和重点实训中心落后于先进省市的水平，某高等学校食品学科

实验室一次性投入 1500 万元，但真正发挥的作用却不大。

2. 固定资产管理体制不完善，造成账与物不相符，资产流失严重

由于管理机构设置的问题，高等学校普遍存在着固定资产价值（财务）管理与实物（使用单位）管理严重脱节的现象。高等学校固定资产实物管理职能通常属于设备处或国有资产管理处，财务处（或称财务与国资处）仅管固定资产总账。长期以来，由于沟通存在问题，造成账实、账卡、账账不相符，特别是由科研经费购置的固定资产大部分未办理资产报增手续，造成严重的国有资产流失。固定资产增加计价入账、减少报废、清查核实也存在严重的问题。

3. 重复购置，造成严重浪费

在各高等院校固定资产中，除少数大型仪器设备在部分地区实行共用外，绝大部分属学校各部门所有，由各部门管理。由于多头管理，财产物资在使用管理上职责不明确，当教学仪器设备和行政设备概念模糊、相互交叉时，就会发生职能部门相互推诿的现象。拥有者为了自己的使用方便而不愿共用；有的则怕用坏了，影响自己使用而不让他人使用。而未拥有者因需要，但不能及时使用，因而想方设法筹措资金购置。由于没有有效的管理制约措施，重复购置得以稀里糊涂地实现了，从而造成了资金浪费。

4. 未建立健全固定资产绩效评估体系，投入产出效益欠佳

固定资产使用及管理缺乏必要的监督制约机制，管理意识淡薄，部分资产体外循环，流失严重。主要表现在以下几点：一是各部门利用自身的优势和条件广开财源，同时又利用取得的部分收入购置资产，这些资产有很大一部分在账外循环，固定资产流失严重；二是涉及合作办学、接受捐赠、无偿划拨、自制或改建等的固定资产，由于没有价值或价值不确定或不准确，有相当部分没有验收入账，或入账价值不准确，造成账实不符，投入产出效益欠佳；三是基建形成的固定资产，由于竣工验收、决算、移交、工程决算审核等各环节均存在一定的时滞性，也导致了未能及时入账和账外资产的形成。

(二) 高等学校固定资产管理制度质量保证体系的建设

1. 加强领导，分级管理，完善固定资产管理机制

（1）学校领导、各职能部门及院系应高度重视，将固定资产管理从体制方面落到实处。明确财务处（或称财务与国资处）为学校固定资产管理职能部门，并统一将财务处改为财务与国资处，然后分块在设备处、科研处、总务处、图书馆等部门对口设置二级职能机构，实物使用单位设置专兼职的固定资产管理员，负责本单位的固定资产管理。

（2）按 ISO9000 标准建立健全一套符合高等学校发展特点的固定资产管理制度，实施定期和非定期资产清查制度；防止国有资产流失。

2. 加强计划管理，管理配置资源，建立和完善固定资产投入产出绩效评价体系，防止重复购置

高等学校应当强化资产管理部门的职能，将全校所有固定资产的计划、预算、购置、管理和使用、清查等环节有机地结合起来，贯彻"统一目录、统一采购、统一管理、统一调剂"的原则，防止多头购置，多头管理的现象。引入投入与产出机制，建立健全项目、设备、资产投资的绩效评价体系，将计划、采购、使用、管理、评估全过程纳入正常的轨道，强化管理。特别是对大型仪器设备、精密仪器、大批量的采购项目（批次金额在 10 万元以上）要建立严格的可行性论证制度，对其购置原因、绩效等进行可行性论证，做到心中有数，同时，建立健全项目绩效评估体系，发现问题，及时处理。

3. 改进管理手段，对固定资产实行网络化计算机辅助管理

信息时代网络技术的快速发展，高等学校校园网的开通，新校区、多校区资产管理的需要，使高等学校加快改进资产管理手段成为必要和可能，必须加快实行网络化计算机辅助管理固定资产的进程。可以在财务与国资处设置一台服务器，通过校园网连接设备处、科研处、总务处、图书馆的终端工作站，使用专用的固定资产管理软件，使各工作站录入的资产报增单或卡片即时成为财务与国资处的报增单或卡片，再对接到财务核算模块软件即可自动生成记

账凭证。这样，一方面各个工作站录入的报增单或卡片即时成为财务处的报增单或卡片，减少了财务处的工作量，减轻了财务处的工作压力；另一方面，凭各个工作站录入的报销单或卡片附发票办理财务报账手续可以从根本上确保账卡物三相符。

4. 调剂资产余缺，盘活高等学校系统内存量固定资产，提高固定资产的利用率

在省教育主管部门的统一领导下，增设系统内余缺调剂统计指标，统计发布可供调剂的固定资产明细资料，以便于系统内调剂，盘活高等学校的固定资产，提高固定资产的利用率。

第三节　高等学校防范财务风险质量保证体系的建设

一、高等学校财务风险概述

（一）高等学校财务风险的概念

高等学校财务风险是指高等学校在运营过程中因资金运动所面临的风险，包括内部财务风险和外部财务风险。

1. 内部财务风险

内部财务风险多是由于单位内部管理机制存在问题而导致的，能够通过改善这种管理而得到控制。同时，高等学校的历史原因及其发展特征，使得高等学校内部财务风险在高等学校面临的全部财务风险中占很大比例。内部风险因素主要是高等学校财务目标的确定、政策的选择、财务制度的设计、财务活动的运作和教育成本的确认与计量等。

2. 外部财务风险

（1）《中华人民共和国高等教育法》规定，"国家建立以财政拨款为主、其他多种渠道筹措高等教育经费为辅的体制"，这给高等学校筹资方式、资金构成带来变化，也带来了财务风险。

（2）随着宏观管理体制的变革，高等学校投资方式的转变，办学规模的扩大，教育投入不足的矛盾日益激化，筹资渠道的拓

宽，改善了办学条件，缓解了事业发展过程中的实际困难，增加了高等学校的资金来源，也造成了巨大的筹资风险。

（二）高等学校财务风险的种类

1. 制度性财务风险

影响高等学校财务风险的相关制度包括外部制度和内部制度，外部制度指国家及地方为规范高等学校财务行为和协调不同财务主体之间财务关系而制定的相关规定；内部制度是指高等学校管理当局为规范内部财务行为，处理学校内部财务关系，协调学校与相关利益主体之间财务关系的具体规则。高等学校内部制度的不健全、不完善或缺乏有效的内部牵制机制所造成的财务风险是较普遍的，危害极大。

2. 固有的财务风险

高等学校固有的财务风险来自财务管理本身固有的局限性和财务管理依据的信息的局限性两个方面。财务管理作为一门经济学科和管理手段，本身尚未成熟，一些重要的财务理论建立在假设基础上，这些假设与现实存在一定的差距，是对不确定的客观经济环境所作的一种估计，这些理论自身就存在一定的风险。另外，随着经济形势的日益复杂化，财务管理的对象不断扩展，财务管理理论对一些经济现象的规律难以准确把握。会计信息作为财务管理依据的主要信息来源尚不完整，这些都使财务管理风险时刻存在。

3. 操作性财务风险

操作性财务风险是指财务管理人员在进行财务管理的过程中，由于技术操作水平限制以及运用财务管理方法不当，或者由于对外部信息质量的确认不足等原因而造成的工作上的失误，给学校带来的财务风险。操作性财务风险虽然可能来源于个别人员，但由于决策层的相关知识和经验的欠缺而造成的损失不容低估。

（三）高等学校财务风险的表现形式

从高等学校财务管理的实际看，高等学校存在的财务风险的表现形式主要有以下几种：

（1）高等学校财务状况总体失衡风险。

（2）高等学校债务风险。

（3）高等学校对外投资风险。

二、高等学校财务风险形成的主要原因

（一）高等学校的法人主体地位客观上形成了财务风险

《中华人民共和国高等教育法》确立了高等学校的法人地位，出资人与法人之间形成了两个不同的财产独立主体之间的法律关系。高等学校法人财产的确立，界定了高等学校作为产权主体的权利和义务，从而也就确定了高等学校参与经济活动的能力，实现了高等学校民事权利能力和民事行为能力的统一。高等学校作为法人主体，在市场经济背景下，其财务管理与计划经济时期相比，财务管理的立足点、财务管理的目标和财务管理的主体都有很大不同。计划经济体制下，高等学校财务管理的主体在本质上是国家或政府，其真正的理财主体地位没有得到承认。市场经济条件下，高等学校是财务管理的主体，学校在获得财政拨款的同时，可以依法自主筹措办学资金，投资由高等学校自主决策，政府只是在宏观上调控和指导学校的财务行为，而不直接管理学校的财务活动。随着高等教育改革的不断深入，高等学校被赋予更多的自主权，体现在财务管理上，就是高等教育改革给其带来财务运作自主权的同时，也使其承担了相应的财务风险。

（二）高等学校财务内部治理以及运行机制存在缺陷形成了财务风险

高等学校日常管理中，为了保持正常运行，自身具有一套完整的组织结构、管理体系，这是高等学校存在和发展的制度性基础，其任务是明确高等学校的决策层、管理层和任务实施者各自的权力、责任和利益。高等学校只是发挥了财务管理的计量、分类、记录和汇总会计信息的简单职能，财务管理并没有真正进入学校决策的全过程。高等学校财务运行机制是财务管理活动赖以进行、相互联系和相互作用的若干要素及其技能组合而成的机制，包括与学校内部财务管理相关的各种制度、财务管理信息系统和财务管理过程三方面的内容。目前，高等学校财务管理制度不健全，财务管理信息系统落后，财务管理过程不够科学、严密，缺乏财务管理过程中

财务预测决策、预算、控制和分析过程的有机结合。现行的收付实现制会计核算体系很难准确反映高等学校的筹资活动，有的基建工程竣工交付后仍然挂账，不能真实地体现高等学校的财务现状，无法实现高等学校的财务目标，以控制财务风险。

（三）高等教育规模扩张迅速与财力增长缓慢的矛盾导致高等学校的债务风险

近年来，随着高等学校招生人数、办学规模、固定资产投入的不断扩大，学校对发展建设资金的需求急剧增加，学校原有的资金来源远远不能满足办学的需要。在这种情况下，许多高等学校选择了商业银行贷款来解决资金短缺问题，形成了高等学校贷款风险。

（四）缺乏财务预警系统

财务预警分析是通过对财务报表及相关资料的综合分析、预测，及时利用财务数据和采用数据化管理方式，在高等学校现有财务管理和会计核算基础上，设置相关量化指标，对高等学校经营各环节可能发生的风险，发出预警信号，为管理当局提供决策依据。但大多数高等学校由于技术、人员素质和管理方面的原因，未建立财务预警系统，甚至未认识到建立财务预警系统这道"防火墙"的重要性。此外，已经建立财务预警系统的学校，由于现行财务预警系统的局限性，其工作仍停留在表层上，定性分析不足。

三、高等学校防范财务风险质量保证体系的建设

（一）政府相关部门应加强监管力度

政府相关部门应当加强监管，引导各高等学校合理地发展，使中国高等教育形成一个合适的规模，以防范由此带来的风险。政府应根据我国高等教育的现状，制订科学合理的发展规划，根据规划方案来引导和监控各高等学校的发展，防止盲目投资和重复建设，主动监管高等学校财务风险。

1. 借鉴广东省的做法建立还贷准备金制度

（1）广东省教育厅、财政厅、审计厅联合印发了《关于进一步加强高等学校财务管理工作的意见》（粤教财〔2006〕17号），要求省属高等学校必须在年度预算中按贷款余额的3%～5%预留

还贷准备金。2007—2011 年，广东省属高等学校共安排还贷准备金 17.03 亿元，其中，用于偿还贷款本金 8 亿元，用于偿还贷款利息 0.8 亿元，结余部分计划用于归还陆续到期的债务本息。

（2）广东省教育厅配合省委组织部等有关部门，印发了《关于进一步加强对高等学校若干重大问题监督管理的意见》（粤组字［2010］8 号），明确对无视财务风险、自行扩大贷款规模的学校，将根据有关规定对主要责任人进行严肃处理。

2. 借鉴广东省的做法建立定期经济责任审计制度

广东省教育厅、财政厅、审计厅联合印发了《进一步加强我省高等学校财务管理工作的补充意见》（粤教财［2011］1 号），提出各学校校长任期内的债务归还情况将作为领导干部任期经济责任审计的重要内容。

3. 借鉴广东省的做法建立货款审批制度

广东省教育厅、财政厅、审计厅联合印发了《关于加强省属高等学校债务管理的意见》（粤教财［2011］9 号），提出从 2011 年 4 月 1 日起建立省属高等学校贷款审批制度。截至 2012 年 4 月 19 日，共有 24 所省属高等学校向广东省教育厅、财政厅提出了贷款申请，申请贷款金额共 35.35 亿元，其中续贷 16.92 亿元，新增贷款 18.43 亿元。广东省教育厅、财政厅经过认真测算和审核，批复同意贷款金额为 22.22 亿元，其中，续贷 13.51 亿元，比申请金额减少 3.41 亿元；新增贷款 8.71 亿元，比申请金额减少 9.72 亿元。贷款审批制度在督促高等学校落实还贷责任和控制高等学校新增贷款方面取得了明显的效果。

4. 建立贷款额度控制与风险评价模型

根据《关于加强省属高等学校债务管理的意见》，现以广东省 ZK 大学为例，对有关贷款额度控制与风险评价模型进行论述。

（1）ZK 大学非限定性净收入

根据 ZK 大学的招生规模和事业发展情况测算，2012 年至 2018 年，学校非限定性净收入总额为 79401 万元，其中 90% 用于归还银行贷款本息，即可归还本息 71460.9 万元。ZK 大学银行贷款额度控制与风险评价的相关数据见表 11.1。

表 11.1　**ZK 大学银行贷款额度控制与风险评价的相关数据**

单位：万元

序号	年份／项目	2012	2013	2014	2015	2016	2017	2018
1	非专项教育经费拨款	13573	15856	19987	22831	22831	22831	22831
2	教育事业收入	8738	9576	11350	12315	12315	12315	12315
3	附属单位缴款							
4	其他经费拨款	250	250	255	255	260	260	265
5	上级补助收入	—	—	—	—	—	—	—
6	其他收入	1475	1518	1574	1695	1795	1895	1995
一、	非限定性收入	24036	27200	33166	37096	37201	37301	37406
8	基本支出	21345	22025	23620	24465	25210	25810	26510
9	科研支出	550	600	700	800	800	900	900
10	已贷款利息支出	1390	1390	1390	1390	1390	1390	1390
11	对附属单位补助支出	—	—	—	—	—	—	—
二、	必要刚性支出	19405	20035	21530	22275	23020	23520	24220
三、	非限定性净收入	4631	7165	11636	14821	14181	13781	13186

（2）ZK 大学 7 年期累计非限定性净收入现值

近两年平均非限定性净收入 $R_0 =$ （4981＋7754）/2＝6367.5（万元）

设定非限定性净收入增长率 g 为 26%，7 年期银行平均贷款利率 i 为 6%，

则 7 年期非限定性净收入现值系数 $f = \left(\dfrac{(1+g)^n}{(1+i)^n} - 1 \right)$ （1＋g）/ $(g-i)$ ＝14.82

7 年期累计非限定性净收入现值 ＝ $R_0 \times f$ ＝6367.5×14.82＝94366.35（万元）。

（3）ZK 大学 7 年期累计贷款控制额度

截至 2011 年，ZK 大学事业基金没有结余，因此，

7 年期累计贷款控制额度＝7 年期累计非限定性净收入现值＝

94366.35 万元。

（4）7 年期累计新增贷款控制额度设定累计未偿还贷款余额为 26350 元，拟新增贷款额度为 15650 万元。

7 年期累计新增贷款控制额度＝7 年期累计贷款控制额度－累计未偿还贷款余额＝94366.35－26350＝68016.35（万元），大于 ZK 大学拟新增贷款额度 15650 万元。

（5）ZK 大学贷款风险程度评价

现有贷款风险指数＝累计未偿还贷款余额/7 年期累计贷款控制额度＝26350/94366.35＝0.28，属于较低风险。

新增贷款后贷款风险指数＝累计未偿还贷款余额/7 年期累计贷款控制额度＝42000/94366.35＝0.45，属于中等风险。

5. 商业银行应建立健全严格的高等学校贷款审批制度

商业银行是高等学校贷款的债权人，应建立健全严格的高等学校贷款审批制度。建立客户的信用档案制度后，高等学校如有信用不良记录，再次向银行申请贷款时，则会面临更加严格的审批手续。如果高等学校贷款不能够还本付息，其贷款将成为银行的坏账，银行应加强对高等学校贷款的管理，积极采取措施防范和控制高等学校贷款风险，必须坚持审慎的信用配给机制；在贷后管理中，要对高等学校贷款的使用和高等学校现金的流向进行专业化的跟踪监控。商业银行可以考虑将优质的高等学校贷款打包为信贷资产组合，以其作为基础资产，进行资产证券化运作，以降低银行对于高等学校贷款的流动性风险和利率风险，并强化银行对高等教育发展的信贷支持。

6. 政府相关部门应加强对高等学校财务监管和资金使用的绩效审计

政府要对没有还清贷款的高等学校实行财务监管，严格限制其非教学活动支出，如接待费、公车购置和使用费、出国考察费等支出。高等学校自身要加强对重大科研项目以及重点学科建设的效益评估和分析，防止拍脑袋乱上项目造成高等学校重大经济损失。高等学校的债务不能简单地一味依赖政府，单纯由政府埋单，这样做不仅不合理，而且也可能掩盖了某些高等学校存在的问题，更可能助长了一些高等学校肆意借贷将负担扔给政府的不良风气。因此，审计署加强对政府财政支持的高等学校财务工作的审计工作十分必要。不仅要审清工程项目立项程序的合法性，贷款用途的合理性，而且要审清工程效果的可靠性和今后可能出现的问题。通过严格的审计，分清不同情况，对高等学校债务做出不同处理。对于审计中发现的问题，特别是严重的违法犯罪行为，一定要依法严惩。

（二）高等学校应建立有效的财务运行管理机制和财务风险预警机制

高等学校应建立全方位的财务控制体系及财务监督措施，设立多层递进的财务安全防控制度，对财务收支行为进行有力的控制。

1. 严格执行相关法律法规并建立相应制度

严格执行《中华人民共和国会计法》、《国有建设单位会计制度》和《基本建设财务管理规定》，建立完善基建会计内部控制制度和相应的岗位责任制和监督机制。

2. 完善银行贷款决策程序

（1）成立贷款资金管理领导机构

成立由校长任组长的贷款资金管理领导小组。对每笔基建资金贷款都经过科学论证和可行性分析，经贷款决策领导小组讨论通过后方可实施。对建设项目实施刚性预算，严格控制项目经费支出，力求将贷款风险降到最低。

（2）建立银行贷款审批制度，严格控制高等学校负债规模

高等学校发展高等教育事业要从实际出发，处理好事业发展与经济承受能力的关系，根据其发展需要和自身经济实力，分清轻重缓急，合理确定建设项目和安排建设进度。应召开教代会征求广大教职工的意见，由学校最高决策机构集体研究决定，报上级教育主管部门审核，再报省财政厅审批。

（3）建立银行贷款论证制度

高等学校贷款项目和额度需经过严格、科学的论证，贷款前应制订切实可行的还贷计划和措施，贷款额度不得超出学校预期的偿还能力，以保证高等学校教育事业的可持续发展。

3. 执行严格的贷款支出审批制度

执行严格的贷款支出审批制度，对每笔贷款资金做到有目的、有计划的使用。严格审批制度，坚持财务审批一支笔。实行专人管理、专账核算，确保贷款资金专款专用，厉行节约，提高资金使用效益。高等学校的借贷资金应用于对学校事业发展有重大影响的项目，不得用于提高人员待遇、弥补日常经费开支的不足、科研开发、对外投资（含对校办产业投资）等。

4. 加强贷款资金的后续跟踪管理

积极配合商业银行开展贷款资金的后续跟踪管理，优化资金的结构比例，对长期、中期、短期借款进行合理的配置，建立学校资金营运管理机制，根据学校资金需求预算，合理安排资金营运，优先安排还本付息，盘活校内的资金存量。

5. 高等学校应建立有效的财务风险预警机制

实现高等学校的财务目标、控制财务风险，必须认真做好财务管理制度、财务管理信息系统和财务管理过程每一个环节的工作，并把各环节有机地结合起来。高等学校要尽快建立有效的财务管理机制，消除隐患、防范风险、规范行为、提高效率。高等学校要设计均衡的内部财务活动控制结构，并对重点领域重点防控。还要处理好财务分权与中心控制的关系。高等学校要建立财务风险预警系统，通过财务报表及相关资料的分析，及时利用财务数据和采用数据化管理方式，将本单位面临的危机和风险提前告知管理者，并分析发生财务风险的原因和财务运作的隐藏问题，以便管理层提前制定相应的防范措施，避免风险的发生。

第十二章 会计电算化财务制度的质量保证

第一节 会计电算化概述

会计电算化是一项政策性、制度性、技术性都很强的工作，高等学校必须确保会计电算化工作顺利开展，确保电算化条件下会计数据真实、准确、安全。

一、会计电算化管理的依据

（一）《中华人民共和国会计法》、《会计电算化管理办法》和《会计电算化工作规范》等有关规定

《中华人民共和国会计法》第十三条规定："使用电子计算机进行会计核算的，其软件及其生成的会计凭证、会计账簿、财务会计报告和其他会计资料，也必须符合国家统一的会计制度的规定。"这是为了保证计算机生成的会计资料真实、完整和安全，以加强对会计电算化工作的规范。其有两层含义：（1）使用电子计算机进行会计核算的单位，使用的会计软件必须符合国家统一的会计制度的规定；（2）用电子计算机生成的会计资料必须符合国家统一的会计制度的要求。即用电子计算机生成的会计凭证、会计账簿、财务会计报告在格式、内容以及会计资料的真实性、完整性等方面，都必须符合国家统一的会计制度的规定。

二、高等学校财务管理的实际

会计电算化是会计工作的发展方向，高等学校应当重视这一工

作。开展会计电算化工作，是促进会计基础工作规范化和提高经济效益的重要手段和有效措施。具体而言，以下高等学校财务管理的实际情况使得会计电算化具有必然性。

（1）收入不断增加，规模不断扩大。

（2）强化预算项目管理的需要。

（3）提高工作效率的需要。

三、会计电算化的管理机构

会计电算化是一项系统工程，涉及高等学校内部职能部门和使用单位等各方面，各有关负责人应当亲自组织领导会计电算化工作，主持拟定会计电算化工作规划，共同搞好会计电算化工作。

财务处是高等学校会计电算化的职能部门，除直接负责财务处的会计电算化工作外，对校内独立核算单位的会计电算化工作、涉及会计电算化的校内其他单位的会计电算化进行业务领导，各有关单位应配合财务处做好会计电算化工作。

四、推进会计电算化的要求

财务处必须实行会计电算化，替代手工操作，以提高工作效率，必须加快高等学校各经济独立核算单位的会计电算化管理工作进程。

第二节　软硬件配备

一、软件

（一）软件的要求

高等学校使用的会计核算软件及其生成的会计凭证、会计账簿、会计报表和其他会计资料，应当符合我国法律、法规、规章的规定。高等学校使用的会计软件必须符合《高等学校财务制度》和《高等学校会计制度》并经主管部门同意使用。

（二）软件应用系统

高等学校应选用相关部门规定使用的软件系统，包括"高等学校财务会计工作计算机管理系统"、"高等学校学生收费管理系统"。各有关方面有责任维护支持系统的正常、安全、有效运行。学校应逐步实现设备处固定资产管理、设备处家具及低值易耗品管理、医院医疗药品存货核算等工作电算化，再进一步实现财务分析和财务管理工作电算化。

二、硬件

（1）会计电算化使用的电子计算机和会计软件是实现会计电算化的重要物质基础，学校应根据实际情况和今后的发展目标，投入一定的财力，以保证会计电算化工作的正常进行。按省教育厅的要求，硬件设备原则上三年给予更换。

（2）学校应充分利用计算机设备建立计算机网络，做到信息资源共享和会计数据实时处理。学校应根据客户机/服务器体系具有可扩充性强、性能/价格比高、应用软件开发周期短等特点，逐步建立客户机/服务器局域网网络结构。

（3）由于财务处处理的数据量大、数据结构复杂、处理方法要求严格和安全性要求高，会计电算化工作的电子计算机设备，应由财务处管理，财务处应单独设立计算机室，并配备正版杀毒软件。校内其他单位应根据实际情况，配备适当的硬件设备。

第三节　替代手工记账

一、财政主管部门对替代手工记账的考核

（一）替代手工记账的内容

采用电子计算机替代手工记账，是指应用会计软件输入会计数据，由电子计算机对会计数据进行处理，并打印输出会计账簿和报表。

（二）财政主管部门的考核

考核主要包括：软件、硬件和管理制度，考核合格颁发替代手工记账许可证，才能实施替代手工记账。

二、替代手工记账原始凭证的要求

（一）会计凭证

记账凭证可以采用一种记账凭证或收、付、转三种凭证的形式；也可以在收、付、转三种凭证的基础上，按照经济业务和会计软件功能模块的划分进一步细化，以方便记账凭证的输入和保存。

（二）管理辅助凭证

涉及会计电算化的固定资产管理、家具及低值易耗品核算管理、存货核算管理、医疗药品核算应建立健全电脑收发存台账。购进时，应录入电脑，打印收货明细单，并凭收货明细单和发票报销。发货时，应打印发货明细单，并凭发货明细单列作经费支出。

三、替代手工记账的关键环节

计算机系统会计数据的打印输出和保存是替代手工记账的重要工作，根据会计电算化的特点，应注意以下关键环节：

（1）采用电子计算机打印输出书面会计凭证、账簿、报表的，应当符合国家统一会计制度的要求，采用中文或中外文对照，字迹清晰，作为会计档案保存，保存期限按《会计档案管理办法》的规定执行。

（2）在当期所有记账凭证数据和明细分类账数据都存储在计算机系统的情况下，总分类账可以从这些数据中产生，因此可以用"总分类账户本期发生额及余额对照表"替代当期总分类账。

（3）现金日记账和银行存款日记账的打印，由于受到打印机条件的限制，可采用计算机打印输出的活页账页装订成册。要求每天登记并打印，每天业务较少、不能满页打印的，可按旬打印输出。一般账簿可以根据实际情况和工作需要按月或按季、年打印；发生业务少的账簿，可满页打印。

（4）在保证凭证、账簿清晰的条件下，计算机打印输出的凭证、账簿中表格线可适当减少。

四、介质存档

采用磁带、磁盘、光盘、微缩胶片等介质存储会计账簿、报表，作为会计档案保存的单位，应满足以下要求：

（1）采用磁带、磁盘、光盘、微缩胶片等介质存储会计数据，不再定期打印输出会计账簿，应征得同级财政部门的同意。

（2）保存期限同打印输出的书面形式的会计账簿、报表。

（3）记账凭证、总分类账、现金日记账和银行存款日记账仍需要打印输出，还要按照有关税务、审计等管理部门的要求，及时打印输出有关账簿、报表。

五、多次记账

替代手工记账后，应做到当天发生的业务，当天登记入账，结束当天工作，释放第二个工作日日期；期末（月末、年末）及时结账并打印输出会计报表。要灵活运用计算机对数据进行综合分析，定期或不定期地提供主要财务指标和经济分析报告。

第四节　建立健全会计电算化管理制度

一、硬软件维护管理制度

（1）一般情况下每周周末全面检查一次，并做好检查记录。

（2）在发生硬软件故障时，应及时分析原因，排除故障，恢复正常运行，做好维修记录，没有能力维修的应及时与供应商联系解决。

（3）对硬件的扩充、更新、维修，必须由系统管理员向电算化主管报告并经批准，在主管的监督下方可进行。硬件的更改对系统有重大影响，还需咨询有关专家，谨慎进行。必要时，还需向学校领导请示汇报。更改后的硬软件必须经测试无误后方可正式运行。

（4）操作员要爱护设备，保护设备的整洁，做好防潮防火防磁防尘工作。

二、数据档案管理制度

对存储在计算机硬盘内的会计数据必须用磁盘、磁带机或光盘机进行备份，备份内容包括会计软件的全套文档资料、会计软件程序、记账凭证、会计账簿、会计报表、各项目结余数等会计数据以及其他文档资料。会计电算化数据应根据每日更新数据量大小，坚持每日或每周备份，凭证库及明细账库、工资数据库用软盘每月备份一次，年终时全部数据库还应备份在硬盘上。所有磁介质资料视同会计档案保存，执行《会计档案管理办法》的规定。对重要会计数据应备份两份，保存在不同地点。主要数据库的磁介质会计数据要定期检查，定期复制，防止磁介质的损坏，防止会计数据的丢失。

打印的纸质会计数据应作为会计档案保存，执行《会计档案管理办法》的规定。

一切软硬件、文字资料等未经会计主管允许，不得带出财务处。非本人管理的软件、程序、数据库不得私自调用、拷贝、打印等。

三、财务处会计电算化岗位责任制

财务处会计电算化设以下岗位：会计电算化主管（由处长兼任）、系统管理员、数据操作员、数据复核员。岗位配置可以一岗多人，一人多岗。

（一）会计电算化主管职责

全面领导、协调、监督会计电算化工作，对其他工作人员授权，监督其是否按照制度规范操作，协调各工作人员的工作时间、进度、效果，对不服从指导监督协调的、认为对系统运行有不良后果的行为提出批评、责成当事人改正。

(二) 系统管理员职责

(1) 负责系统日常管理工作，每天开关服务器，确保系统正常、及时运作，管理主机房。

(2) 负责系统调试维护工作，定期检查软硬件的运行情况，发现问题及时请示汇报，及时排除；按权限和审批程序调用、修改和更新系统资料；对其他操作员所遇到的故障，误操作和其他疑问要及时解答处理。

(3) 保障会计资料的正确、安全、时效性，拷贝数据文件，保管磁介质，预防和消除计算机病毒。

(4) 负责财务信息的发布门户，及时更新财务处信息。

(5) 负责系统操作技术的其他工作。

(6) 负责计算机耗材购置。

(三) 数据操作人员职责

(1) 按照操作规程录入机制凭证数据，核算经济业务，负责录入数据的正确性校验，并打印会计凭证。

(2) 制单人员无权修改原始凭证的数据，不得对本人填制的凭证进行复核操作。

(3) 核对各类会计账簿，编制相应的会计报表，并负责账簿、报表的打印工作。

(4) 用计算机查询各类会计数据。

(5) 保护计算机软硬件，对操作中出现的问题作详细记录并及时报告系统管理员。

(四) 数据复核人员职责

(1) 负责对已录入计算机的凭证编号及数据的真实性、完整性、正确性进行审核，确保入账数据的完整与正确。

(2) 复核无误后在打印输出凭证上及计算机内签章。

(3) 复核时发现凭证录入错误必须通知制单人员进行修改，待数据录入人员修正录入数据后再进行复核签章操作。

（4）完成计算机内的复核手续后方可交出纳收付。

四、建立健全会计电算化操作管理制度的主要内容

（一）授权制度

（1）明确规定上机操作人员对会计软件的操作工作内容和权限，对操作密码要严格管理，操作人员必须定期更换密码，杜绝未经授权人员授权操作会计软件。系统管理员不得泄露操作人员密码。

（2）系统运行期间因事离岗的，需退出系统，不得将密码告诉其他人员，以防止其进入个人操作员系统产生舞弊行为。

（3）预防已输入计算机的原始凭证和记账凭证等会计数据未经审核而登记机内账簿。

（4）操作人员离开机房前，应执行相应命令退出会计软件。

（二）操作程序制度

1. 开机程序

（1）打开线路电源开关；

（2）接通 UPS 电路；

（3）打开显示器开关；

（4）打开主机电源开关；

（5）通过口令进入网络系统；

（6）通过密码进入操作系统。

2. 关机程序

（1）存盘退出操作系统；

（2）关闭主机电源；

（3）关闭显示器电源；

（4）关闭 UPS 电源；

（5）关闭线路电源；

（6）加盖防尘罩。

（三）应急预案制度

（1）在操作过程遇到突然停电，操作员应在 10 分钟内按正常关机程序存盘退出（确保在 UPS 断电前退出操作，关闭计算机）。

（2）在操作过程遇到机器有异常声响或其他异常情况，应及时按正常关机程序存盘退出，并报告系统管理员。

（四）防病毒感染管理制度

（1）系统管理员要定期用最新版本的杀毒软件对计算机进行病毒检测，发现病毒应及时报告电算化主管，并积极查找病毒源和采取措施删除病毒，如不能解决，应及时请有关专家指导解决。局域网内计算机每星期最少更新两次病毒库。

（2）计算机原则上专机专用，需从事会计电算化、办公自动化以外的其他工作必须征得系统管理员的同意，不得把其他资料存入系统服务器。严禁在计算机上安装与工作无关的软件。

（3）因工作需要，开通校园网或拨号上网的，必须经领导同意方可办理。

（4）禁止在计算机上使用外来软盘，确需使用上下级机关的来往数据软盘的需经系统管理员检查或消除病毒后方可使用。禁止将本系统使用的软盘携带出机房，确因业务需把软盘带出机房的，要征得系统管理员同意，在返回机房前要经检查处理。

第五节　财务处主机房和远程联网管理

一、财务处主机房管理

（一）财务处主机房管理职责

1. 配备专业能力强的系统管理员

财务处主机房由系统管理员管理，钥匙由财务处领导和系统管理员持有，其他人员不得持有此钥匙。

2. 按 AB 角配备系统管理员助理

系统管理员因事，可以委托系统管理员助理代管，但必须经主管同意。

（二）财务处主机房工作纪律

（1）保持安静，严禁吸烟，不得在机房从事用膳、闲聊、会客等与上机工作无关的事情。

（2）其他人员未经同意不得进入主机房。严禁携带任何有强磁性的物品进入机房。

（3）保持机房环境整洁，不得随意堆放杂物。

（4）严禁在财务处服务器上使用外来存储工具。

（三）财务处主机房工作环境

系统管理员需保持机房温度稳定，负责财务处主机房空调的调控。

二、远程联网管理

（一）专网使用和管理

为实现分校区等校内远程联网，应使用校园网或租用电信网络专线完成。

（二）分校区会计电算化网络管理

1. 凭证档案管理

分校区会计电算化凭证单独编号，单独保存纸质档案。

2. 设置分校区系统管理员

分校区应设置系统管理员负责会计电算化工作。

（三）远程联网设施的保护

会计电算化是会计工作的生命线，受法律法规的保护，任何蓄意破坏、干扰会计电算化工作的行为，将依法查处。

第十三章　高等学校内部会计
控制的质量保证

第一节　高等学校内部会计控制概述

一、高等学校内部会计控制的概念

高等学校内部会计控制，是指高等学校为维护资产的安全、完整，保证会计信息的真实、可靠，防范财务风险，防止财务舞弊，实现学校管理目标而形成的一种内部自我协调、制约、监督的内部控制机制。

高等学校内部会计控制的设计应以人为本，重点是财务管理一系列组织体系的建设。在内部会计控制中，人是最重要的因素，人的素质、品质、能力决定了内部会计控制执行的效果。高等学校只有充分重视以人为本的理念，才能制定出科学、完整的内部会计控制体系。

根据美国会计准则委员会（ASB）《审计准则公告》第 1 号公告（SAS NO1）的解释，高等学校内部会计控制由学校计划以及与保护资产和保证财务资料可靠性有关的程序和记录构成，其范围为涉及教学、科研、基建、日常支出、后勤服务等方面的经费支出；学费收入、上级拨款、经营收入等方面的经费收入。

二、高等学校内部会计控制的目标

高等学校会计的目标和任务，就是发挥高等学校会计职能，保证会计信息质量，保证高等学校资金安全、完整，从而为重大决策提供可靠的理论依据。内部会计控制作为高等学校整体内部控制的重要组成部分，其目标应符合高等学校教学和行政管理的要求，为教学、科研和其他工作服务，具体目标包含以下内容。

（1）依法、科学地组织和规范各项收入、支出活动，保证会计信息的真实、完整。

（2）完善符合高等学校管理要求的会计内部控制机构，形成科学的财务决策机制、执行机制和监督机制，规范会计行为。

（3）确保国家有关财务、财政管理的法律、法规和政策的贯彻执行。

（4）科学配置学校各项资源，提高资金使用效率。

三、高等学校内部会计控制的方法

（一）财务风险控制法

高等教育作为国家的一项事业，以国家财政拨款为主要经费来源，在其不断的发展中存在着教育培养成本提高、学校负债支出增加、学费欠缴等财务风险。因此，高等学校应将树立风险意识作为内部会计控制的一项重要内容予以规范，设立贷款利息支出等风险控制点，并相应采取风险预警、风险识别、风险评估、风险分析及风险报告等措施，控制好高等学校的财务风险。

（二）不相容职务相分离控制法

所谓不相容职务，是指那些如果由一个人担任既可能发生错误和舞弊行为，又可能掩盖其错误和舞弊行为的职务。高等学校在构建内部会计控制系统时，首先应确定哪些岗位和职务是不相容的；其次是规定各个机构和岗位的职责权限，使不相容岗位和职务之间相互监督、相互制约，形成有效的制衡机制。

（三）全面预算控制法

建立全面预算控制制度是高等学校内部会计控制的重要环节，其内容涵盖教学、科研、经营活动的全过程。高等学校通过全面预算管理，可以使学校管理层用统一的标准在校内职能部门、二级单位之间分配办学资源，从而激励职能部门、二级单位依照学校的目标实行分权管理。高等学校应按照"量入为出、收支平衡"的总原则，实行全面预算控制。其不仅仅是对预算编制的控制，而是包括预算编制、执行、分析及考核等在内的整体的、动态的控制。主要环节包括：确定列入预算的项目、标准、程序；编定和审定预算；预算执行过程的监控；预算差异的分析和调整；预算的绩效评价和奖惩。

（四）财产保全控制法

财产保全控制法是指高等学校为了确保财产安全、完整所采用的方法和措施。高等学校应按照集中管理、安全真实、所有权与使用权分离、效率最优的原则，建立财产记录和实物保管、定期盘点和账实核对、限制接近等措施，确保财产安全。

（五）内部审计控制法

内部审计是内部控制系统的一个子系统，它在内部控制系统中通过监督、评价职能，发挥着防护性和建设性作用。高等学校内部审计监督应做到以下几点：进行风险评估和投资项目评价；增加收入，控制和防止收入减少；控制教育活动中的成本；保证学校资产的安全。在学校内部实行标准操作程序，并密切关注对学校发展起决定性作用的业务程序和相关流程；对被审计的程序发出"内部审计纠正行动请求"，进行后续审计跟踪；将审计结果以报告形式定期报送学校各个管理阶层。

第二节 高等学校会计决策控制的质量保证

一、高等学校完善会计决策与控制体系的意义

（一）高等教育的发展必然要求高等学校切实提高管理效益

自《面向21世纪教育振兴行动计划》颁布实施以来，我国高等教育通过大发展步入了大众化阶段，在这样的大背景下，作为高等教育微观管理主体的各高等学校要持续协调发展，就必须以科学管理来增强自身的综合竞争力。在经济学中管理的含义是：在既定资源的投入条件下如何提高效率。随着高等学校办学自主权的落实，高等学校所面对的不再是一般意义上的管理了。高等学校在履

行教学、科研、社会服务三大职能的过程中，已由单纯的社会事业型变成了事业经营型，其办学行为已与社会经济行为融为了一体。良好的管理效益是高等学校持续健康发展的前提，直接关系到高等学校整体办学水平和综合竞争力的提高。

（二）提高高等学校管理效益的关键是决策与控制

决策，就是从为实现同样目标而采取的许多方案中选择最佳方案的分析判断过程，决策贯穿于管理工作的各方面。现代管理决策理论创始人，美国管理学家赫伯特·西蒙认为：管理就是决策。正确的决策符合教育规律和客观经济规律，能够调动广大教职工的积极性，从而保证实现学校的既定目标，是提高高等学校管理效益的重要途径。良好的决策需通过完善的控制体系来保障实现。控制，就是监督各项活动，以保证它们有计划地按决策的既定目标进行，并纠正各种重要偏差的过程，可分为内部控制与外部控制。

（三）提高高等学校经济效益需完善会计决策与控制体系

在国家已取消全额预算管理制度中的"事业单位财务规则"，明确规定对事业单位的预算管理遵循"核定收支，定额或定项补助，超支不补，节约留用"的原则的情况下，高等学校财务管理的作用及意义日益显现出来。维护学校良好的财务状况，加强财务管理，充分发挥高等学校财务在理财工作中的主动性和创造性，追求资金的使用效益，是目前高等学校管理工作中十分重要的问题。在目前的教育体制和经济环境下，会计决策成为影响高等学校的教学决策、科学研究决策、人事安排决策、物资供应决策、后勤服务决策等经济效益决策的双刃剑，从某种意义上说，高等学校经济效益决策中心是会计决策。

高等学校的会计控制，是指与保护财产物资的安全性、会计信息的真实性和完整性以及财务活动的合法性和有效性有关的控制。会计控制自产生之日起就与会计信息质量密不可分，会计信息是决策者决策的重要依据之一，提供真实、可靠的会计信息是保证会计信息使用者作出正确决策的基本前提和条件，直接关系到组织决策的科学性和有效性，影响高等学校管理的经济效益。同时，建立和完善高等学校内部控制制度，可以形成上下协调、前后呼应、相互

311

制约的控制能力，强化监督、堵塞漏洞，防止错误和舞弊，保护高等学校资产的安全、完整；内控制度的完善以提高资源的配置效率为目标，可以有效地降低管理成本，直接促进高等学校经济效益的提高。

二、高等学校会计决策与控制的特点

会计决策与控制是在会计的专业领域中所体现的具体管理职能，科学的会计决策与控制借助于完善的会计决策与控制管理信息系统得以实现。高等学校在教学管理、科研管理方面经过多年的努力已形成一套有效的工作规范，但还缺乏系统的管理，存在一些不足。

（一）会计信息存在局限性

高等学校普遍使用的会计电算化系统平台，较之过去传统会计手工记账生成的会计信息有极大的促进，降低了劳动强度，使账簿与收支册不符等差错率大为下降，改变了手工记账只有到月底才做月结，平时无法得到财务报表等信息的绝对静态状态。但现行的会计信息系统不能满足高等学校快速发展的需要，还存在不少局限：系统信息处理方式单一、系统缺乏管理会计职能、系统所生成输出的会计信息有限、系统缺乏信息交流界面，不利于校内部各部门间的交流。

（二）片面强调不相容职务分离使管理信息成为信息孤岛

高等学校管理中历来对不相容职务分离工作非常重视。各学校都专门设立人事、教务、资产管理、科研、财务部门等作为职能部门分别负责学校各项管理工作，以实现不相容职务分离。事实上高等学校的管理活动是一个不可分割的整体。从会计的角度看，学校各职能部门的工作无一不与财务管理有着无法割裂的关系。现实的高等学校管理中，各部门都运用计算机辅助管理，但数据都是分别生成的，它们各自为政地运用各专业的管理软件以提高工作效率，学校财务部门的固定资产账与资产管理部门的实物账严重不符，学费收缴明细账与学籍管理情况不一致是许多高等学校客观存在的事实。因此，把学校的人权、财权、物权分属不同部门管理实现了不相容职务分离，但使数据割裂，使职能部门的管理信息成了一个个无法协同发挥作用的信息孤岛。

（三）　未能充分运用校园局域网络资源进行会计信息交流界面的建设

目前各高等学校都拥有较完善的校园网络资源，但对网络财务管理系统使用得非常少，在会计核算、财务管理上一般都是运用财务部门内部组成的局域网以实现网络环境下业务的实时处理，运用校园网资源的效率较低。在校园网上主要是由财务部门维护发布有关财务的法规法律与相关政策的信息，或开通一些职工个人工资信息等查询系统，缺乏高等学校各职能部门的业务数据与财务部门核算互动交流处理的界面。

第三节　高等学校货币资金内部会计控制的质量保证

一、货币资金内部会计控制是高等学校内部会计控制的重点

货币资金内部会计控制是高等学校内部会计控制的重点，必须引起高度重视。货币资金是学校经济活动中最活跃、最重要的部分，应加强学校货币资金管理，如实反映货币资金的增减变动和结存情况，堵塞漏洞，消除隐患，确保国有资产的安全和完整。

二、高等学校货币资金内部会计控制制度的质量保证

（一）　建立健全货币资金内部会计控制制度的政策依据

应根据财政部《关于印发〈内部会计控制规范——货币资金（试行）〉的通知》（财会〔2001〕41号）精神，结合学校实际，建立健全货币资金内部会计控制制度。

（二）　建立货币资金内部会计控制制度责任制

校长对学校货币资金内部会计控制制度的建立健全及有效实施负总责，财务处、审计处等职能部门负责人对货币资金的内部会计

313

控制负责。

（三）货币资金内部会计控制的重点

高等学校货币资金内部会计控制的重点包括财务处、财务处结算中心、学生食堂 IC 卡收费、水电费收费部门等。

（四）货币资金内部会计控制岗位分工及授权批准

（1）学校应当建立货币资金业务的岗位责任制，明确相关部门和岗位的职责权限，确保办理货币资金业务的不相容岗位相互分离、制约和监督。

出纳和会计职责属于不相容职务，必须严格分开。出纳人员不得兼管稽核、会计档案保管和收入、费用、债权债务账目的登记工作。

不得由一人办理货币资金业务的全过程。

（2）办理货币资金业务，应当配备合格的人员，并根据单位具体情况进行岗位轮换。原则上出纳应按三年为期限进行岗位轮换。

业务量大的单位的出纳岗位可设置现金出纳和银行存款出纳。

办理货币资金业务的人员应当具备良好的职业道德，忠于职守，廉洁奉公，遵纪守法，客观公正，不断提高会计业务素质和职业道德水平。

（3）学校应对货币资金业务建立严格的授权批准制度，明确审批人对货币资金业务的授权批准方式、权限、程序、责任和相关控制措施，规定经办人办理货币资金业务的职责范围和工作要求。

（4）审批人应当根据货币资金授权批准制度的规定，在授权范围内进行审批，不得超越审批权限。授权审批权限按《应收及暂付款管理和财务报销管理细则》执行。

经办人应当在职责范围内，按照审批人的批准意见办理货币资金业务。对于审批人超越授权范围审批的货币资金业务，经办人员有权拒绝办理，并及时向审批人的上级授权部门报告。

货币资金审批实行直系亲属回避制度。

（5）应按照规定的程序办理货币资金支付业务。

①支付申请。有关部门或个人用款时，应当提前向审批人提交

货币资金支付申请，注明款项的用途、金额、预算、支付方式等内容，并附有效经济合同或相关证明。

②支付审批。审批人根据其职责、权限和相应程序对支付申请进行审批。对不符合规定的货币资金支付申请，审批人应当拒绝批准。

③支付复核。复核人应当对批准后的货币资金支付申请进行复核，复核货币资金支付申请的批准范围、权限、程序是否正确，手续及相关单证是否齐备，金额计算是否准确，支付方式、支付单位是否妥当等。复核无误后，交由出纳人员办理支付手续。

④办理支付。出纳人员应当根据复核无误的支付申请，按规定办理货币资金支付手续，及时登记现金和银行存款日记账。

（五）现金和银行存款的管理内部控制

1. 现金管理应严格执行现金管理制度

（1）不准超限额库存现金。

（2）不准以白条抵库。

（3）不准私人借支公款。

（4）不准挪用公款。

（5）提取现金要填制"现金提款单"，由出纳科长审核签章，报财务处长审批后方可开支票到银行提款。经费核算科应根据现金使用情况及时通知出纳科补充现金。

（6）现金出纳必须每天核对库存现金与账面余额是否相等，做到日清月结，随时接受稽核。

（7）综合科必须指定专人对库存现金进行定期和不定期盘点，定期盘点为每月一次，时间为月末最后一个工作日，不定期盘点为随机突击盘点。

学校必须根据《现金管理暂行条例》的规定，结合学校的实际情况，确定学校现金的开支范围。不属于现金开支范围的业务应当通过银行办理转账结算。

学校应当严格按照《支付结算办法》等国家有关规定，加强银行账户的管理，严格按照规定开立账户，办理存款、取款和结算。开立银行账户需按省财政厅《省级预算单位银行账户管理暂行办法》的规定，办理审批和备案手续。财务处应当定期检查、清理银行账户的开立及使用情况，发现问题，及时处理。

2. 银行对账

（1）银行存款出纳应及时到开户银行取回银行对账单，交由财务处指定的银行账户对账员。对账员应定期核对银行账户，每月至少核对一次，编制银行存款余额调节表，使银行存款账面余额与银行对账单调节相符。如调节不符，应查明原因，及时处理。

（2）对账单应由对账员签名、出纳科长签名、财务处长签名、审计处长签名、主管财务校长签名。

第四节　筹资与投资、基建工程及内部审计会计控制的质量保证

高等学校内部会计控制的内容涵盖学校内部各个部门、各项业务，从对高等学校发展的重要性与影响程度看，重点是货币资金内部会计控制，而筹资与投资、基建工程、内部审计等内部会计控制也十分重要。

一、筹资与投资内部会计控制的质量保证

（一）筹资控制

随着社会、经济的不断进步与发展，高等学校的规模不断扩大。高等学校的资金来源不再完全依靠财政拨款，而是建立了多领域、多元化的筹资渠道，如银行贷款、社会融资、捐助等。然而，筹资是有偿的，学校要用以后的自有资金来偿还。因此，学校在筹资之前，要进行充分的论证和分析，防范和控制财务风险。首先，高等学校应依据学校的发展规划和还款能力，分析资金需求量，编制筹资计划，合理确定筹资规模。其次，高等学校要经过深入分析，选择最佳筹资时机，综合考虑筹资收益与筹资成本，只有当运用筹集的资金获得的收益大于付出的成本时，才能筹资。最后，学校对筹集的资金要做到专款专用，并监督资金的使用情况。

（二）投资控制

随着教育市场化的发展，高等学校将科研成果转化为生产力，进行的投资活动也越来越多。高等学校对外投资主要是利用货币资金、实物、无形资产等向校办企业和其他单位投资。高等学校投资控制主要包括以下几个方面：（1）对申请项目进行可行性研究与分析；（2）评估投资风险；（3）投资立项审批；（4）编制投资预算；（5）完整的会计记录；（6）投资收益的处理。

二、基建工程项目内部会计控制的质量保证

高等学校的基建项目是指基本建设、技术改造、重大维修等投资多、规模大、工期长的项目。近年来，随着高等学校招生规模的扩大与快速发展，许多高等学校进行了新校区建设，并且，国家对高等学校的场馆、设备等基础设施建设的投资也大幅增长。这些项目关系到学校今后的发展，在项目建设中，容易产生贪污、腐败等经济问题，因此，加强高等学校基建工程项目内部会计控制尤为重要。

基建工程项目内部会计控制的内容包括：（1）项目决策控制。项目决策控制分为项目投资机会分析、可行性研究、项目建设书编制、项目的决策与评估、项目概预算设计。会计人员在这一阶段实施内部会计控制，主要是对概预算的合理性、合法性、准确性等进行复核。（2）招投标控制。主要包括：招标文件的编制、招标项目的技术参数、评分标准、标底计价内容、计价依据等的审核。（3）工程款支付控制。要建立工程款支付环节的控制制度，对价款支付的方式、工程量的确认、合同等进行严格审核。（4）竣工验收与决算控制。会计人员要结合工程技术人员，对施工方提交的竣工决算书进行审核，编制竣工决算，及时组织决算审计，参加完工后的评价工作。

三、内部审计控制的质量保证

建立高等学校内部和外部相结合的监督检查体系，是单位内部控制实施的主要保障。内部审计机构是强化内部控制制度的一项基本措施。内部审计工作的职责不仅包括审核会计账目，还包括稽

查、评价内部控制制度是否合理、健全、有效，确定有关经济资料的真实性、正确性，业务活动的合规性和效益性，评价内部控制目标是否完成，及时向管理层揭示、反馈学校当前管理工作中的主要风险、薄弱环节与制度缺陷，并提出相应的改进建议。

内部审计是单位内部控制系统的一个特殊的组成部分，保证内部审计的相对独立性，对于内部控制制度的有效实施起着非常重要的作用。基于内部审计在高等学校内部控制体系中的特殊地位，教育部办公厅在相关通知中要求各级教育行政部门和单位及审计机构要继续做好对教育经费投入、管理和使用情况的审计及对预算执行情况和决算的审计，促使各部门依法落实和用好各项教育经费。当前市场经济条件下的高等学校内部审计应针对教育经济管理活动的情况和特点，进一步开展效益审计，努力提高资金的使用效率，如基建工程审计、校办产业的经济效益审计等，保证教育资金合理、有效地使用，减少和杜绝损失、浪费。高等学校内部审计还要配合组织、人事部门认真搞好经济责任审计，加强对领导者任职期间履行经济责任情况的管理和监督；围绕教育改革中出现的新问题，如学校划转合并、校办企业改制等活动中资产负债情况及各项收费情况积极开展专项审计和审计调查，通过对审计和审计调查的结果进行分析研究，提出建设性的意见，为领导宏观决策服务；积极开展内控制度评审工作，帮助本部门、本单位建立健全各项内部管理制度和内部控制制度，加强内部科学管理，确立防范意识，保障各项教学、科研活动健康有序地进行。

完善高等学校内部审计控制制度，必须加强财务的内部稽核工作。除了严格的内部审计控制外，还可以借助必要的外部审计控制，包括政府审计、社会审计在内的外部审计控制是对内部审计控制的再控制，可以改善会计控制环境，不断改进内部审计控制的设计与运行。

第十四章　高等学校财务监督的
质量保证

第一节　高等学校财务监督概述

一、高等学校财务监督的概念

高等学校财务监督是指高等学校根据《高等学校财务制度》的要求，在校长和总会计师的领导下，借助于财务收支计划、会计核算、会计检查等方法进行的财务监督工作。高等学校应建立健全内部控制制度、经济责任制度、财务信息披露制度等监督制度，依法公开财务信息，对经济业务实行事前监督、事中监督和事后监督，对收支行为实行日常监督与专项检查，以确保高等学校的财务管理处于全方位的监督之中。

二、高等学校财务监督的目的

财务监督是财务工作的一个重要组成部分，是国家财政监督的基础。财务监督的目的是确保高等学校坚持学校的社会主义办学方向，保证党和国家有关财经的各项方针政策、财经法令、规章制度的贯彻和执行，促进增收节支、合理使用各项资金，讲求经济效益，从而保证高等学校教学、科研计划和任务的完成。

三、高等学校财务监督的内容

（1）预算编制、财务报告的科学性、真实性、完整性；预算执行的有效性、均衡性；

（2）各项收入和支出的合法性、合规性；

（3）结转和结余的管理情况；

（4）资产管理的规范性、有效性；

（5）负债的合规性和风险程度；

（6）对违反财务规章制度的问题进行检查纠正。

四、高等学校财务监督的机构

（一）外部财务监督机构

外部监督是由国家有关部门组织实施的，主要包括审计监督、税收监督、物价监督、财政监督、银行监督。

1. 审计监督

（1）国家各级审计机关或业务主管部门，依照审计法规，代表国家利益对学校各项财务收支活动和业务活动进行审计，审核这些活动的真实性、合理性和正确性。审计监督是对财务监督的再监督，具有独立性，它与学校财务部门内部进行的财务监督的目标一致。

（2）校内的审计处依照审计法规，代表学校的利益，审核学校各项财务收支活动和业务活动是否严格执行国家财经政策、法规和规定，确认国有资产是否保值增值。

2. 税收监督

指国家税务机关，依照有关税收法律法规对高等学校的有关经济活动进行检查、督促，要求高等学校按章依法纳税。高等学校必须接受税务监督，严格履行纳税义务。

3. 物价监督

指各级人民政府的物价管理部门，依据物价管理的法律法规，对高等学校的学生收费等各种收费行为、收费项目进行的监督。

4. 财政监督

指上级主管部门为学校的整个财务活动进行的指导性监督，学校要严格服从其要求，以保证国家利益与学校利益的一致性。

5. 银行监督

指各类银行和金融机构对学校的货币资金运转情况进行的全面

监督。银行监督的内容包括综合性监督国家预算的收付与使用情况，审定各项工资性开支是否合法，严格控制消费基金的开支，定期分析学校内部机构的信贷信誉及偿还能力。

（二）内部财务监督

指高等学校根据有关法规建立的内部财务控制制度，按照国家统一的财经法规和学校内部财务制度，对高等学校的收入、支出、分配等方面进行全方位的监督，财务处应加强对学校货币资金和实物资产的监督，加强对银行账号的管理和监督，加强对学校内部结算工作的监督。

高等学校校内财务监督的机构包括：审计处、监察处、纪委、教代会及各民主党派组织。

五、高等学校财务监督的方法

（一）审阅法

指监督财务人员依照财经法规和制度对有关书面凭证和资料进行阅读与审查，以查明有关资料以及经济活动的真实性、合法性和准确性的一种方法。审阅的具体内容包括对原始凭证的审阅、记账凭证的审阅、账簿的审阅、会计报表的审阅以及对其他相关资料的审阅。

（二）盘查验证法

指财务监督人员对现金、有价证券、存货、固定资产、设备等实物资产进行现场检查、点数、计量，据此验证其实有数额和状态的一种方法。

（三）核对法

指财务监督人员利用各种数据之间的逻辑关系、平衡关系、对应关系、钩稽关系等，在数据之间进行相关对照和比较，以判断是否符合、衔接及其正确性的一种检查方法。核对方法具体包括证证核对、账证核对、账账核对、账实核对、数据与资料核对。

（四）联审互查法

联审互查法是进行财务事后监督的一种行之有效的方法。由学校或上级主管部门将有关财会人员集中起来，对各单位的会计凭证、账簿、报表进行联审互查。

六、财务监督的基本原则

(一) 客观性原则

财务监督工作应实事求是，在监督过程中，要弄清事实真相，不能歪曲事实，不能含糊，不能夸大或缩小，要始终保持科学态度，客观真实地反映情况，对可疑之处，要追查到底。

(二) 整体利益原则

正确处理好国家、单位和个人三者之间的关系，是财务监督的一项重要原则。财务监督工作必须从整体利益出发，做到局部服从全局、个人服从整体。这就要求以国家的财经政策和法规为依据进行判断，审查其经济行为是否符合财经政策和法规的要求，是否符合整体利益的原则。

(三) 效益性原则

财务监督作为财务管理的组成部分，其最终目的是要提高资金使用的经济效益。讲求经济效益和不断提高经济效益，也是财务监督的重要原则，学校的经济效益主要体现在有效地使用资金上，设备的购置、原料物资的采购、修缮费的支出、业务费和公务费的使用等方面，都存在一个经济效益问题。在制作预算、编制计划、审核各项开支时，应增收节支，提高经济效益，从而使学校的事业计划和预算能圆满完成。

(四) 全员参与原则

财务监督设计的政策性很强，范围很广，必须全员参与，才能将工作搞好。广大教职工是学校的主人，直接从事教学、科研、生产和服务工作，最了解具体情况，依靠他们，能了解很多活的情况，能找到很多线索。财务监督工作中必须依靠群众，相信群众，有事和群众商量，这样才能使财务监督工作发挥更大的作用。

七、《中华人民共和国会计法》对加强财务监督的规定

按照现行《中华人民共和国会计法》的规定，实施财务监督的主体主要是会计机构和会计人员。实践证明，这种监督机制的作

用是十分有限的。财务监督的关键是要建立健全高等学校内部会计制约机制,明确会计人员、单位负责人、社会中介组织、政府有关部门在会计监督中的责任。新修订的《中华人民共和国会计法》有关加强财务监督的规定如下:

(1)明确规定:"各单位应当建立、健全本单位内部会计监督制度。单位内部会计监督制度应当符合下列要求:①经济业务事项和会计事项的审批人员、经办人员、财物保管人员、记账人员应当相互分离、相互制约,并明确各自的职责权限。②重大对外投资、资产处置、资金调度和其他重要经济业务的决策和执行的相互监督、相互制约程序应当明确;③财产清查的范围、期限和组织程序应当明确;④会计资料定期进行内部审计的办法和程序应当明确。"

(2)明确规定:"单位负责人应当保证会计机构、会计人员依法履行职责,不得指使、强令会计机构、会计人员违法办理会计事项。会计机构、会计人员对违反本法和国家统一的会计制度规定的会计事项,应当拒绝办理或者予以纠正。"

(3)明确规定:"会计机构、会计人员和其他人员对违反本法和国家统一的会计制度规定的行为,有权按照有关部门的职责分工,向财政、审计、税务、人民银行、证券监管、保险监管部门或者国务院稽查特派员检举。"

(4)为了有效地发挥中介组织的监督作用,明确规定:"有关法律、行政法规规定,需经注册会计师进行审计的单位,应当向受委托的会计师事务所如实提供会计凭证、会计账簿、财务会计报告和其他资料以及有关情况。任何单位或者个人不得以任何方式要求或者示意注册会计师及其会计师事务所出具不实或者不当的审计报告。"

(5)明确规定了财政部门和其他有关部门的监督职责,并规定财政部门就会计凭证、会计账簿、财务会计报告和其他资料是否真实、完整进行监督,发现重大违法嫌疑时,"国务院财政部门及其派出机构可以向与被监督单位有经济业务往来的单位和被监督单位开立账户的金融机构查询有关情况,有关单位和金融机构应当给予支持"。

（6）为了解决当前不少政府部门对企业重复查账、加重企业负担的问题，明确规定：有关监督检查部门"对有关单位的会计资料依法实施监督检查后，应当出具检查结论。有关监督检查部门已经作出的检查结论能够满足其他监督检查部门履行本部门职责需要的，其他监督检查部门应当加以利用，避免重复查账"。

（7）为了加强对财务人员的监督和管理，明确规定："从事会计工作的人员，必须取得会计从业资格证书。担任单位会计机构负责人、会计主管人员的，除取得会计从业资格证书外，还应当具备会计师以上专业技术职务资格或者从事会计工作三年以上经历。犯有提供虚假财务会计报告罪，做假账罪，隐匿或者故意销毁会计凭证、会计账簿、财务会计报告罪，贪污罪，挪用公款罪，职务侵占罪等与会计职务有关犯罪的人员，或者因伪造、变造、隐匿、故意销毁会计资料被依法吊销会计从业资格证书的人员，不得取得或者重新取得会计从业资格证书。"

第二节　高等学校财务监督存在的主要问题

一、外部财务监督不力，监督和处罚力度不够

由于财务监督体制不够完善，很多上级监督部门在对下一级的财务工作实施监督时，只是走走形式，不注重检查工作的准确性、真实性。一方面外部财务监督不力，长期监督不到位；另一方面监督和处罚力度不够，监督机构存在睁一只眼闭一只眼的情况，大大加强了下级部门造假的"信心"。

二、校内财务监督存在的问题

（一）"统一领导，分级管理"的财务体制不完善，监督难以实现

高等学校理财权限的划分，主要通过"统一领导，分级管理"的财务管理体制来实现。统一领导指实行统一的财经政策，统一编制财务预决算，统一制定财务规章制度，统筹安排和调度资金，统

一下达各二级财务预算经费，统一分配各项教育资源。分级管理指二级财务部门，有权对学校下拨的经费进行统筹安排和使用，同时定期向校级财务部门如实反映活动情况和提供明细财务资料，接受校级财务部门的监督。然而据调查，在实际执行中，学校财务处只是被动地对各使用部门的经费进行数字汇总，而至于其经费使用过程中是否存在浪费则无力监管，对有关部门的物资利用状况是否良好，有关国家及学校的政策制度执行情况是否严格等也无从监管。这样，校级财务部门失去了参与监督管理的职能，容易导致财务工作的失控。从二级财务部门的角度而言，一方面，使用经费只需要经过审批就可获得经费，容易出现"重分配、轻管理；重拨款、轻效益"的财务执行局面；另一方面，伴随着高等学校财权的改革，财权重心逐步下放，各二级部门管理的资金数量也越来越大，而对二级部门的财务监督并没有随之增强。

（二）监督责任机制不完善，缺乏成本观念，监督措施不力

财务监督应充分发挥财务部门、各部门领导及部门财务人员的监督职责，然而由于责任未明确落实，经济活动的事前、事中及事后监督往往落空，一旦出现问题就相互推诿。同时，长期受计划经济模式的影响，缺乏成本观念。对如何监督资金的使用缺少一定的分析手段、监督措施。很多工作人员不知道该如何监督，再加上财务体制的不健全，自身的职责未明确，财务人员很难发挥自身的监督作用。

（三）监督机制不健全，预算难以控制

预算是事业单位财务管理的核心，学校从管理的角度出发，预算各项经费支出，以保证学校总体的管理。然而由于日常的财务监督工作不到位，财务部门很难根据预算数据与实际发生的金额去监督各部门的经济活动。最后只有年终报表出来以后，才能反映预算执行情况。这就导致预算与实际经济活动脱节，从而学校的管理力度必然会打折扣。

（四）财务管理体制不健全，财务人员法律知识不足，阻碍了监督职能的发挥

各部门的财务人员由各部门安排任用，与各部门存在很大的经济关系，学校财务部门没有管理权力，许多监督措施落实不到位；同时各部门财务人员往往由本部门的行政人员兼任，缺乏必要的财务法规知识。这导致本部门在使用资金时随意性较大，甚至连出现违纪现象都不清楚。

第三节　建立健全高等学校财务监督的质量保证体系

一、财务监督必须与时俱进

由于高等教育的快速发展，高等学校的财务管理制度的建设与创新必须与高等教育的发展相适应。

建立健全适应高等教育发展的财务制度体系，才能使高等学校财务工作有章可循、有法可依。要根据不同时期的经济环境和学校发展的具体情况，调整修订适合新形势的一系列高等学校财务管理规章制度，才能做到财务管理工作的原则性与灵活性的统一，既满足高等学校财务管理的要求，又满足财务监督的需要。

二、加大外部财务监督力度，监督和处罚并举

不断完善外部财务监督体制，加大上级监督部门财务监督的力度，确保外部财务监督不流于形式，监督到位，充分发挥外部监督的作用。财务监督与经济处罚并举，加大处罚力度，进一步规范高等学校的财务收支行为，使高等学校自觉履行法律责任，确保会计信息的真实和完整。

三、进一步完善高等学校内部的监督体系，实行全过程的财务监督

高等学校财务监督包括事前监督、事中监督和事后监督三种形式。这三种形式表现为财务监督的三个阶段，它体现出财务监督的作用和效果。一般应按经济活动规律，将三种形式有效地结合起来，对财务活动的全过程进行监督。

（一）事前监督

是指对高等学校财务活动在实施以前的准备阶段所进行的监督。主要检查和审核高等学校制订的财务计划、方案、预算以及项目进行的效果是否合法，是否符合最大经济效益原则。财务的事前监督是在有关部门进行项目的经济技术的可行性研究的基础上，从财务收支角度对资金的投资、回收和效益做可行性研究，对资金的使用效益作分析、评价。

（二）事中监督

是指对高等学校财务活动在实施过程中所进行的监督。它是实施财务管理中的监督、调节与控制，了解和掌握财务计划执行过程中的不足与偏差，解决出现的问题，为实现最大有效地发挥资金效益的目标提出修正意见。

（三）事后监督

是指一项业务活动或一定时期的财务活动实施完成以后，对其财务收支状况、成本、费用、效益等方面的情况实施全面的评价监督。财务的事后监督就是检查财务报表等会计资料的真实、准确和可靠性，审查财务收支是否符合国家财经政策、方针和有关规定，检查财务会计处理是否符合财务制度的有关规定，是否在有限的资金使用下，取得最大的经济效益。事后监督的目标是分析问题，查找原因，总结经验、教训，提出改进意见和建议。事后监督完成以后，必须写出财务监督报告，要将监督中所发现的问题进行归纳、分析，确定其性质，然后进行财务评价，并进一步提出修改的建设性意见。

四、加大财务监督力度，完善财务信息公开制度

（一）高等学校财务信息公开的强制性

（1）高等学校财务公开制度是指高等学校依据相关的法律、法规和规章制度，采用一定方式，将学校在开展办学活动和提供公共服务过程中所产生的信息，依据法律规章制度规定的公开范围，向教职工、学生以及社会公开。《关于全面推进校务公开工作的意见》和《高等学校信息公开办法》要求高等学校必须将财务信息

公开。

（2）高等学校财务公开制度是高等学校财务制度的重要组成部分，健全高等学校财务公开制度是完善高等学校财务管理制度的一个重要步骤。

（3）高等学校财务公开制度是防止高等学校贪污、腐败，加强高等学校监督管理的重要方式和手段。

（4）高等学校绝大多数属于公立性质，教育经费的主要来源是政府拨款，高等学校的公立性质决定高等学校财务管理必须接受社会监督，公民、法人和其他社会组织具有依法获取高等学校财务管理信息的权利。

（5）健全财务公开制度，是依法治校的重要内容。

（二）高等学校财务信息公开质量保证的建立健全

1. 加快建立财务公开制度的步伐

完善制度能对行为主体形成有效的约束，提高行为效率。高等学校财务公开制度是高等学校财务监督的重要组成部分，从实际经验来看，透明公开的财务制度，是遏制贪污、腐败，提高监督效率的有效手段。为提高高等学校财务信息的透明度、公开度，必须建立、健全财务公开制度。政府一直强调加强高等学校的财务公开制度建设。就高等学校内部来讲，绝大多数高等学校的财务公开制度建设尚处于初始阶段，所以应加快建立学校财务公开制度的步伐。

2. 创新财务信息公开方法

高等学校财务公开的一些基本方式有：

（1）高等学校教职工代表大会；

（2）设立财务公开栏或财务公开布告窗；

（3）学校文件；

（4）设立校长信箱，公开校领导电子信箱；

（5）设立举报意见箱；

（6）校情发布会，通过召开校务委员会、党政工联席会、学校专家座谈会、中层干部工作会等形式进行财务公开；

（7）通过财务简报通报。

（8）公布主要财务数据、财务计划进度、财务收支的详细情况等。

3. 建立长效的财务信息公开机制

财务信息公开不能持续、长期地进行，是当前高等学校财务公开的一个主要问题。这一问题出现的原因是学校缺乏财务公开的长效实施机制。因此，建立长效的财务信息公开机制，才能保证财务信息长期公开。

（1）设立专门负责财务信息公开的人员或机构。根据《高等学校信息公开办法》，高等学校校长负责高等学校信息公开工作，校长办公室为信息公开工作机构，负责学校信息公开的日常工作。鉴于财务信息的专业性比较强，应该在财务部门设立专门负责财务信息公开的专职人员，进行财务信息报告、发布以及应对教职工、社会的信息咨询。

（2）对财务信息公开实行监督，实施奖惩。财务公开工作的执行效率，不仅取决于完善的制度条款、相关人员的自律意识，同时需要有效的监督、管理。应根据实行的情况进行合理的奖惩，保证财务信息公开的有效实行。政府主管部门应设立财务公开监管机构主管此项工作，严格执行相应监管规章制度，对高等学校财务公开工作进行评价，对于公开工作不好的予以惩罚。

五、实施财务人员问责制，提高财务监督实效

（一）启动财务人员问责制的意义

问责制是对滥用权力进行责任追究的制度。有权力就必然要负责任，只要在权力范围内出现某种事故，就必须有人为此承担责任。高等学校建立健全岗位责任制，财务人员履行岗位责任制，这就产生了权力，也产生了责任，故必须启动问责制，才能让责任"归位"，使监督"强硬"，对失职和渎职的财务人员（包括财务工作领导）一律追究责任，使领导人员树立一种高度的责任意识和危机意识，处理好权与责的关系。这样，才能完善财务工作质量保证体系，加强财务管理。

（二）应被问责的财务人员类型

1. 思想道德素质不高，造成大面积会计信息失真的财务人员

对思想素质低，事业心、责任心不强，工作热情不高，缺乏爱岗敬业精神，缺乏认真负责的科学态度，工作中处于被动或消极状态，工作没有原则性，利用手中的权力为自己或他人谋私利，直接影响到财务工作的质量，违反实事求是、客观公正的道德规范，造成大面积会计信息失真的财务人员，必须进行问责。

2. 业务素质不高，影响会计核算质量的财务人员

对业务素质不高，直接影响财务工作质量的财务人员，必须进行问责。会计信息是在财务人员对会计要素进行确认与计量中生成的，财务人员要对客观经济活动的不确定因素进行估计、判断和推理，不同素质的会计人员进行的估计、判断与推理往往导致不同的结果。有的会计人员职业判断能力不强，对政策法规的运用和业务处理不够准确，导致业务处理的估计、判断偏差较大。有的会计人员不认真钻研业务知识，岗位工作敷衍了事，不能履行会计人员的职责；有的会计人员虽然经过正规的学习，但由于满足于现状，不注重提高自身的业务水平和技能，主动学习的意识十分淡薄；有的会计人员知识结构老化、更新较慢，不认真学习新知识，不积极参加继续教育学习。必须对这些财务人员进行问责，以提高财务队伍的素质。

3. 法制观念淡薄，出现假账现象的财务人员

财务人员职业的特点就是要求财务人员必须具备较强的法制观念。然而，有些财务人员不认真学习国家有关的法律、法规，不能严格要求自己，法制观念淡薄。因此，财务人员违反法律、法规的事情时有发生。有的财务人员利用职务之便，为了追求个人的经济利益，对造假行为不加以抵制，甚至还帮助出谋划策，同流合污，贪污、挪用公款，置国家法律于不顾。问责就是要他们醒悟，自觉遵守法律法规。

4. 职业道德缺失，违法乱纪的财务人员

高等学校个别财务人员职业道德水平不高，长时间不接受职业道德教育，导致法律观念淡薄，容易受利益的引诱或是领导人的指使来制作虚假数据，对外提供虚假信息。这种做法与会计信息的真实性背道而驰，必须问责并视情况追究法律责任。

（三）实施财务人员问责制，提高财务监督实效

1. 加强财务人员思想和职业道德教育，监督其依法理财

由于受西方腐朽思想的影响，拜金主义、享乐主义日益抬头，它侵蚀着财务人员队伍。必须加强财务队伍建设，筑牢思想防线。将职业道德教育作为一项长期的任务，有组织、有计划地进行。通过各种手段使财务人员树立正确的职业道德观，遵循会计职业道德规范，自觉提高道德修养，抵制不良风气的侵蚀。有合格的财务人员队伍，才能实施有效的财务监督。

2. 加强财务人员法制教育，增强法制观念

采取强有力的措施，组织财务人员认真学习国家财经方针、政策及《中华人民共和国会计法》等相关法律法规和制度，深刻领会、全面掌握有关知识。会计人员要以财经纪律和有关法律法规严格要求自己的职业行为，知法守法，廉洁自律，不提供虚假的、不真实、不合法或记录不准确的信息；要坚持原则，敢于同违法行为作斗争，保护国家、学校的合法权益不受损害；要增强法制观念，加强防范意识，避免工作失误，远离经济犯罪。

3. 提高财务人员素质，推进高等学校内部财务监督

提高财务人员素质，是廉政建设的重要保障，是推进高等学校内部财务监督的保证。一个合格的财务人员要发挥其在廉政建设中的作用，就应具有合理、科学的知识结构。高等学校财务监督部门要引进既懂得财会业务，又熟悉财务监督，掌握经济、法律和计算机等知识的复合型优秀人才。高等学校增强内部财务监督人员忠于职守、秉公办事的责任意识，是提高资金管理效益和财务监督实效的重要保证。

第四节 财务监督对财务工作质量保证的作用

一、财务监督是财务工作质量保证体系的组成部分

财务监督是由财务监督主体以国家的财经法规及有关规章制度为标准，采用一定的方法，对被监督客体单位的财务活动进行监

督、检查、评价和督导活动和总和。财务监督是国家经济监督的重要组成部分，也是财务管理的重要职能之一，财务监督是财务工作质量保证体系的组成部分。高等学校要加强财务管理，就必然要加强财务监督。

二、保证高等学校财务收支行为合法合规

高等学校为贯彻执行国家有关的法律法规，必须制定一系列的财务制度，并形成财务制度体系。高等学校制定的财务制度及财务制度体系，必须以国家的财经法律法规为蓝本，不得偏离正确的财经的路线和方针。

高等学校的财务人员必须认真学习有关的方针、政策，遵守财经纪律，随时监督和检查在日常的财务管理和核算工作中有无违反财经纪律、结算纪律、信贷纪律的行为，有无违反财务规定铺张浪费，私设"小金库"，擅自提高和设立收费标准和收费项目，多拿私分等违纪行为。一旦发生，财会人员就必须采取措施予以纠正，从而保证学校各项经济活动合理、合法和有效。

三、提高高等学校财务管理水平，是质量保证体系的根本

促进高等学校改善财务管理水平，提高办学效益。高等学校的管理模式，在当前市场经济体制下，已经从直接管理转为间接管理，财务体制由核算型向管理型过渡。通过财务监督及时提供信息，分析学校在办学效益方面的薄弱环节，促进学校聚财、理财、用财机制的完善，全面提高办学效益，建立和完善学校各项财务制度及其实施细则。

四、规范高等学校的财务收支行为，提高管理效益

促进学校增收节支工作，堵塞管理上的漏洞。高等学校在筹资、拓展收入渠道方面，有巨大的潜力，在财务支出方面也有巨大的节支潜力。通过管理监督、开源节流、增收节支、提高资金的使用效益。

五、维护财经工作秩序，保证学校的根本利益

保证国有资产的完整性，维护国家利益。我国的高等学校是国家各级政府部门主办的非营利性的教育单位。以教学和科研工作为主，资产以国有资产为主体。因此高等学校财务监督的首要任务就是要保证国有资产的完整性，维护国家利益，保护学校的根本利益。

六、确保不做假账，是质量保证体系的基础保证

保证会计信息的真实性、准确性、可靠性，为财务决策的科学化提供可靠的基础。通过财务管理和监督，保证财务信息的真实、可靠和准确，为高等学校的科学决策提供依据。

第十五章　高等学校内部非财务制度的财务工作质量保证

高等学校为加强教学、科研管理，出台了一系列的管理制度，包括教学、科研及行政管理方面的制度，并形成制度体系。教学管理制度是高等学校最主要的管理制度，教学、科研等方面的管理制度，对于加强高等学校的财务工作，强化财务管理，规范会计核算具有十分重要的作用，是高等学校财务工作质量保证体系建设的前提和基础。

第一节　招标投标制度的财务工作质量保证

一、高等学校制定招标投标工作制度的政策依据

（一）《中华人民共和国招标投标法》

由中华人民共和国第九届全国人民代表大会常务委员会第十一次会议于 1999 年 8 月 30 日通过并于 2000 年 1 月 1 日起施行的《中华人民共和国招标投标法》是具有最高法律效应的有关招标投标工作的法律，任何单位进行招标投标均需遵守。

（二）《中华人民共和国招标投标法实施条例》

任何单位和个人进行建设工程招标投标的，必须遵守《中华人民共和国招标投标法实施条例》。建设工程包括建筑物和构筑物的新建、改建、扩建及其相关的装修、拆除、修缮等；所称与工程建设有关的货物，是指构成工程不可分割的组成部分，且为实现工程基本功能所必需的设备、材料等；所称与工程建设有关的服务，是指为完成工程所需的勘察、设计、监理等服务。

334

有关招标投标的主管部门的规定如下：

国务院发展改革部门指导和协调全国招标投标工作，对国家重大建设项目的工程招标投标活动实施监督检查。国务院工业和信息化、住房和城乡建设、交通运输、铁道、水利、商务等部门，按照规定的职责分工对有关招标投标活动实施监督。

县级以上地方人民政府发展改革部门指导和协调本行政区域的招标投标工作。县级以上地方人民政府有关部门按照规定的职责分工，对招标投标活动实施监督，依法查处招标投标活动中的违法行为。县级以上地方人民政府对其所属部门有关招标投标活动的监督职责分工另有规定的，从其规定。

财政部门依法对实行招标投标的政府采购工程建设项目的预算执行情况和政府采购政策执行情况实施监督。

监察机关依法对与招标投标活动有关的监察对象实施监察。

（三）《中华人民共和国政府采购法》

2002 年 6 月 29 日第九届全国人民代表大会常务委员会第二十八次会议通过并于 2003 年 1 月 1 日起施行的《中华人民共和国政府采购法》是规范政府采购行为，提高政府采购资金的使用效益，维护国家利益和社会公共利益，保护政府采购当事人的合法权益，促进廉政建设的重要法律，任何单位均需遵守。政府采购是指各级国家机关、事业单位和团体组织，使用财政性资金采购依法制定的集中采购目录以内的或者采购限额标准以上的货物、工程和服务的行为。

（四）《工程建设项目施工招标投标办法》

《工程建设项目施工招标投标办法》是为规范工程建设项目施工招标投标活动，根据《中华人民共和国招标投标法》和国务院有关部门的职责分工，国家发改委、建设部、铁道部、交通部、信息产业部、水利部、中国民用航空总局于 2003 年 3 月 8 日审议通过，自 2003 年 5 月 1 日起施行的有关工程建设项目施工的招标投标法规。

任何单位和个人必须自觉遵守《工程建设项目施工招标投标

办法》，不得将依法必须进行招标的项目化整为零或者以其他任何方式规避招标。

二、招标投标制度对财务工作质量的作用

招标投标制度进一步规范了高等学校招标投标活动中存在的未能及时建立招标投标工作小组，监督体系不完善等问题，规范了高等学校支出管理中用钱大户的支出行为，对财务质量保证体系建设具有十分重要的作用。

招标投标制度对财务工作起到了监督的作用，加强了对高等学校招标投标的监督和管理，促进了公平竞争，保证了招标质量，提高了资金的使用效益。在高等学校建立招标投标制度具有重要的现实意义，关系到项目建设优质高效廉洁的推进，是高等学校财务工作的重要组成部分，它本身就是财务监督。

建立招标投标制度有利于降低工程成本、提高工程质量。招标投标模式可以通过一套严格规范的程序使投标方在公开、公平、公正的基础上展开有效的市场竞争，择优选择优秀的中标人，可以使工程成本降低，为高等学校节省了开支，可收到显著的社会效益和经济效益。工程质量在合同文件的约束及监督单位的监督下不受成本降低的影响，在建设工程中突出重点，保证质量，实现了工程成果的最大化。

招标投标制度的建立和完善，保证了高等学校招标投标活动依法进行，提高了招标过程的透明度及客观性，有效地避免了暗箱操作，有效地抑制了腐败，最大限度地保证了招标投标活动的公平、公正、公开，确保了廉政建设落到实处。

招标投标制度进一步完善了高等学校财务监督管理机制，使相关部门能够按相关法律法规公开、公平、公正地完成招标项目，对整个过程的监督管理起到了关键的作用。目前高等学校招标投标监督管理体制、机制不健全、不完善以及监督乏力等问题对高等学校招标投标的监督形成了很大的阻力和挑战。高等学校需结合自身条件及问题，完善监督管理机制。

三、高等学校招标投标管理办法的设计

(一) 制度设计的宗旨

规范高等学校工程建设、货物采购和服务项目的招标投标活动，保护国家利益和学校的合法权益，提高工作效率与办学效益，保证项目质量，促进廉政建设。

(二) 制度设计的要求

(1) 招标投标活动应当遵循公开、公平、公正、择优和诚实信用原则。

(2) 任何单位和个人不得将依法必须进行招标的项目化整为零或者以其他任何方式规避招标。

(3) 校内招标投标活动实行回避制度。本校工程建设管理人员、货物和服务项目采购人员与投标人 (法人、自然人或其他组织) 有利害关系的，必须回避相关招标投标活动。

(4) 参加货物服务投标活动的供应商，应当是提供本国货物服务的本国供应商，但国家法律规定外国供应商 (含国内代理商) 可以参加货物服务投标活动的除外。

(5) 凡使用国有资金、学校财政性资金、学校及其事业单位 (含非独立法人企业) 自有资金、借贷融资资金、校内外援助或捐助资金的项目必须依法进行招标。

(三) 建立健全招标投标领导机构

(1) 高等学校应成立招标投标工作领导小组，负责全校招标投标工作。

(2) 高等学校应成立招标投标监督领导小组，负责对招标投标工作依法实施监督。

(四) 招标投标范围及标准

1. 公开招标投标范围及标准

(1) 工程建设

①建筑工程、房屋维修和拆除；

②供用水、电、气等能源项目；

③道路、照明、园林绿化、垃圾处理等环境项目；

④广播电视、信息网络、文娱体育设施等文化项目。

（2）货物采购

①教学、科研、体育、医疗设备及用品；

②房屋、交通工具、行政办公设备及用品；

③图书、教材、软件、服装、药品等产品。

（3）服务

①勘察、设计、研究开发项目；

②咨询、监理、代理、劳务项目；

③物业管理、维护维修、房屋及场地租赁等其他项目。

2. 校内招标投标范围及标准

（1）工程建设

①新建、扩建工程施工单项合同估算投资 10 万元以上（含 10 万元）的；

②改建、装修、维修及拆除等施工单项合同估算投资 5 万元以上（含 5 万元）的；

③与工程建设有关的设备、材料等货物采购单项合同估算价 5 万元以上（含 5 万元）的；

④施工单项合同估算低于上述标准，但项目总投资在 100 万元以上的建设工程的土建施工和主要设备购置、安装。

（2）货物（含设备）采购

批量货物价值 5 万元（含 5 万元）以上，单项货物价值 1 万元（含 1 万元）以上的。

（3）服务

①勘察、设计、咨询、监理、代理服务单项合同估算价 5 万元（含 5 万元）以上的；

②勘察、设计、监理单项合同低于 5 万元，但项目总投资 100 万元以上的；

③研究开发项目政府资助费用 5 万元以上的；

④年租金 5 万元（含 5 万元）以上的店铺、餐厅、停车场、运动场和房屋等场所。

3. 符合规定但不适宜招标的项目

经主管职能部门审核并报学校招标投标工作领导小组批准或报省政府、省教育厅招标及采购监督管理部门批准，可以不进行招标的项目如下

（1）涉及国家安全和国家秘密的；

（2）抢险救灾的；

（3）勘测、设计、咨询等项目，采用特定专利、专有技术或者专有特殊产品；

（4）为与现有设备配套而需从该设备原提供者处购买零配件的；

（5）法律、行政法规或者国务院、省及市政府另有规定的。

4. 校内二级单位自行招标的标准和范围

凡属公开招标和校内公开招标规定限额以下的项目，由各项目承办二级单位在高等学校招标投标管理办公室指导下，自行确定相关的选择方式，一般应在三家或三家以上单位中按照质优价廉的原则选择承建单位、采购单位或服务单位，选择方式及选择结果均需由承办单位和招标投标管理办公室主要负责人签字确认。新建、扩建工程投资3万元以上（含3万元）、维修工程和批量货物采购或者服务项目2万元以上（含2万元）的，选择结果应报送主管校长，项目完成后，需将实施情况书面向招标投标管理办公室报备。

5. 招标分为公开招标和邀请招标

（1）公开招标是指学校招标投标管理办公室以招标公告方式邀请不特定的法人、自然人或其他组织参加投标的方式；

（2）邀请招标是指学校招标投标管理办公室以发送邀请书的方式，邀请不少于3名符合资格条件的特定法人、自然人或者其他组织投标的方式。特定的法人、自然人或者其他组织由使用单位与主管职能部门共同协商确定。

（3）必须进行招标的项目符合下列条件而不适宜公开招标的可实行邀请招标：

①技术要求复杂，或有特殊专业要求的；

②公开招标所需的费用和时间与项目的价值不相符，不符合经济合理性要求的；

③法律、行政法规另有规定的。

6. 特殊采购

属于招标范围且达到招标规模标准的项目符合下列条件之一而不适宜以招标方式采购的，可采用竞争性谈判的方式采购。

①招标公告发出后没有供应商投标或供应商数额不足，重新招标后仍不能满足公开招标要求的；

②开标后无合格中标者；

③技术要求复杂或者性质特殊，不能确定详细规格和标准的；

④采用招标所需时间不能满足用户紧急需要的；

⑤不能事先计算出价格总额的。

⑥参加竞争谈判的供应商应不少于两家。

7. 特殊规定

（1）属于招标范围且达到招标规模标准的项目符合下列条件之一而不适宜以招标方式采购的，可采用单一来源方式采购：

①只能从唯一供应商处采购的；

②发生了不可预见的紧急情况，不能从其他供应商处采购的；

③为保证原有采购项目的一致性或者满足服务配套的要求，必须继续从原供应商处添购，且添购资金总额不超过原合同采购金额10%的；

④预先已声明需对原有采购进行后续扩充的。

（2）属于招标范围且达到招标规模标准的项目，因采购标的货物规格、标准统一，现货货源充足且价格变化幅度小的项目，可采用询价方式采购。参加询价报价的供应商应不少于3家。

采用邀请招标、竞争性谈判、单一来源、询价等方式采购的项目，由使用单位根据规定和要求提出书面申请，经职能部门和招标投标管理办公室审核并报学校招标投标工作领导小组批准后，方可实施。经批准不公开招标的项目应同时抄送学校招标投标监督领导小组备案。

（五）招标与投标

1. 招标项目的确定

进行招标的项目，应当是按规定通过可行性论证，获得立项批准，资金来源已落实的项目，在批准的预算内招标。

2. 招标工作的组织

（1）与招标活动有关的工作人员应当保证招标过程的公正、公平，不得向他人透露已获取招标文件的投标人名称、数量以及影响公平竞争的其他情况。

（2）主管职能部门和学校招投标管理办公室应当对所有潜在投标人的资格条件进行审查；对符合规定条件的投标人，不得限制或者排斥，不得实行地区和行业歧视。

（3）禁止采取抽签、摇号方式进行投标资格预审或者确定中标人。

3. 招标文件的制定

招标文件的内容应当清晰、明确，应当提出所有实质性的要求和条件以及拟签合同的主要条款，包括：

（1）招标人名称、项目名称及简介；

（2）招标项目的名称、数量、技术规格和要求；

（3）交货、竣工或者提供服务的时间、地点或者期限；

（4）投标人须知（包括投标文件的密封、签署、印章要求等）；

（5）投标人资格条件、投标文件的基本要求；

（6）投标人应当提交的资格、资信、项目负责人、业绩等证明文件；

（7）递交投标文件的方式、开标日期、地点和有效投标的期限；

（8）评标依据和标准、定标原则，主要评标办法、评标程序、确定废标的主要因素；

（9）投标保证金、履约保证金要求；

（10）投标价格的要求及其计算公式；

（11）图纸目录、格式附录等；

（12）主要合同条款及内容；

（13）法律法规对招标项目的技术、标准和投标人的资格条件有明确规定的，招标方应当按照规定在招标文件中提出相应要求；

（14）招标文件不得有以下内容：

①要求或者标明特定的生产供应者或者管理、服务者；

②对潜在投标人含有预定倾向或者歧视；

③与已核准的招标方式、范围所确定的原则不同的内容。

（15）招标项目有特殊要求的，主管职能部门和学校招标投标管理办公室可以组织投标人踏勘项目现场或者组织项目相关单位介绍情况。

（16）一般招标项目不设标底，特殊招标项目设定标底的，标底必须严格保密。标底由主管职能部门或委托招标代理机构编制，学校招标投标工作领导小组审批。截止投标前，不允许任何单位和个人泄露标底。

4. 公开招标公告的主要内容

（1）招标人的名称、地址和联系方法；

（2）招标项目的名称、数量，招标项目的性质；

（3）投标人的资格要求；

（4）获取招标文件的时间、地点、方式及招标文件售价；

（5）投标截止时间、开标时间及地点。

5. 招标的时间限制

招标方应该给予投标人编制投标文件所需要的合理时间，公开招标的项目自招标文件发出之日起至投标方提交投标文件截止之日止不得少于 10 个日历天。

6. 投标人资质

投标人申请投标必须具备下列条件，并提供相关材料：

（1）承担招标项目相适应的技术、专业人员和机械设备、管理服务水平等能力；

（2）资信证明；

（3）相应的资质等级和业绩材料；

（4）法律法规或者招标文件规定的其他条件；

（5）科研、管理、咨询、设计等允许个人参加投标的招标项目，投标的个人适用有关投标人的规定；

（6）投标人编制的投标文件必须全面响应招标文件提出的各

条款的实质性要求。

7. 投标人在接受招标方资格预审后享有下列权利

（1）按照招标文件的要求和条件自主编制投标文件；

（2）对招标文件中含义不明确的内容可以向招标方询问，并获得不超出招标文件范围的明确答复；

（3）在招标文件要求提交投标文件截止时间前可以补充、修改或者撤回已提交的投标文件；

（4）投标被确定为废标后查询原因，并对不合理对待提出投诉；

（5）依法享有的其他权利。

（六）开标、评标和定标

1. 时间与地点的要求

开标必须在招标文件中预先确定的时间、地点进行。

2. 废标的确定

开标时发现投标文件有下列情形之一的为废标，废标不得参与评标。

（1）未按招标文件规定密封的；

（2）未加盖法人或者单位公章和没有法定代表人、单位负责人或者被授权人签名的；

（3）未按招标文件规定的格式填写或者字迹模糊不清的；

（4）未提供有效投标文件的；

（5）开标时没有按照要求提供投标保证金的。

3. 评标委员会的职责

（1）按招标文件规定的评标程序、标准和方法对投标文件进行评审和比较。

（2）对投标文件中含义不明确的内容，要求投标方作出澄清或者说明。澄清或者说明必须符合原投标文件的范围或者实质性内容。

（3）对内容存在下列重大偏差，实质上不能响应招标文件要求的招标文件，确定为废标。

①不能满足完成投标项目期限；

②附有招标人无法接受的条件；

③明显不符合技术规格、质量要求、货物包装方式、检验标准和方法；

④不符合招标文件规定的其他实质性要求。

（4）对实质上符合招标文件要求，但在个别地方存在遗漏或者提供了不完整的技术信息和数据等细微偏差的投标文件，评标委员会应当要求该投标人在评标结束前予以补正。

4. 评标方法

一般分为最低评标价法、平均值评标法、综合评分法、性价比法等。采用何种评标方法，由学校招标投标管理办公室提出，学校招标投标领导小组批准确定。

（1）最低评标价法，是指以价格为主要因素确定中标候选人的评标方法，即在全部满足招标文件实质性要求前提下，依据统一的价格要素评定最低报价，以提出最低报价的投标人作为中标候选人。

（2）平均值评标法，将所有有效投标报价去掉一个最高价，去掉一个最低价，按其余投标价的算术平均值下浮 $X\%$ 为评标参考造价（开标前由评委确定评标参考造价下浮点数 $X\%$）。接近参考造价且价格较低者为中标候选人。

（3）综合评分法，是指在最大限度地满足招标文件实质性要求前提下，按照招标文件中规定的各项因素进行综合评审后，以评标总得分最高的投标人作为中标候选人或者中标人的评标方法。

综合评分的主要因素是：价格、技术、财务状况、信誉、业绩、服务、对招标文件的响应程度以及相应的比重或者权值等。上述因素应当在招标文件中事先规定。

评标时评标委员会各成员应当独立对每个有效投标人的标书进行评价、打分，然后汇总每个投标人每项评分因素的得分。

采用综合评分法的，货物项目的价格分值占总分值的比重（权值）为 30% 至 60%；服务项目的价格分值占总分值的比重（权值）为 10% 至 30%。执行统一价格的服务项目，其价格不列为评分因素。有特殊情况需要调整的应当经学校招标投标工作领导小组批准。

评标总得分 $= F_1 \times A_1 + F_2 \times A_2 + \cdots + F_n \times A_n$，

F_1，F_2，$\cdots$，F_n 分别为各项评分因素的汇总得分；

A_1，A_2，$\cdots$，A_n 分别为各项评分因素所占的权值（$A_1 + A_2 + \cdots + A_n = 1$）。

（4）性价比法，是指按照要求对投标文件进行评审后，计算出每个有效投标人除价格因素以外的其他各项评分因素（包括技术、财务状况、信誉、业绩、服务、对招标文件的响应程度等）的汇总得分，并除以该投标人的投标报价，以商数（评标总得分）最高的投标人为中标候选供应商或中标供应商的评标办法。

评标总得分 $= B / N$，

B 为投标人的综合得分，$B = F_1 \times A_1 + F_2 \times A_2 + \cdots + F_n \times A_n$，其中 F_1，F_2，$\cdots$，F_n 分别为除价格因素以外的其他各项评分因素的汇总得分；A_1，A_2，$\cdots$，A_n 分别为除价格因素以外的其他各项评分因素所占的权值（$A_1 + A_2 + \cdots + A_n = 1$）。$N$ 为投标人的投标报价。

5. 评标的程序

（1）资格性检查。按招标文件的规定，对投标文件的资格证明、投标保证金等进行资格性检查；

（2）符合性检查。按招标文件的规定，对投标文件的有效性、完整性和对招标文件的响应程度进行符合性检查；

（3）澄清有关问题。对投标文件中含义不明确、同类问题表述不一或计算错误的内容，要求投标人以书面形式作出澄清、说明或纠正。

（4）比较和评价。按招标文件规定的评标方法和标准，对资格性检查和符合性检查合格的投标文件，进行商务和技术评估，综合比较与评价。

（5）完成评标后，按评标结果推荐 1 至 3 名中标候选人，并标明排列顺序。编写评标报告。评标报告的主要内容包括：

①开标日期和地点；

②投标人名单和评标专家名单；

③评标方法、标准；

④无效投标人名单及废标原因；

⑤评标结果及中标候选人的排序表；

⑥评标委员会的授标建议；

⑦评标专家及有关人员签名。

6. 中标人的确定

（1）评标委员会根据招标文件确定的中标条件，推荐中标候选人的顺序，原则上排名第一的中标候选人为中标人。对需要经过商务谈判确定中标人的项目，由使用单位或主管职能部门的代表和有关专家共 3 人以上（专家不少于 2/3）组成的谈判小组，依次谈判确定中标人。

（2）对评标委员会有不公行为的，可以提出质疑，并立即向招标投标监督领导小组报告，经监督部门调查证实的，学校可以另行组织评标委员会评标和确定中标人。

7. 特殊情形的处理规定

必须招标的项目有下列情形之一的，由学校招标投标工作领导小组按照以下原则处理：

（1）投标截止时间结束后报名的投标人不足 3 人或评标期间有效投标的投标人少于 3 人的，可采取重新招标、竞争性谈判、询价或单一来源采购等方式；

（2）查实招标投标过程中有不公正行为，影响招标结果的，裁定招标结果无效。

8. 中标后的后续工作

（1）中标人确定后，中标结果在校内公告栏或校园网上公告，在 7 个工作日内向中标单位发出中标通知书，同时报学校招标投标监督领导小组。中标通知书对招标投标双方具有法律效力，招标方改变中标结果，或者中标人放弃中标项目的，应当承担法律责任。

（2）招标方应当自中标通知书发出之日起 30 个工作日内与中标人按照招标文件、投标文件订立书面合同。

订立合同时，招标方和中标人都不得向对方提出招标文件以外的要求；不得另外订立违反招标文件、投标文件实质性内容的协议；不得对招标文件、投标文件作实质性修改。

（3）设有投标保证金的，招标方应当在与中标人签订了合同后的 5 个工作日内将投标保证金退回中标人和未中标的投标人。

（4）中标人应当履行下列义务：

①按照合同约定完成中标项目；

②对允许分包项目承担连带责任；

③按照招标文件的要求在合同签订后 5 个工作日内向招标方提交履约保证金。

（5）合同执行过程中，严格按中标价格执行，禁止扩标。不可预见原因可能造成投资扩大，需提出变更要求的，应当经职能部门或项目承办单位书面同意、监督员认可后报分管校长审定和校长批准，数额较大的需经校长办公会议批准。

合同执行过程中，经批准需要增加合同规定以外的内容，增加部分符合招标条件的，必须组织招标。

（七）招标投标组织机构及职责

1. 招标投标工作领导小组及职责

招标投标工作领导小组由学校分管领导、相关职能部门负责人组成。

招标投标工作领导小组的主要职责有：

（1）全面负责本校招标投标、集中采购工作；

（2）讨论决定本校招标投标、集中采购重大事项；

（3）制定与招标投标、集中采购有关的规章制度；

（4）审定本校"评标专家库"人员资格；

（5）审批招标项目公开招标方式以外的其他招标方式。

2. 招标投标工作管理办公室及其职责

招标投标工作领导小组下设招标投标管理办公室，分工程建设与服务招标投标管理办公室（简称工程招标办）和货物采购招标投标管理办公室（简称采购招标办），作为招标投标工作领导小组的办事机构，工程招标办负责全校基建工程与服务项目的招标投标业务管理，采购招标办负责全校货物（含设备、图书、教材、医药等）采购的招标投标业务管理。

招标投标管理办公室的主要职责有：

（1）根据国家招标投标与政府采购的法律法规和方针政策，起草与招标投标相关的规章制度和具体实施办法；

（2）组织需纳入省政府、教育厅、属地市招标机构及其他服务机构集中招标或者采购项目的申报，组织校内专家参加这些机构的公开招标投标活动，指导使用单位与中标方签订合同；

（3）组织公开招标和其他形式的招标、采购活动：

①接受招标项目申请，审核项目资料，提出招标或者采购方式；

②编制招标文件、招标公告，发售招标文件，接受投标报名；

③组织对投标报名人的资格审查，确认投标人名单，组织技术答疑；

④组织开标、评标、定标；

⑤组织竞争性谈判、单一来源采购、询价采购；

⑥发出中标或者成交通知书；

⑦组织项目合同文本的编制，合同的洽谈、审查与签订工作；

⑧协助监督部门、职能部门处理招标投标活动中的投诉与质疑。

（4）负责招标投标与采购项目资料的整理和立卷归档；

（5）负责组建学校评标专家库，从中抽取参加校内以及省政府、省教育厅、属地市级招标机构及其他服务机构各招标项目的评标委员会专家。

（6）完成招标投标工作领导小组交办的其他工作。

3. 招标投标监督领导小组及其职责

由学校纪委领导、纪检、监察、审计部门及学校工会负责人、教职工代表组成。

招标投标监督领导小组的主要职责有：

（1）制定招标投标监督工作的规章制度；

（2）监督招标投标活动按法定程序和规则运行；

（3）对招标投标与采购过程中由于不规范行为所形成的结果行使否决权；

（4）审定并公布招标投标过程中的流标或废标；

（5）受理招标投标工作中的有关投诉；

（6）负责向招标投标管理办公室派驻监察员。

监察员的主要职责有：

①监督学校集中招标方式的确定；

②监督招标信息的发布；

③监督招标文件和评标方法的制定；

④监督投标人资格的审查确认；

⑤监督开标、评标、定标工作的过程；

⑥监督项目合同的洽谈、签订及执行情况；

⑦完成学校招标投标监督领导小组交办的其他工作。

4. 评标委员会

（1）评标委员会由高等学校招标投标工作领导小组成员、招标项目所属部门代表和有关技术、经济方面的专家组成；总人数为5人以上单数，其中技术、经济方面的专家人数不得少于成员总数的3/5。委员会中的专家应在本校评标专家库内相关专业的专家名单中随机抽取确定。

（2）监督部门人员以及与投标人有利害关系的人员，不得进入相关项目的评标委员会。

在中标结果确定之前，评标委员会成员名单应当保密。评标委员会成员、工作人员及招标投标监督机构的工作人员必须遵守评标纪律，不得以任何方式泄露评标情况。任何单位和个人不得非法干预、影响评标的过程和结果。

5. 职能部门的招标投标职责

职能部门在招标投标工作中的职责。

（1）根据项目性质与要求，依法提供招标与采购项目的技术资料，提出项目合同主要条款；

（2）审查、确认招标公告、招标文件和项目合同文本；

（3）在招标投标管理办公室组织下进行招标技术答疑；

（4）项目所属单位派出一名代表进入评标委员会参与评标；

（5）选派专业技术人员参与对供应商的资格审查；

（6）参加招标项目合同的洽谈、审查和会签，并负责合同的履行；

（7）负责组织工程建设与货物采购项目的验收工作；

（8）负责联络供应商做好合同规定的售后服务及相关工作。

6. 评标专家库

（1）评标专家库由高等学校工业、农业、建筑、财务、审计、卫生医药、科技、信息、环保等相关行业的专家组成，各行业专家人数不少于 5 人。入库专家人数校内不够的，可以从高等学校校外聘请。

（2）进入"评标专家库"的专家应具有较高的业务素质和良好的职业道德，在招标评审过程中能以客观公正、廉洁自律、遵纪守法为行为准则；专家应具有高级职称，熟悉招标投标的相关政策法规和业务知识，能胜任招标评标工作。专家库成员中有不良职业道德行为的，经招标投标工作领导小组认定，可将其名单撤出专家库。

（八）招标工作程序

1. 公开招标工作程序

（1）提出招标项目的招标申请（包括招标项目的立项批文和经费批文，按规定需提供的技术要求或规范，项目合同主要条款）——由使用单位或项目承办单位负责；

（2）审核、接受招标申请，编制招标文件和招标公告，编制项目的合同文本——由招标投标管理办公室负责；

（3）审核招标文件、招标公告、项目合同文本——由审计部门负责；

（4）审批招标文件、招标公告、项目合同文本——由招标投标工作领导小组负责审批；

（5）发布招标公告——由招标投标管理办公室负责；

（6）接受投标报名，审查投标人资格——由招标投标管理办公室负责；

（7）必要时组织对投标人进行实地考察——招标投标管理办公室组织使用单位或项目承办单位人员会同招标投标监督领导小组人员进行实地考察；

350

（8）确认投标人资格和名单——招标投标管理办公室在招标投标监督领导小组派驻监察员的监督下与项目承办单位共同确认；

（9）发售招标文件——由招标投标管理办公室负责；

（10）必要时组织投标人踏勘招标项目现场，组织招标文件技术答疑——由招标投标管理办公室会同项目使用单位、承办单位或职能部门负责；

（11）投标——招标投标管理办公室接受投标人在规定时间内送达的标书；

（12）确定项目评标委员会成员——招标投标管理办公室在监察员监督下从专家库中随机抽出专家成员组成评标委员会；

（13）开标——由招标投标管理办公室组织在预先确定的时间、地点开标；

（14）评标——评标委员会按照招标文件确定的中标条件进行评审和比较，确定中标候选人或中标人；

（15）送达中标通知书——评标结果产生后，由招标投标管理办公室向中标人发出中标通知书，并将中标结果在校内公告栏或者校园网上公告；

（16）洽谈、审查合同。招标投标管理办公室会同相关职能部门和业务部门组织合同的洽谈，监督部门审查；

（17）审定、签订合同——由学校法定代表人或其委托的负责人审定、签订合同。

2. 采用竞争性谈判方式采购的工作程序

（1）成立谈判小组——谈判小组由招标投标管理办公室确定成立，成员包括项目承办单位或职能部门的代表、相关专家，人数应为 3 人以上的单数；

（2）制定谈判文件——谈判文件由招标投标管理办公室制定，谈判文件中应当明确谈判程序、谈判内容、合同草案的主要条款以及评定成交的标准等事项；

（3）确定候选供应商——招标投标管理办公室会同项目承办单位，从符合相应资格条件的供应商名单中确定不少于两家的供应商参加谈判，并向其提供谈判文件；

（4）谈判——谈判小组所有成员集中与供应商逐一进行谈判，监察员应监督谈判过程；

（5）确定成交供应商——谈判结束后，谈判小组应当要求所有参加谈判的供应商在规定时间内进行最后报价，综合采购需求、质量、服务承诺和报价等因素从候选人中确定成交供应商，并将结果通知所有参加谈判的未成交的供应商；

（6）签订合同——由学校法定代表人或其委托的负责人审定并签订合同。

3. 询价方式采购的工作程序

（1）成立询价小组——询价小组由招标投标管理办公室确定成立，成员包括项目承办单位的代表和相关专家，人数应为 3 人以上的单数；

（2）制定询价文件——招标投标管理办公室制定询价方法、价格构成、评标标准、合同主要条款等；

（3）确定询价候选供应商——招标投标管理办公室会同项目承办单位，从符合相应资格条件的供应商名单中确定不少于 3 家的供应商进行询价；

（4）确定成交供应商——询价小组开展询价工作，提出候选人，并经招标投标管理办公室与项目承办单位审定；

（5）签订合同——招标投标管理办公室或项目承办单位接受校法定代表人委托与成交供应商签订合同。

（九）招标投标的档案管理

招标投标管理办公室应当建立真实完整的招标投标档案，规范保管每项招标投标活动的文件资料，不得伪造、变更、隐匿或者销毁。招标投标文件的保存期限为从招标投标工作结束之日起至少保存 15 年。

（十）监督检查

1. 招标投标监督领导小组的监督检查

招标投标监督领导小组应通过检查、现场监督等方式对招标投标活动进行监督，评标委员会成员与招标活动有关人员应当自觉接受其监督检查。

招标投标监督领导小组依照《工程建设项目招标投标活动投诉处理办法》、《政府采购供应商投诉处理办法》，接受单位和个人对招标投标活动中的违纪违规行为的投诉、举报，并进行核实、查处。

2. 招标投标监督员的监督检查

每项招标工作均应委派一名监督员全程跟踪，进行全过程的监督检查。

（十一）违纪违规责任及问责

（1）招标方主管人员、与招标、评标活动有关的工作人员有下列行为之一的，给予警告、记过、记大过的处分，情节严重的，给予降级、撤职、开除的处分；涉嫌犯罪的，移送司法机关处理。

①必须进行招标的项目不实行招标的；

②将必须招标的项目化整为零或者以其他方式规避招标的；

③以不合理的要求限制或者排斥潜在投标人的；

④无正当理由不按照评标委员会依法推荐的中标候选人顺序确定中标的；

⑤中标通知书发出后无正当理由不与中标人签订合同的；

⑥与投标人恶意串通的；

⑦招标投标活动中收受贿赂或者获取其他不正当利益的；

⑧泄露标底或者其他影响公平评标有关情况的；

⑨在监督检查部门依法实施的监督检查中提供虚假情况的。

（2）投标人有下列情形之一的，其中标无效，招标方不退还其投标保证金，将其列入不良行为名单，在1至3年内禁止其参加学校招标投标活动，并予以公告。

①提供虚假材料谋取中标的；

②采取不正当手段诋毁、排挤其他投标人的；

③投标人相互串通或者与招标方串通投标的；

④以向招标人、评标专家行贿或者提供不正当利益而中标的；

⑤拒绝有关部门监督检查或提供虚假情况的。

（3）中标人有下列情形之一的，招标方不退还其交纳的投标保证金，将其列入不良行为记录名单，在1至3年内禁止其参加学校招标投标活动，并予以公告：

①中标后无正当理由不与招标方签订合同的；

②未经招标方同意，将中标项目转让给他人或者分包给他人的；

③拒绝履行合同义务的。

（4）评标专家有下列行为之一的，责令改正，没收违法所得，取消担任评标委员会成员的资格，不得再参加任何招标项目的评标；情节较轻的给予警告、记过、记大过处分；情节严重的，给予降级、撤职、开除处分；涉嫌犯罪的，移送司法机关处理。

①明知应当回避而不回避的；

②已知自己为评标专家身份后至评标结束前的时间内私下接触投标人的；

③在评标过程中有明显不正当倾向性的；

④收受投标人、其他利害关系人的财物或者其他不正当利益的；

⑤泄露有关投标文件的内容以及与评标有关的其他情况的。

上述行为影响中标结果的，中标结果无效。

（5）申请采用公开招标以外采购方式的项目使用单位所提供的申请材料不真实，情节轻的，给予项目申请人警告、记过、记大过处分；情节严重的，给予降级、撤职、开除处分；涉嫌犯罪的，移送司法机关处理。

（6）项目审批部门、行政监督部门及其工作人员违反规定干涉或者利用审批权侵犯招标方选择招标代理机构、编制招标文件、组织投标资格审查、编制标底、确定开标时间和地点、组织评标、确定中标人和签订合同等事项的自主权，营私舞弊、玩忽职守的，视情节依法给予行政处分；涉嫌犯罪的，移送司法机关处理。

四、政府集中采购限额标准以下物资采购制度的设计

（一）采购计划审批与上报

（1）使用财政性资金（包括教学经费、科研经费、专用项目经费及自筹资金）进行采购的仪器设备等物资，必须按年度编制

政府采购预算、按季度编制政府采购计划、分月实施采购计划。各二级单位应根据实际需要，于每年 3 月、6 月、9 月、12 月（即每个季度的最后一个月）25 日前，分别填写下一季度物资采购计划表，由各经费项目的部门负责人签字、经费主管部门盖章同意后，将采购计划以纸质和电子文档形式报设备处。预算经费 5000 元以上需呈主管校长签批，5 万元以上需呈校长签批。

（2）年度、季度采购计划由设备处汇总送财务处确认经费到位后，送审计处审核，再上报给省教育厅教育装备中心教育采购管理办公室。由省教育厅教育采购办汇总审核，报省政府采购管理办公室审批后方能采购。

（3）购置空调及耗电量大于 5 千瓦/时的用电设备需学校用电管理部门审核；购置国家专控商品需按国家相关规定办理审批手续。

（二）采购范围

（1）政府采购实行协议供货物品严格执行省财政厅当年公布的"省政府集中采购目录和政府采购限额标准"。按指定的政府采购协议供货物品和品牌名称，向每一品牌物品的协议供货商实行协议采购。原则上不得采购该范围外非中标品牌的协议供货物品。

（2）政府采购协议供货以外物品的适用范围为：省财政厅当年公布的"省政府集中采购目录和政府采购限额标准"所规定的货物目录和限额标准以下的物品。

（三）政府采购实行协议供货物品的采购方法

（1）单次采购某一物品的预算金额达到 5 万元以上（不含 5 万元）的，必须按照《电子化政府采购管理办法》的规定，采取网上议价、下订单并签订电子采购合同的做法。网上议价一般不少于 3 家（协议供货商 3 家不足除外），如果认为价钱过高，要进行"电子反拍"。电子化政府采购工作由设备处具体实施，并由设备处指定人员审核，省教育厅教育装备中心教育采购管理办公室审批。

（2）单次采购某一物品的预算金额 3 万～5 万元（含 3 万元），以电子化政府采购方法或密封报价方式向政府协议供货商询价采购，由设备处与用户代表以最佳性价比共同确定供货商，设备处审核确认。

(3) 单次采购某一物品的预算金额 3 万元以下，以电子化政府采购方法或统一时间传真报价方式向政府协议供货商询价采购。传真时必须两个以上的工作人员在场操作，接收传真后立即封存。由设备处与用户代表共同开封，以最佳性价比确定供货商。设备处审核确认。

(4) 协议供货采购的方法，由用户根据采购计划情况提出，设备处长审批后实施。

(5) 同一协议供货物品（耗材、办公用纸除外）的采购，要按季度计划集中购买。防止将政府采购项目化整为零，规避公开招标。

（四）政府采购协议供货以外物品的采购方法

(1) 单次采购同类物品的预算金额达到 5 万元以上（含 5 万元）的，必须由学校招标领导小组依法采用招标或集中采购方法进行采购。采购计划经主管校长批准后，设备处负责编制招标书，招标文件经审计处审核，然后公开发布和进行采购的准备工作。学校招标领导小组组织采购工作，采购结果由招标小组组长签字确认。

(2) 单次采购同类物品的预算金额 3 万~5 万元（含 3 万元），以密封报价方式进行询价采购。询价采购由设备处批准实施。供货商应在 3 家以上方能组织采购，由设备处、用户代表和审计处代表共同开封，并以最佳性价比为原则确定供货商，设备处审核确认。

(3) 单次采购同类物品的金额 0.5 万~3 万元（不含 0.5 万元），以统一时间传真报价方式询价采购。询价采购由设备处批准实施。传真时必须两个以上的工作人员在场操作，接收传真后立即封存。供货商应在 3 家以上方能组织采购，由设备处、用户代表和审计处代表共同开封，并以最佳性价比为原则确定供货商，设备处审核确认。

(4) 单次采购同类物品的金额 0.5 万元（含 0.5 万元）以下，由用户单位组织 3 人以上的采购小组自行采购。采购过程要货比三家，以最佳性价比共同确定供货商。采购计划需经设备处批准，采购结果由设备处审核确认。

（5）询价采购的供货商不足 3 家，需经招标主管校长批准后，才能以其他方法组织采购。

（6）同一物品（耗材除外）的采购，每月内不得超过 2 次。防止将政府采购项目化整为零，规避集中招标。

（五）采购合同的审计、签订

（1）电子化政府采购形成的电子合同，经省教育厅教育装备中心教育采购管理办公室审批后，设备处导出网上自动形成的书面合同和采购过程的有关资料报送学校审计处审计。由学校法人或委托人与供应商签订购销合同。采购结果报送省教育厅教育装备中心教育采购管理办公室存档。

（2）询价采购的购销合同由设备处草拟，经设备处审核后，设备处将书面合同和采购过程的有关资料报送学校办公室转审计处审计。由学校法人或委托人与供应商签订购销合同。属政府采购实行协议供货物品，采购结果报送省教育厅教育装备中心教育采购管理办公室存档。

（3）校内招标结果确认后，购销合同由设备处草拟，经设备处审核后，设备处将书面合同和采购过程的有关资料报送学校审计处审计。由学校法人或委托人与供应商签订购销合同。采购结果报送省教育厅教育装备中心教育采购管理办公室存档。

（六）采购货物的验收

教学仪器设备按《仪器设备验收基本程序》进行验收。其他货物按合同的有关规定验收。

（七）固定资产的登记

经验收合格的仪器设备（单台件：一般设备 500 元，专用设备 800 元以上；批量：单台件 200 元以上和总价 2000 元以上）必须办理固定资产登记入账手续，工作流程如下：

（1）固定资产登记。用户持固定资产验收报告和发票，到设备处办理固定资产登记手续。

（2）固定资产信息录入。设备处工作人员完成仪器设备的信息录入，建立仪器设备管理台账。

（3）制作粘贴带有条形码的固定资产标签。设备处对完成报增后的每台仪器设备制作带有条形码的固定资产标签，由用户领取该标签并贴在仪器设备的显眼处。

（八）办理报账手续

（1）办理报账手续需要带上正式发票、采购计划表、合同、采购资料和固定资产登记证明。发票背面要有经手人（采购人）、证明人（用户）、审核人（项目经费负责人）和设备处长的签名。

（2）学校计划经费购买的仪器设备由设备处负责到学校财务处办理报账手续。各二级单位或科研经费购买的仪器设备由用户负责报账，相关材料由设备处提供。

（3）办理报账手续后，财务处按合同规定时间将货物款项及时转入供应商的账户。

第二节 基本建设工程管理制度的财务工作质量保证

一、基本建设工程管理办法制定的依据

国家、省、市有关基本建设的法律法规及高等学校基本建设的实际情况是制定基本建设管理办法的依据。

二、基本建设工程的界定

基本建设工程，是指高等学校国家财政拨款、自筹资金和其他资金投资的所有新建、扩建、改建及修缮的房屋建筑和公共基础设施、环境等工程。

三、基本建设工程管理体制

（一）决策机构

基本建设工程应由校长办公会审批，决定学校总体规划、土地征用、单体立项、建设选址、年度计划、投资估算、资金来源等相

关内容。根据实际需要,由分管副校长召集会议研究决定有关问题,形成会议纪要,交由相关的管理部门落实。

(二) 基建管理部门

除少量小型零星维修工程由总务处负责管理外,其余新建及维修改造由基建处负责管理。

(三) 监督机制

凡有关学校基建工程的各类事项,纪委、监察、审计等部门均应按有关规定进行监督、检查和审计。对工程立项、招标投标、决算审核等重大环节,要严格监督,按规定程序执行。

四、工程项目的立项

(一) 新建房屋基建项目立项

基建管理部门根据学校事业发展需要、校园总体规划和学校财务状况,提出基本建设项目意向,报校长办公会研究决定后编制项目可行性研究报告和概算,向省发改委申请立项。

(二) 校园环境建设、维修改造项目立项

校内各使用单位或基建管理部门提出建设意向,经基建管理部门审核汇总并拟出立项报告,立项报告应包括项目背景、建设的必要性和可行性、建设内容、建设地点、建设规模、投资估算、资金来源、建设周期、效益评价等内容。立项报告需经审计、财务部门会签后报学校领导审批,基建管理部门组织实施。

(三) 立项管理规定

1. 时间安排

一般在本年度末申报下一年度所有建设项目计划。因特殊情况需要增加的项目应按上述程序办理增补立项手续。增补项目应从严控制。

2. 未立项工程的处理

凡未办理立项手续的工程项目,不得开工,学校审计部门不予审计,财务部门不予办理结算手续。

五、工程项目的勘察与设计

（1）工程项目正式立项后，基建管理部门应尽快落实该项目的设计、勘察工作，设计、勘察单位的选择应依据学校招标投标管理暂行办法进行招标确定。

（2）基建管理部门在设计招标前，必须编写完整的项目设计任务书，内容包括：工程地点、工程条件、工程规模、工程方案要求、投资估算及资金来源等。设计任务书应当依据学校总体规划、批准的立项文件、项目建议书及可行性研究报告中相关要求编制。设计任务书应作为招标文件的组成部分。

（3）设计单位选定后，学校与设计单位签订委托设计合同，明确双方责任。设计方案形成后，应及时向分管副校长汇报，组织有关单位进行方案审查，重大项目的设计方案应请专家评审，整理出修改意见，进一步优化和完善方案设计后报规划部门审批，方案设计一经确定，一般情况下不宜作较大变动。根据确定的设计方案进行初步设计和施工图设计。

（4）由校内基建管理部门负责设计的小型工程设计，应出具相关设计图纸和设计说明书，并由设计管理部门负责人、设计人及使用单位签字认可。

六、工程项目的监理

（1）单项工程造价达 50 万元以上的工程原则上应委托有监理资质的监理单位进行监理。监理单位应依据我校招标投标管理暂行办法进行招标确定。

（2）监理的职责

①进入施工现场的监理人员必须严格执行监理法规，依据国家有关工程建设的法律、法规、文件、技术标准及工程施工、监理等合同对工程质量、工期、造价等实施控制。

②涉及变更工程造价、下达停工令等重大问题需先报基建管理

部门同意。

七、工程项目的招标

（1）工程项目的勘察、设计、施工、监理以及与工程项目有关的重要货物（设备、材料）的采购等，均应按照招标投标管理办法进行招标。

（2）对公开招标的工程项目必须严格招标程序，杜绝违法乱纪现象的发生。

八、工程项目的合同管理

建设工程项目合同的管理均应按照《合同管理办法》执行，严格按合同支付进度款，支付进度款最高不得超出合同价的85%。

九、工程项目的施工管理

（一）组织管理

（1）基建管理部门负责办理开工前的一切手续，并应做好开工前的一切准备。

（2）基建管理部门会同学校有关部门做好施工队伍进场前的施工现场准备工作，包括"三通一平"、室外管网及绿化迁移、临时用水用电手续办理、施工现场设计等。

（3）基建管理部门负责组织监理单位、施工单位进行图纸会审，组织设计单位向施工单位设计交底。

（4）施工过程中，基建管理部门对整个项目实行质量、投资、进度的管理和控制，并做好与相关部门的协调工作。

（5）基建管理部门根据施工合同、施工组织设计确定工期目标，组织监理单位审核施工单位编制的工期计划。同时应保证工程质量和工期。对于时间较紧迫的特殊项目，也应按照规定的工期精心施工，避免因抢工期而影响工程质量。

（二）现场技术问题处理

现场技术问题主要指设计和施工技术等方面的问题，包括专业冲突、管网与结构冲突、建筑做法等。基建管理部门负责组织监理单位、施工单位协调配合解决，并收集有关资料，答复相关单位提出的问题。

基建管理部门应定期组织监理单位、施工单位召开工程例会，解决施工过程中出现的问题，通报质量检查结果及工程进度情况。

（三）工程项目的计量

工程项目应严格按照审定的设计图纸施工，任何部门和个人不得随意引起造价增加的变更工程（主要指由于设计变更、工程洽商、现场签证、新增工程等引起原合同价款变化的工程），如确因技术或使用需要变更时，按下列情况和程序办理：

（1）单项变更造价预计在3万元以下时，经监理单位审核后，由基建管理部门审核批准实施；在3万元以上10万元以下时，经监理单位审核后，由基建管理部门审核后报审计处审核再报主管校长批准实施；在10万元以上50万元以下时，经监理单位审核后，由基建管理部门、审计处审核会签后报主管校长批示后再报学校校长批准实施；在50万元以上时，经监理单位审核后，由基建管理部门、审计处审核会签后，逐级报批后由校长提交学校校长办公会议批准实施。

（2）增加工程量累计原则上应小于或等于中标价的10%。

（3）关于变更工程价格的确定，合同中已有适应于变更工程的价格，按合同中已有的价格执行；合同中只有类似于变更工程的价格，应参照类似价格；合同中没有适应或类似于变更工程的价格，按招标文件规定执行。无论按何种形式计价，价格应维持原合同的水平。

（4）在工程变更中不能以图示计量的工程量，应以现场签证给予确认，如：抽水台班、临时用工等。现场签证必须有具体的内容，包括时间、部位、签证原因和工程量的详细计算过程等。

十、工程项目的材料和设备管理

（1）建筑工程材料、设备一般由承包单位自行采购。施工合同中规定由建设单位采购的工程材料及设备的采购按照学校招标投标管理暂行办法规定的程序采购，由建设单位核价的工程材料及设备需由基建管理部门及审计处签字确认方为有效。

（2）需要提供样品的工程材料、设备，基建管理部门负责通知施工单位根据设计要求、规格、品牌、技术指标等相关要求，在采购前 20 天提供拟选产品的样品。基建管理部门牵头组织施工单位、监理单位、设计单位、使用部门等共同选定样品，并由基建管理部门负责留样，作为现场验货的标准。货物到场后基建管理部门召集监理单位、施工单位或供货单位共同对照样品验货。供货单位应出具货物的出厂合格证、备案证、试验报告等相关技术文件和资料，严格执行合同约定和国家相关标准。

（3）施工过程中的跟踪检查。施工过程中，基建管理部门、监理单位要对投入使用的材料、设备进行全程监督，可随时抽样检查并将抽检结果记录备案。发现不合格的材料、设备，立即责令停止使用并做返工处理。

十一、工程项目的竣工验收

（一）竣工验收条件

建设项目竣工验收必须同时具备下列条件，才能组织工程验收。

（1）完成单位工程设计内容和合同约定的各项内容，工程质量符合国家有关规定，并满足使用要求。

（2）工程使用的主要建筑材料、构配件和设备的质量合格证明、进场试验报告等资料符合有关规定。

（3）有完整的技术档案和施工管理资料。

（4）有总监理工程师签署的质量合格文件。

（5）有施工单位签署的工程质量保修书。

（二）竣工验收

（1）工程项目按设计要求完成施工后，由施工单位按照竣工验收和备案制度，整理各类技术资料，向学校基建管理部门提交竣工报告。

（2）在收到施工单位提交的竣工报告后，由基建管理部门组织学校有关部门、施工单位、监理单位等进行工程预验收，并做好预验收记录，通过预验收对工程存在的问题提出限期整改意见，并督促施工单位限期整改达标。

（3）预验收合格后，由基建管理部门按相关规定组织相关人员进行验收。

（4）工程经验收合格后，方可交付使用。学校任何部门或个人均不得擅自使用未经验收的工程及设备。

（三）竣工验收资料的归档

基建管理部门应当严格按照档案综合管理规章制度及有关档案管理规定及时收集、整理建设项目各环节的文件资料，建立健全建设项目档案，并在工程竣工验收后，及时向建设行政主管部门或学校档案室移交建设项目档案。

十二、工程项目的竣工结算

（一）工程结算资料

工程竣工后，施工单位应及时整理工程结算资料一式二份送交基建管理部门，如工程结算资料不全，则基建管理部门应拒绝接收。工程结算资料由如下几部分组成：

（1）竣工图纸；

（2）变更通知及现场签证；

（3）结算书；

（4）钢筋抽筋表；

（5）合同或协议书；

（6）招标文件及投标书；

（7）图纸会审记录；

（8）工程量计算书。

（二）竣工结算的管理

（1）竣工结算由基建管理部门进行初审，对工程结算书中明显不合理取费或工程量、材料单价等错误，基建管理部门应要求施工单位重新调整结算，再由基建管理部门将施工单位调整后的结算书送交审计处审计。经审计处审核后出具审计报告，审计报告需经分管基建和财务的校长签字认可。最后由财务处按规定办理结算。

（2）施工单位应保证结算送审价的真实性和准确性，工程结算经最终审定后，审减金额超过送审金额5%以外部分的审核费用由施工单位支付，审核费的收费标准按国家有关规定执行，并在合同中注明此条。

（3）工程结算时，应按合同要求扣留质保金，工程保修期满，无质量问题，方可结清工程款项。

十三、工程奖励

为鼓励施工单位创建优良样板工程，应对工程实行优质优价，并在合同中注明。即工程被评为市质量优良样板工程者，按工程中标价的0.5%奖励施工单位；工程被评为省质量优良样板工程者，按工程中标价的1.5%奖励施工单位；工程被评为"鲁班"奖者，按工程中标价的2.5%奖励施工单位。

十四、工程管理违规处理

工程建设过程中，学校相关基建管理人员如果玩忽职守、徇私舞弊、接受贿赂，致使学校蒙受损失的，必须追究相关人员责任；情节严重者，移交司法机关处理。

十五、基建工程项目管理流程图（见图15.1）

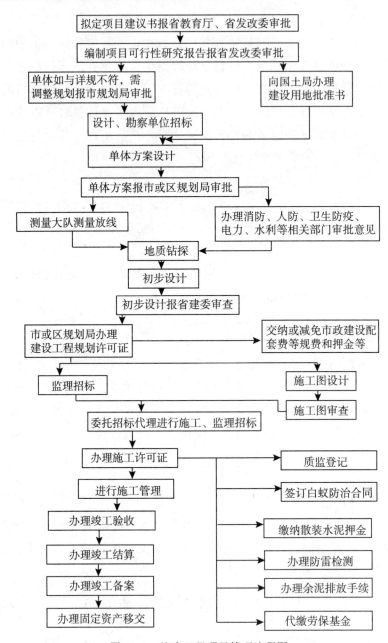

图 15.1　基建工程项目管理流程图

第三节 经济合同管理制度的财务工作质量保证

一、建立健全经济合同管理制度的质量保证体系

(一) 制定经济合同管理制度的依据

经济合同是确保高等学校各项活动特别是建设项目顺利进行的重要文件,经济合同一经依法订立,即具有法律约束力。为保障高等学校各项工作能够规范高效地开展,确保经济合同订立、履行、变更、管理的合法准确和严谨全面,高等学校应依据《中华人民共和国合同法》及有关政策法规,结合学校实际,制定经济合同管理制度。

(二) 合同的管辖范围

凡属高等学校基本建设项目合同(含建筑安装施工类合同,设计、咨询、监理、代理等服务类合同和各种材料设备采购供应类合同)、教学合同、科研合同、后勤服务合同及相关的补充协议,均必须签订经济合同。

(三) 经济合同管理职责及分工

(1) 学校办公室为学校经济合同的归口管理职能部门,负责经济合同的报批、督办以及合同信息管理;各类经济合同的相关执行单位为合同主办单位;财务处负责合同收付条款的执行;监察、审计处负责经济合同管理的审订、监督工作;学校聘请的法律顾问单位由监察、审计处直接联系、管理,法律顾问单位协助做好合同的拟定、审查等工作,提供专业法律意见。

(2) 建筑安装施工类合同、监理合同、工程管理服务类设计合同、设计咨询合同、招标代理合同、租赁合同和零星服务(含勘察、设计、检验、检测)合同由学校基建处或总务、校产处主办。

(3) 财税顾问造价审核咨询由财务处主办;法律顾问等合同由监察、审计处主办;人事管理合同由人事处主办;科研服务类合同由科研处主办;大宗设备、材料采购合同由设备处主办;医疗器

材、医疗服务、医疗设备、药品采购合同由校医院主办；国内联合办学合同由教务处、继续教育学院主办；国际联合办学合同由国际交流培训中心主办。

（4）各类经济合同的补充合同、补充协议由原各主办单位办理。

（5）经济合同文本以学校讨论确定的通用版为蓝本，结合各项目的具体要求拟订。

（四）经济合同的订立

1. 经济合同签订的总体要求

（1）订立合同必须遵守国家法律、法规，不得损害国家利益、社会公共利益和学校利益。

（2）订立合同必须采用书面形式。

（3）实行合同示范文本制度。在合同文本的使用方面，凡政府有关部门已有统一示范文本的，执行统一示范文本并补充有关专用条款。

（4）确定合同价款（或暂定合同价）时，应以包含投标取价、有关政策依据说明并按规定程序审定的报价书为准，并将有关书面依据作为合同附件。

（5）所有合同的商务条款（即收付款条款）由财务处负责。

（6）基建合同的技术条款由基建处或总务、校产处负责；设备购置合同的技术条款由设备处负责。

（7）基建合同的工程建设施工管理相关条款由基建处或总务、校产处负责。

（8）所有合同当事人主体资格的审查由监察、审计处负责，法律顾问予以协助。不得与超越经营范围的单位签订合同，也不得与非授权代表或超越代理权限的人签订合同。签订合同时，应当要求对方提交法定代表人身份证明书、法定代表人授权委托证明书、最近工商年检记录的企业法人营业执照，相应的建设施工、设计或其他服务类资质证书。

（9）所有合同一律以高等学校法人作为甲方当事人，并在合同文本上加盖学校的印章。严禁以各二级单位的名义签订合同或者在合同文本上加盖二级单位的印章。

（10）除学校法定代表人亲自签订合同外，学校其他人员代为签订合同应当取得学校法定代表人的书面授权，每份合同的补充合同（协议）也需取得学校法定代表人的书面授权。

2. 风险性较大的合同的审批和签订程序

（1）主办单位负责牵头组织洽谈合同有关事项。

（2）法律顾问应参与合同文件的拟定、初审等工作。

（3）属招标项目的，招标领导小组在发布的招标文件中应附有合同通用条款和专用条款，在项目招标方案制订的同时，要重点拟订合同专用条款，并完成报批。在确定中标单位后，对招标文件内附有的合同加以完善补充形成正式合同稿（通常不作实质性修改），由主办单位召集中标人及其他有关人员进行洽谈，按洽谈意见对合同稿修改后，将合同稿件及相关资料按照合同会签表的格式要求进行会签。主办单位向学校报送审查时必须将评标报告、中标单位投标文件、有关问题澄清资料和中标通知书一并提交。

（4）非招标项目由各主办合同单位、使用单位会同监察、审计处，法律顾问（需要时）依据学校讨论确定的通用版本，结合各项目的具体要求拟订合同稿，召集合同对方及其他有关人员进行洽谈后办理会签。非招标项目的签订必须将合同会签表及有关会签原始资料随对方单位已经签章的合同文本一并提交学校。

（5）一般情况下的合同报批程序为：主办单位提交合同文本——监察、审计处初审——法律顾问再审——有关单位会签，分管校领导（或学校会议）签（审）批——学校法定代表人签批。

各二级单位应严格执行合同报批程序，各合同会签部门或责任人必须在合同会签表意见栏内表示明确意见（同意、不同意或其他具体意见），只签名不表示意见的视作同意（并承担相应责任）。报批完成后，办理合同签订手续，由学校法定代表人授权签订或由学校法定代表人亲自签订。

3. 经济风险较小的合同的审批和签订程序

（1）经济风险较小的合同包括教学合同、科研合同、上级指定合同（上级拨款等）、经济利益冲突较小（一般10000元以下）

的合同。

（2）经济风险较小的合同遵循简化审批和签订程序原则，以提高工作效率。

（3）经济风险较小的合同的报批程序为：主办单位——有关单位会签——分管校领导签字——学校法定代表人签字或法定代表人授权签字。

（五）经济合同的执行与监督

（1）经济合同的主办或协办单位为合同的执行、督促单位。

（2）经济合同主办单位要严格监督合同对方执行合同条款，并及时通知相关单位协助执行。

（3）各相关单位有义务根据合同约定和执行（分管或监督）单位的要求，协助合同的执行与督促工作。

（4）大宗设备、材料采购合同的执行可委托代理机构代行业主委托的职责。

（5）合同执行单位要定期通报合同执行情况，对违约行为及时提出处理意见，提交学校领导，并告知监察、审计处。

（六）经济合同的变更

（1）由于设计变更或工地现场工程量签证引起建筑安装施工合同总价5%或以上变化的，必须订立变更协议。合同约定的设计和施工工期出现主线工期超过10天以上，次线工期超过20天以上的，也必须订立变更补充协议。

（2）设计合同、采购合同、服务合同的变更按该合同约定的条款执行。

（3）合同变更的审批程序比照合同订立的审批程序执行。

（七）经济合同价款的支付

（1）合同执行过程中的付款必须按合同约定进行，并按学校规定的审批流程办理付款手续。

（2）严禁私自处理各种应收应付款项或以各种形式以收抵支的行为。

（八）经济合同的索赔处理

（1）经济合同对方提出索赔，应在合同规定时限内以书面形式报知监察、审计处，并提交索赔依据资料。有关单位对索赔事实加以分析确认后加具书面处理意见，再由监察、审计处协商有关单位提出索赔处理意见，报学校领导批准。

（2）如果合同对方违约，合同执行部门必须立即要求对方纠正，并收集对方违约及造成我方损失的证据交监察、审计处追究对方的违约责任。

（3）在合同履行过程中与对方发生纠纷，执行单位应与对方协商，协商结果经学校领导批准后执行。如对方不愿协商或者协商不成，报送监察、审计处依法处理。

（九）经济合同的归档与跟踪管理

（1）所有已订立的合同文本学校均需留正副本原件一式三份、复印件两份，其中：送学校办公室按档案管理的相关规定保存一份，监察、审计处持一份，财务处持一份、分管单位持复印件一份。

（2）合同的跟踪管理由主办单位（通常也是执行单位）负责，但监察、审计处有义务提醒和督促执行单位做好跟踪管理工作，并有权对执行单位在合同跟踪管理方面的不足提出督办意见。

（3）有关合同的补充（如补充协议）、变更、索赔等的书面材料在处理完毕后应及时归入学校办公室，与原合同档案统一保管。

（4）所有合同均就编号、名称、时间、当事人等要素由监察、审计处进行登记，使用合同管理软件并建立电子档案，以便查询、执行和跟踪管理。

（5）合同编号由六部分组成，如2005年9月与某设计公司签订的设计合同可以表述如下：JJHT—主办单位—200509—B—设计—001

第一部分：JJHT为"经济合同"拼音首字母缩写；

第二部分：为主办单位；

第三部分：为订立年月；

第四部分：为合同分类：A——建筑安装施工类合同，B——勘探、设计、监理、咨询、代理及其他服务类合同，C——设备材料采购供应类合同，D——其他类合同；

第五部分：为合同关键词，通过关键词可以快速检索以上三大类合同中的具体名称；

第六部分：为合同序号。

（6）各分管单位应按月定期将合同执行情况，尤其是收付款情况、变更情况、违约处理、索赔等信息进行汇总后，报学校办公室统一归档并录入电脑，以便监控。

（十）经济合同管理的问责制

为避免合同订立、会审过程中的拖沓，各单位应通力合作，按合同会签表中的时间要求参加会审，以提高工作效率。一切违反国家法律、法规、损害学校利益的行为，有关直接责任人将被追究经济责任和行政责任；对情节严重并构成犯罪者，移交司法机关处理。

二、经济合同管理制度对财务工作质量保证的作用

经济合同管理制度是高等学校重要的管理制度，进一步规范了高等学校的经济行为，达到了规范支出管理的目的，是高等学校财务工作质量保证体系建设的重要补充，其作用十分明显。

（一）能减少不法单位和个人对高等学校利益的侵害

供方单位应按合同规定的期限、地点、方式准时向需方交付货物，不能随意延期更不能违反合同的其他规定，需方要及时组织货物的验收不得无礼拒绝，确保高等学校能及时收到货物，满足教学、科研的需要，真正发挥经费的作用。

（二）按合同规定支付款项，避免挤占高等学校的资金

双方按合同约定交接标的后应按合同中规定的价款、结算方式、结算期限办理结算手续，不得无故拖欠货款，以避免挤占高等学校的资金。

（三）规避经济风险，切实保护高等学校的利益

高等学校通常是采购方，签订经济合同主要是保护采购方的利益，采购方的义务主要是按合同支付款项，而支付款项本来就是学校必须履行的义务，总体上说经济合同还是偏好高等学校的利益的。

（四）按合同规定支付款项，避免或减少经办人违法乱纪行为的发生

按合同支付款项，有据可查，有章可循，可以减少人为因素，避免发生慷公家之慨，多付款或超比例付款的情况。合同一方面可以减少高等学校的损失，另一方面可以约束工作人员，避免或减少经办人违法乱纪行为的发生。

第四节　收入分配制度的财务工作质量保证

一、建立健全收入分配制度体系

（一）制定收入分配制度的依据

为促进学校健康快速发展，充分调动各方面的积极性，规范人员经费支出行为，高等学校应根据有关事业单位绩效工资实施办法，结合学校的实际，制定收入分配制度。

（二）制定收入分配制度的指导思想

适应高等学校分配制度改革的总体要求，按照促进体制、机制创新和发展的原则，体现岗位绩效和分级分类管理的收入分配制度，建立健全机制合理、调控有力、秩序规范的岗位绩效工资管理运行体系，促进高等学校事业的健康快速和可持续发展。

（三）制定收入分配制度的基本原则

1. 总量控制原则

即根据上级有关文件精神，综合考虑学校单位类别、人员结构、岗位设置、事业发展、经费来源等因素，按预算总盘子和上级核定的学校绩效工资总量，实行总量控制。

2. 坚持实施绩效工资与清理规范津贴补贴相结合原则

规范事业单位财务管理和收入分配秩序，严肃分配纪律。

3. 分类分级管理，增量拉开原则

根据高等学校岗位特点，将其分为管理系列岗位、专业技术岗位和工勤岗位三大类。进一步明确学校和二级单位职责，合理调控学校二级单位间的收入差距。

存量工资是指目前国家按教职工现有身份发放的工资部分，包括岗位工资、薪级工资、地区差额、特殊岗位津贴、节日慰问金。增量工资是指基础性绩效工资的岗位津贴及奖励性绩效工资。增量拉开是指以效率优先、优劳优酬、多劳多得为原则适度拉开校内津贴分配差距。

4. 效率优先、优劳优酬、兼顾公平原则

业绩津贴分配不以专业技术人员现有的身份，而以实际完成工作任务的数量和质量为标准计发，按劳分配，多劳多得、优劳优酬。

5. 以岗定薪，岗变薪变原则

岗位津贴分配按照不同岗位职责确定岗位津贴的数量。实行竞争上岗，严格考核，在考核合格以上（含合格）的基础上领取岗位津贴，岗位变动则津贴相应变动。

6. 教学科研中心地位原则

支持重点学科建设，向教学、科研、管理优秀人才和关键岗位带头人倾斜，充分发挥校内津贴的激励功能。

（四）收入分配的资金来源

1. 财政生均综合定额拨款

财政生均综合定额拨款根据学生人数与专业系数确定的学生当量乘以生均定额拨款，需严格控制人员经费与公共经费的开支比例。

2. 事业性收费收入

事业性收费收入由学生学费构成，收费收入经财政上缴，下拨后形成事业性收费收入。全日制学生学费收入的 25%；成教生学历教育收费扣除返还教学点经费后的 25% 可作为分配资金来源。这些比例全部优先安排教学单位人员经费，其他人员工资由生均综合定额拨款承担。

3. 高等学校经营服务性收入

通过发挥自身优势，开展科技开发经营、技术服务等方式取得的合法收入，具体包括培训考试收入、校产经营收入、科研收入。学校经上级部门批准可提取一定比例为奖励基金，统筹用于绩效工资分配。奖励基金可逐年滚存结转，以丰补歉，统筹用于在职人员的绩效奖励和离退人员的补贴发放。

4. 总量控制比例

根据学校财务状况可用于分配的资金来源为上述三项收入总额暂定的 50% ~ 65%。随着学校事业收入的增加，财务状况的改善，逐步使得人头费支出比例控制在总收入的 50% 以下。

（五）岗位绩效工资制度的基本情况

1. 岗位绩效工资制度的构成

岗位绩效工资制度由岗位工资、薪级工资、绩效工资和津贴补贴四部分组成。岗位工资、薪级工资及津贴补贴的改革，已于 2007 年 12 月 31 日之前，按照有关事业单位工作人员收入分配制度改革实施办法完成改革并实施完毕。有关事业单位绩效工资实施的办法是实施绩效工资的纲领性文件。

（1）岗位工资

岗位工资主要体现工作人员所聘岗位的职责和要求。事业单位岗位分为专业技术岗位、管理岗位和工勤技能岗位。专业技术岗位设置 13 个等级，管理岗位设置 10 个等级，工勤技能岗位分为技术工岗位和普通工岗位，技术工岗位设置 5 个等级，普通工岗位不分等级。

（2）薪级工资

薪级工资主要体现工作人员的工作表现和资历。对专业技术人员和管理人员设置 65 个薪级，对工人设置 40 个薪级，每个薪级对应一个工资标准。对不同岗位规定不同的起点薪级。工作人员根据工作表现、资历和所聘岗位等因素确定薪级，执行相应的薪级工资标准。

（3）绩效工资

绩效工资主要体现工作人员的实绩和贡献。国家对事业单位绩效工资分配进行总量调控和政策指导。事业单位在核定的绩效工资总量内，按照规范的程序和要求，自主分配。

（4）津贴补贴

事业单位津贴补贴，分为艰苦边远地区津贴和特殊岗位津贴补贴。

2. 绩效工资的等级

绩效工资的实施要求在完成岗位设置聘用后，按照岗位分类分级管理。管理岗位分三至十级，专业技术岗位分一至十三级，工勤岗位分二到五级及普通工。

3. 绩效工资总量和水平的核定

（1）2011年度的绩效工资水平主要根据各单位清理后的津贴补贴水平、经费来源情况并综合考虑属地城市事业单位绩效工资水平、公务员规范后的津贴补贴和相当于单位工作人员上年度12月基本工资的额度核定。

（2）在首次核定绩效工资总量时，对现有收入水平高于省属单位平均水平的单位，符合国家和省有关规定的项目原则上归并纳入奖励性绩效工资项目，不符合国家和省有关规定的项目予以取消。省人力资源与社会保障厅、省财政厅综合考虑单位类别、人员结构、岗位设置、事业发展、经费来源等因素，核定事业单位绩效工资总量，并以此作为调控补贴单位绩效工资水平的基准线。首次核定时已高出调控线的单位，原则上年内不再核准增资额。

（3）省属事业单位绩效工资水平调控按照单位类型不同实行差异调控。高等学校属于公益二类，绩效工资年人均水平不得超过基准线的1.5倍。

4. 绩效工资分配的项目比例

（1）绩效工资分为基础性和奖励性两部分，行政类、公益一类基础性部分占绩效工资总量的60%～70%，奖励性绩效工资占绩效工资总量的30%～40%，高等学校奖励性部分的比重可适当高一些。一般确定基础性绩效工资部分为60%，奖励性绩效工资部分为40%。

（2）基础性绩效工资项目设置岗位津贴和节日补贴。岗位津贴主要体现岗位职责和基本工作量，原则上按个人所聘岗位对应的标准执行。

基本工作量定额按教育部有关规定，专任教师按每周8节课，每学期18周（已剔除两周集中考试时间），每学年两个学期，计算出基本工作量为 288 课时，完成基本工作量即可获得基础性绩效工资，若未能完成基本工作，则需按完成基本工作量的比例获得相应的绩效工资。

考虑总课时与专任老师的比例，并考虑绩效工资中基础性绩效工资与奖励性绩效为 60% 和 40% 的比例关系，基本工作量可适当降低。

基础性绩效工资包括岗位津贴和节日补贴等。考虑节日补贴属于福利性质，作为保底工资，可列作计算奖励性绩效工资的基数。

（3）奖励性绩效工资因基础性绩效工资变动而变动。

奖励性绩效工资包括教学（本科和研究生）超工作量酬金；科研工作量酬金、调剂基金（用于关键岗位津贴和科研奖励）。

奖励性绩效工资 = 基础性绩效工资/60% × 40%

= （基础性岗位津贴+节假日补贴）/60% × 40%

（4）各单位按统一政策规定发放的改革性补贴暂时保留，不纳入绩效工资。

（六）收入分配总框架

1. 收入分配总额的确定

根据年度学校综合财务预算确定收入分配的总额，并实行总量控制。

2. 收入分配按岗位绩效工资制度切成三大块

（1）统发基本工资

统发部分包括基本工资（岗位工资及薪级工资）、津贴补贴（分为艰苦边远地区津贴和特殊岗位津贴补贴）、节日慰问金（节日慰问金属于基础性绩效工资，考虑节日补贴属于福利性质，作为统发基本工资）。

（2）绩效工资部分

①学校统发绩效工资部分。科研工作量酬金与调剂基金作为奖励性绩效工资中统发部分。科研工作量酬金总额与调剂基金由学校综合财务预算根据绩效工资总额的 5% 和 3% 确定，一年一定。

②可供二级分配的绩效工资。二级分配部分包括基础性绩效工资的岗位津贴与奖励性绩效工资的超教学工作量酬金。

细分为专任教师、党政机关管理人员、教辅（教学单位坐班、教辅单位坐班）坐班及工勤坐班人员、科研工作量酬金、调剂基金。调剂基金用于关键岗位人员及科研奖励。

③岗位绩效工资制度以外人员经费

上述岗位绩效工资以外人员经费纳入学校预算总盘子匡算，需切块单独预算，包括改革性补贴、聘用人员工资、后勤服务总公司人员工资、社会保险费。

（七）基础性绩效工资的岗位津贴与奖励性绩效工资的超教学工作量酬金的二级分配

1. 分配院（系、部）专任教师额度

按院（系、部）承担的标准总课时、教师等级系数标准、标准课时定额核定院（系、部）专任教师额度。各院系的课时总时数采取谁主办谁享有的原则执行，教学工作量（指基础课）主办单位由教务处和人事处、研究生处审定，教学委员会核准。教学工作量偏少的院系经有关部门批准可承担基础课教学任务。体育部专任教师按专任教师和系数计算。

2. 分配党政机关管理人员、教辅（教学单位坐班、教辅单位坐班）坐班及工勤坐班人员额度

党政机关管理人员、教辅单位、单位坐班制人员、工勤坐班人员分配按专任教师平均数、人员系数及机构设置定员定编人员核定额度。核定的额度分配到党政机关各处室、教辅单位、对应院（系、部）。

各院（系、部）机关坐班人员承担教学工作，全部属于标准工作量以外的工作量，并限定每学年100学时，超出部分不计算工作量。超出工作量的酬金在院（系、部）扣除。

3. 分配院（系、部）专任教师额度的标准总课时核定方法

按各主办单位教学大纲的理论课课时数及定额包干课时数的25%两部分核定。定额包干课时数的25%用于实验课、实习、毕业论文（设计）、专科生毕业专题报告、课程论文（设计）、跟班指导劳动课、指导研究生和青年教师、教师参加实验室建设、产学研基地建设、教学法研究（包括观摩教学、听课、教研室业务工

作会议等)。

4. 各院(系、部)双肩挑

各院(系、部)的院长/副院长行政工作可占标准基本工作量的50%,书记/副书记可占标准基本工作量的100%,凡行政工作占100%工作量的,教学科研工作量按机关坐班工作人员确定。

机关坐班人员承担教学工作,全部属于标准工作量以外的工作量,并限定每学年100学时,超出部分不计算工作量。

(八)基础性绩效工资的岗位津贴与奖励性绩效工资的超教学工作量酬金的二级分配计算方法

EE——绩效工资

JE——专任教师绩效工资

XE——坐班制人员绩效工资

KE——科研工作量酬金

FE——调剂基金

AJE——专任教师平均绩效工资

K_1——$\sum$ 专任教师人员当量数

K_2——$\sum$ 行政及坐班人员当量数

SK——标准课时酬金定额

T——标准总课时

$$EE = JE + XE + KE + FE \tag{1}$$

$$AJE = JE/K_1 \tag{2}$$

$$XE = AJE \times K_2 \tag{3}$$

由上述(1)(2)(3)可以得出:

$$JE = K_1(EE - KE - FE)/(K_1 + K_2) \tag{4}$$

$$XE = K_2(EE - KE - FE)/(K_1 + K_2) \tag{5}$$

$$SK = JE/T \tag{6}$$

二级单位分配额度分别由专任教师绩效工资、坐班制人员绩效工资组成。

(九)各类人员收入分配系数

1. 党政机关管理人员分配系数(见表15.1)

表 15.1　　　　　　　**党政机关管理人员分配系数表**

职务岗位	系　数
管理三级（书记、校长）	2.5
管理三级（巡视员）	2
管理四级（副书记、副校长）	2
管理四级（副巡视员）	1.5
管理五级（处长）	1.25
管理五级（调研员）	1.15
管理六级（副处长）	1.1
管理六级（副调研员）	1
管理七级（科长）	0.95
管理七级（主任科员）	0.88
管理八级（副科长）	0.85
管理八级（副主任科员）	0.75
管理九级（科员）	0.7
管理十级（办事员）	0.6

2. 专业技术人员分配系数（见表 15.2）

表 15.2　　　　　　　**专业技术人员分配系数表**

职务岗位	专任教师系数	坐班专业人员系数
专技一级（正高）	2.5	2.24
专技二级（正高）	2	1.79
专技三级（正高）	1.5	1.34
专技四级（正高）	1.25	1.12
专技五级（副高）	1.1	0.99
专技六级（副高）	1.05	0.94
专技七级（副高）	1	0.90

续表

职务岗位	专任教师系数	坐班专业人员系数
专技八级（中级）	0.95	0.85
专技九级（中级）	0.88	0.79
专技十级（中级）	0.85	0.76
专技十一级（助理）	0.75	0.67
专技十二级（助理）	0.7	0.63
专技十三级（员级）	0.68	0.61

注：倾斜系数 0.896。

3. 工勤人员系数表（见表 15.3）

表 15.3　　　　　　　　　　工勤人员分配系数

职务岗位	系数
技术工二级（技师）	0.79
技术工三级（高级工）	0.63
技术工四级（中级工）	0.61
技术工五级（初级）	0.54
普通工	0.54

（十）科研工作量酬金分配细则

（1）科研工作量酬金总额由学校综合财务预算根据绩效工资总额的 5% 确定，一年一定。

（2）科研工作量量化课时按教学科研工作量量化计算标准执行。

当量科研工作量酬金标准＝科研工作量酬金总额/量化科研工作量总当量数。

个人科研工作量酬金＝个人完成科研工作量当量数×当量科研工作量酬金标准

（3）凡属于以学校名义申报，由上级按名额分配给学校的科研项目，不计算科研工作量。

（4）科研工作未能获奖的只能计算科研工作量或相应的科研工作酬金。

（十一）调剂基金分配方法

调剂基金总额由学校综合财务预算根据绩效工资总额的3%确定，一年一定。调剂基金用于关键岗位及科研奖励等。

（十二）高等学校收入分配的优惠政策

基础性绩效工资的岗位津贴，根据上级文件精神，可以达到"省直事业单位工作人员岗位津贴参考标准表"的1.5倍标准。

（十三）激励制度

充分发挥绩效工资分配的激励导向作用。完善内部考核分配制度，根据专业技术、管理、工勤等岗位的不同特点，实行分类考核。在分配中坚持多劳多得、优绩优酬，向关键岗位、业务骨干和做出突出成绩的工作人员倾斜。绩效工资考核分配办法要充分发扬民主，通过职工（职工代表）大会等形式广泛征求意见，由单位领导班子集体研究后，报单位主管部门批准，在单位公开，并报省人力资源和社会保障厅省财政厅备案。

（十四）归并规范各种补贴

（1）实施绩效工资与清理规范津贴补贴结合进行。归并现有津贴补贴，在职人员原国家和省规定的物价性补贴、福利性补贴、职务岗位津贴、原工资构成中津贴比例高出30%的部分、各类奖金、单位自行发放的津贴补贴及奖金等全部归并纳入绩效工资考核发放。

（2）实施绩效工资后，各单位不得在核定的绩效工资总量以外自行发放任何津贴补贴和奖金。

（3）实施绩效工资后不再发放第13月工资，若发放的并入奖励性绩效工资总量控制。

（4）离退休人员按高等学校原有分配办法发放的校内酬金等已并入统发工资，学校仅发放原办法中规定的节日慰问金。

（十五）二级单位分配指引

（1）实施绩效工资后上级主管部门将对学校实施绩效考核评价，对公益目标任务完成好，群众满意，综合效益突出，绩效考核优秀的单位，经上级部门同意可在规定标准的基础上适当增加奖励性绩效工资，增幅原则上不高于奖励性绩效工资总量的20%。反之，适当扣减奖励性绩效工资总量，减幅原则上不超过奖励性绩效工资总量的20%。必须做好争先创优工作，争取获得最佳效益。

（2）教职工人员年度工作考核称职可获得保底工资，具体包括基本工资、节日慰问金、改革性补贴，保底工资由学校统发到个人。

（3）各院（系、部）二级单位分配的绩效工资。各院（系、部）及相关部门要制定各级各类岗位责任制，并按责任制规定实施目标考核所属职工的基本工作量、科研工作量指标。绩效工资主要体现工作数量、质量和实际贡献等因素，由单位根据有关考核制度和考核结果发放，具体项目、标准和分配方式由各单位研究确定并按规定经批准后实施。个人收入分配参照教学科研工作量量化计算标准制定适应本单位实际情况的分配办法。

（4）各院（系、部）、各单位应成立由党政领导和各层次代表组成的分配工作领导小组，认真贯彻"公开、公平、公正"原则，切实做好酬金分配工作，分配要留有余地，结存可留作以丰补歉。

（十六）收入分配的发放方式

（1）基本工资实施财政统发。

（2）基础性绩效工资的岗位津贴由二级单位确定预发金额报人事处，由财政统发。

（3）节日慰问金、改革性补贴学校统发。

（4）奖励性工作量酬金由二级单位确定预发金额报人事处，由学校统发。个人科研工作量酬金经人事处、科技处核准可以预发，年终结算。

（5）学校综合预算确定总绩效工资、科研奖励及调剂基金的具体金额，相关部分严格按照学校综合预算做好工资的发放工作。

（6）改革性生活补贴、改革性住房货币补贴、改革性住房公积金、计划生育奖、节日补贴人员经费发放方式为单独发放。

二、收入分配制度对财务工作质量保证的作用

收入分配制度是高等学校重要的管理制度，是高等学校财务工作质量保证体系建设的重要补充，有利于加强财务管理，规范会计核算，对提高资金的使用效果和办学效益具有十分明显的作用。

（一）规范收入分配，调动积极性

收入分配，特别是奖励性绩效工资主要体现教师的工作量、工作业绩和贡献等因素，是学校内部搞好分配，体现激励机制的重点。科学合理、稳妥有效的分配方式和方法，可以消除高等学校内部矛盾，调动教职工的积极性。积极推进学校内部管理体制改革，充分发挥绩效工资的激励导向作用，构建科学合理规范的绩效考核评价分配体系，有利于激励广大教职工努力提高自身素质，积极主动地完成各项工作任务，从而促进高等学校的健康、持续、和谐发展。

（二）有利于提高教师的业务水平，是师资队伍建设的关键

绩效考核始终贯穿教师工作态度、工作能力和工作业绩三个工作基本点。工作态度是评价教师的关键因素，没有负责的工作态度，就不可能成为优秀教师；能力是做好工作的前提和保证，如果教师没有较强的教育教学能力，则难以胜任相应的教学岗位；业绩看的是教育教学的效果，如果说考评态度、能力关注的是过程，那么考核业绩则关注的是效果了；只有态度、能力、业绩三维合一，考核评价才全面、合理。为此，高等学校在工作态度上重点考评教职工遵守学校工作纪律、规范教学行为，主动承担并积极完成教育教学任务情况，考核指标体现在考勤、工作量、师德等方面；工作能力主要考评教职工履职情况，考核指标体现在教学常规、专业发展、任职方面；工作业绩主要考评教师教育教学成绩，教育科研成果，考核指标体现在学生发展、教师的成绩、荣誉方面，这是师资队伍建设的关键。

（三）规范支出管理，提高资金的使用效果

绩效工资分配，教师业绩考核，是高等学校人力资源管理的一

个普遍性难题。针对教师工作的特殊性，不同岗位间的差异性，制定实施科学合理的收入分配制度，并建立健全一套较强的量化考核指标体系，可以达到科学合理的分配效果，这将进一步规范工资基金的使用，从而提高高等学校资金的使用效果。

（四）工资分配实行总量控制，提高预算编制质量和执行力

工资总额实行总量控制对于编制预算十分重要，它克服了以前编制预算时人员经费支出一个数，而实际执行又是按收入分配办法来确定的，两者之间的差距很大，定好了发给谁多少钱，就必须发多少钱，没有可控的余地，预算成了摆设的毛病。由于预算与执行相对接，预算相当准确，总量控制又具有强制性，使预算与实际结算相统一，从而提高了预算的执行力。

第十六章　高等学校财务工作质量保证体系的评价

建立健全高等学校财务工作质量保证体系的评价体系的目的是通过高等学校的财务管理水平和办学效益状况，反过来检验高等学校财务工作质量保证体系，验证其是否科学、合理。建立健全高等学校财务管理工作质量保证体系的评价体系，从根本上讲是为了进一步推进财务管理，使财务管理有一套科学、全面、完整地反映学校财务管理状况的指标，促进学校财务管理的水平不断提高。

第一节　高等学校财务工作质量保证体系评价的原则和方法

一、高等学校财务工作质量保证体系评价的原则

（一）全方位评价原则

评价涉及高等学校财务管理的各个方面，包括体制机制、人员素质、绩效等。

（二）绩效原则

高等学校财务工作质量保证体系的评价，最终体现为学校的发展以及学校财力指标的不断优化。

（三）执行力原则

高等学校财务工作质量保证体系的评价结果虽然重要，但执行的过程也十分关键，保证体系就是意味着不折不扣地执行。

（四）评建结合原则

高等学校财务工作质量保证体系的评价只有发现问题并注重建

设，才能不断改进完善质量保证体系。

二、高等学校财务工作质量保证体系评价的方法

（一）定性分析法

针对高等学校财务制度体系的具体内容、特征和依据进行定性分析，对高等学校财务制度体系有较清晰、全面的把握，进而有利于健全、改进和评价高等学校的财务制度体系。

（二）定量分析法

在对高等学校财务制度体系存在的问题及其原因的分析中，采取图表、数据等方法进行量化分析，可以使问题更清晰明了，说服力更强。

（三）制度分析法

以国家的财务制度体系为蓝本，借鉴相关的理论和方法，分析高等学校财务制度体系各个方面的问题，使层次高的制度作为层次低的制度的蓝本，以此作为中国高等学校财务制度研究的依据。

（四）国际评价法

运用 ISO9000 的体系对高等学校财务工作质量保证体系进行评价，使体系更加科学规范。

第二节　高等学校财务工作质量保证体系评价的内容

一、高等学校财务管理体制的评价

高等学校财务管理体制是国家预算管理体制的具体化，是落实财务制度的基础和保证，核心是划分财权、建立和完善经济责任制度。《高等学校财务制度》规定了高等学校应实行"统一领导、集中管理"的财务管理体制；而对规模较大的学校可实行"统一领导、分级管理"的财务管理体制。

（一）财务领导体制评价

（1）评价是否按《中华人民共和国会计法》和《高等学校财

务制度》的规定实施财务法人负责制,并评价实施的效果。

(2) 评价是否实施统一的财经政策。重点评价学校的重要财经政策与上级对高等学校财务领导体制的要求是否相符。

(3) 评价是否统一财会业务领导。有无在财务处之外设置同级财务机构,财务处是否直接领导二级财务机构。

(4) 评价是否设置总会计师,有无设置重叠的分管财务的副校长。

(5) 评价是否成立财经工作领导小组、预算管理委员会,并评价是否各司其职。

(二) 财务机构设置评价

(1) 财务处是唯一的学校一级财务机构。

(2) 财务处在校长和总会计师(分管副校长)领导下,统一管理全校各项财务工作。

(3) 财务处下设的科室符合设置规定并能满足工作需要。

(4) 财务处是否实行岗位责任制,下设科室职责明确,岗位合理。

(5) 二级财务机构的设立。满足设立二级财务机构条件的学校,经过论证可以设立二级财务机构,要有论证和报批手续。

(三) 财会队伍建设评价

财会队伍的结构、素质等状况,是反映学校财会基础的重要方面。

1. 队伍结构状况

(1) 整体结构状况与发展趋势。

(2) 会计主管人员资格。

(3) 高级职称人员情况。

2. 财会队伍建设发展规划

(1) 按学校规模及发展规划的要求,是否制订财会队伍建设计划并认真实施。

(2) 对现有财会人员是否按规定按期进行培训,是否经常开展业务研讨,以提高财会人员的业务能力等。

（四）财务管理模式的评价

（1）集中管理财权。学校财权必须集中，主要评价对办学经费或资金的统筹安排和使用情况。

（2）集中管理财务规章制度的制定和执行。主要指由校级制定有关规章制度，并监督其贯彻实施的情况。

（3）集中管理会计事务。为保证会计核算资料能够客观真实地反映学校财务收支活动和规章制度执行情况和结果，学校必须集中统一核算学校财务收支，集中管理学校日常会计事务，包括财会人员的业务培训和管理。

二、经济责任制的评价

（1）评价是否按上级规定制定校内经济责任制及其实施的效果。

（2）评价分管财务工作校长负责制的权责落实情况。

（3）评价总会计师（或分管财务工作的副校长）在学校财经工作和财务管理中领导作用的权责落实情况。

（4）评价财务处长经济责任制的落实情况。

（5）评价各二级单位负责人经济责任制的落实情况。

（6）评价基层财务人员经济责任制落实情况。

三、财务运行机制的评价

高等学校财务管理是高等学校利用价值形态，对高等学校办学过程中资产的取得、资金的筹集、使用以及取得的经济效益和社会效益分配等方面的经营管理活动，分别按预算管理、收入管理、支出管理、省级教育专项、基金管理、负债管理、资金管理、利益分配等方面进行评价。

（一）预算管理制度的评价

（1）预算管理是否做到坚持"统一领导、分级管理、责权结合、收支平衡"的原则。

（2）预算管理工作是否实行校长负责制并成立由校长负责，其他学校领导及有关部门负责人和院系代表组成的财经工作领导小

389

组，且财经工作领导小组预算管理职责明确。

（3）是否按上级要求成立预算与投资委员会，并评价是否履行职责。

（4）财务处预算管理职能的发挥情况。财务处作为预算的专职管理部门，具体负责预算的编制、执行、调整和监督工作等。应充分利用现代化管理手段，即时控制预算执行过程，定期对学校的预算执行情况进行检查和分析，且财务处预算管理职责明确。

（5）各预算责任单位（学院、系、部、职能部门等）是本部门预算的责任主体。各预算责任单位预算管理职责明确。

（6）预算编制坚持"量入为出、收支平衡、积极稳妥、统筹兼顾、保证重点、效益优先"的原则，年度预算建议草案依据充分，收支项目全面。

（7）年度预算采用"两上两下"的程序编制，并评价调整预算是否履行法定程序。

（二）财务决算管理制度的评价

（1）评价是否严格按照《中华人民共和国会计法》和《高等学校会计制度》和上级的要求准确、及时地办理年终决算。

（2）评价年终决算内容是否完备。

（3）评价年终决算是否按照相关规定进行。

（4）评价学校审计部门是否依照国家有关法律进行内部审计并签章。

（三）收入管理制度的评价

高等学校应建立一个能全面反映各项资金活动和财务收支状况的新型单位预算管理体系，高度重视资金筹集，依法多形式、多渠道筹措办学经费，在保证国家财政拨款主渠道畅通的基础上，不断强化教学、科研、后勤服务和校办产业收入的管理，做到应收尽收。应分别对教学服务收入、科研服务收入、校办产业收入及其他收入体系进行评价。

（四）支出管理制度的评价

高等学校应本着用财有效、财权统分适当、追踪问效的原则，建立一整套符合学校实际的决策程序和高效、有序的用财机制。

（1）支出部门设置合理。能够按照统一领导、分级管理、责权结合的预算管理体制要求划分支出部门即预算责任单位，各项支出能够按部门归集和反映，支出部门权责落实。

（2）支出项目设置科学。按《高等学校财务制度》的规定设置支出项目，能够按照支出项目的属性、管理的深度（分级）和管理的重点设置支出项目，各项支出能够按项目归集和反映。项目论证程序规范，支出符合要求。

（3）项目资金专款专用。加强资金管理，保证专款专用。禁止巧立名目，挤占、挪用专项资金。

（4）项目执行与监督。财务、审计部门对各支出项目的执行过程进行监督，实施项目绩效考核。

（五）专项资金管理制度的评价

（1）对下达的专项实行项目管理责任制。单位应成立由有关领导、财务、审计及有关业务部门负责人组成的项目管理领导小组，并落实项目负责人。项目管理领导小组和项目负责人责任落实。

（2）严格按照预算批准的项目和用途使用专项资金，专款专用，不得擅自改变项目和用途。

（3）项目完成后，编写项目完工报告，总结项目实际投资及任务完成情况、项目建设的主要经验与做法、存在的问题等内容。

（4）财务、审计部门要按照财务管理、预算申报的项目根据技术、资金筹措、项目成本管理、审计管理的有关规定对专项资金项目的预算安排、预算支出、预决算审计，项目实施全过程中的考察、洽谈、招标等活动进行管理与监督。发现问题，及时督促纠正。

（六）负债管理制度的评价

负债管理主要是指偿还性资金管理，偿还性资金主要指银行贷款及其他各类负债，学校应树立效益意识和风险意识，防止盲目扩大债务规模。

（1）评价是否建立健全负债风险评估制度，银行贷款或其他借入资金的论证组织程序和贷款合同应规范、科学，举债规模适度。

(2) 银行贷款及其他偿还性资金的使用，一般在贷款合同中都指定了具体的用途，学校应严格按照合同的约定使用和按期还本付息。

(3) 利息资本化。基建贷款利息资本化、事业贷款利息的合理分摊和列支等应符合现行会计制度规定。严禁将与基本建设无关的利息支出转嫁到基建投资承担，使费用资本化。

(七) 货币资金管理制度的评价

(1) 财务管理以资金管理为中心，建立规范的资金管理机制，是保证高等学校用好用活有限资金的有力措施和增强学校宏观调控能力的必要手段。主要包括资金管理制度健全、银行账户管理规范、执行现金管理条例严格、资金管理中心的设立、运作及管理规范。

(2) 资金结算管理制度。高等学校资金结算，凡支付现金的，必须符合《现金管理暂行条例》和《现金管理暂行条例实施细则》。

(3) 凡办理转账结算的，必须符合国家规定的结算纪律和有关制度。

(八) 收支标准管理制度的评价

(1) 主要评价学校财务收支方面的管理制度的制定情况，明确各项收支管理办法，检查各类收费标准的制定与执行情况。

(2) 评价是否做到收费标准公开，收费管理制度是否落实。

四、资产管理制度的评价

按照国有资产管理的有关规定，主要从如下几方面进行评价。

(一) 国有资产管理机构及职责的落实情况评价

(1) 评价是否设有国有资产管理工作领导小组或资产管理委员会。

(2) 评价是否设有国有资产管理工作日常办事机构。

(3) 专、兼职管理人员配备齐全。

(4) 各机构及人员职责落实。

（二）产权登记情况评价

（1）所属单位设立、分立、合并、改制、撤销、破产以及隶属关系变更情况，是否按规定办理。

（2）在认真查清年末资产存量的基础上每年按规定的时限参加年检。

（3）按规定办理产权登记、年检等，妥善保管国有资产管理部门核发的产权登记证书，无伪造、涂改、出租、出借情况。

（4）产权登记证书遗失或者毁坏，按规定申请补领。房屋、土地权及相关证件资料的整理、归档等管理制度健全。

（5）对占有、使用的资产定期清查，家底清楚、账账相符、账实相符。

（6）资产盘盈、盘亏按规定程序及时处理。

（7）及时调剂处置和合理配置使用积压、闲置资产。

（8）固定资产购置及时办理有关手续，规范管理。

（9）捐赠资产及时办理有关手续，规范管理。

（三）资产购置及使用情况评价

（1）购置大型、精密、贵重的设备、仪器、珍版图书，按计划考察论证、公开招标并实行购建项目负责人责任制。

（2）购置大宗的一般设备、仪器、材料等均按计划考察论证、公开招标并实行购建项目负责人责任制。

（3）基建和大型修缮，均按计划考察论证、公开招标并实行购建项目负责人责任制。

（4）固定资产及存货管理责任制落实，入库、验收、借用、领用、保管、修缮、养护、使用情况检查及损失赔偿制度健全。

（5）各项专利权、商标权、著作权、非专利技术、商誉以及其他财产权利，产权关系明晰。

五、财务工作信息技术应用制度的评价

主要通过信息技术的应用情况来评价学校财务管理工作的效能。

（一）财务管理信息技术应用评价

（1）要有健全的财务管理信息网络，通过校园网或独立网络及时迅速地传达财务管理信息。

（2）财务文件、信息、报表、报告、计划等均能通过网络传达。

（二）会计核算信息技术应用评价

（1）使用的会计核算软件是财政部门批准的软件。

（2）会计核算全部实现电算化。

六、经济管理与财务监督的评价

经济管理与财务监督是财务管理绩效的保障，其宗旨是努力形成有效的经济约束机制，保证学校在从事各项经济活动中运转正常、规范、有序，经济管理要从执法的角度与经济运行的角度评价。财务监督应将事前、事中、事后监督三种形式有机结合起来，对财务活动的全过程进行监督。主要从以下几方面进行评价。

（1）财务部门参与重大经济活动情况监督评价。

（2）执行监督。财务部门参与学校综合财务收支计划编制与实施的监督。检查监督财务计划与事业发展的一致性。

（3）收入监督。参与学校经费收入与分配的监督。检查监督收费项目及标准是否符合有关规定。

（4）支出监督。财务部门参与学校经费开支合理性的监督。检查监督各项开支与财务计划规定的范围和标准是否一致及经济效果的取得情况。

（5）货币资金及实物资产监督。财务部门参与学校货币资金及实物资产的监督。

（6）财务报告、财务分析情况监督。财务部门参与财务报告和财务分析情况方面的监督。

（7）执行法规情况监督。主要检查学校执行国家法律、法规的情况。

第三节　高等学校财务工作质量保证
体系评价的作用

一、表现在财务工作从业人员素质的提高方面

(一) 提高财务人员的基本素质

从高等学校财务人员队伍的现状看，提高财务人员的基本素质可从增强法制观念、充实业务知识、提升实践能力三方面采取切实可行的措施。

(1) 强化财务人员的法制观念。要进一步张扬高等学校财务人员的法制精神。财务法制精神是指财务人员要学法、知法、守法，尤其要学好《中华人民共和国会计法》等专业法规，在实际工作中，客观公正，如实反映经济活动情况，是财会工作的基本任务，会计记录是经济业务活动在会计账簿中的再现，因此必须真实、准确，不做假账，坚决抵制违反《中华人民共和国会计法》的行为。财务部门和财务人员应依法设置财务账簿，建立健全内部财务监督制度，坚持原则，依法履行岗位职责，自觉抵制违法乱纪行为，不违法办理财务事项，不伪造、变更或隐匿、故意销毁财务凭证和财务账簿，不编制和提供虚假财务报告。

(2) 充实财务人员的业务知识。知识经济时代，知识更新速度加快，财务人员若不继续汲取与工作紧密相关的新知识，则所学知识很快就会过时。因而财务人员需要努力改变忙于日常事务性工作而疏于理论学习的现状，积极主动地学习，不断更新和充实自己的业务知识，拓宽知识面，提高技术业务水平。从20世纪末开始，国际上关于成人学习的理论研究和实践探索发生了重大变化。从理论角度而言，刺激—反应理论与一般认知学习理论形成的传统话语正在发生修正与更新；从实践角度而言，原本聚焦于课堂学习的目光也正向成人学习者的职业生活空间和社会生活空间的学习方面扩展与延伸。这对于高等学校财务人员的业务学习途径与方法的改革有重要借鉴意义。

（3）提升财务人员的实践能力。长期以来，财务人员的继续教育培训一直沿袭的是专题讲座式的单向信息交流模式，导致学者作报告，大家听报告，概念知道不少，进修缺乏实效的现象产生。实践证明，如果不能充分调动财务人员自身的积极性，讲座培训常常是无力的。在财务工作中，有大量的知识是隐性的知识。这些知识的充实与更新，往往不只是通过学者的传授而得到的，常常是财务人员在真实的工作环境中，得到伙伴的必要帮助，形成与伙伴的有效互动，通过自主学习获得的。因此，应积极构建高等学校财务人员实践共同体，重视新的学习方式，自主学习，互动参与，实践体验，强化问题解决，实实在在地提升财务人员从事财务工作实务的基本能力。

（二）参与财务分析的素质

高等学校的财务人员要主动参与学校的财务分析，为领导的决策提供依据，为提高办学效益服务。

1. 具有分析日常收支情况的能力

分析收入和支出结构是否合理。收入分析是考察高等学校自筹经费的能力，有筹资能力才有发展潜力。支出按工作性质可分为教学、科研、行政、学生、后勤等类别，应对其经费占有比重分别进行分析。支出按科目性质可分为人员经费、日常公用、项目经费等类别，也应对其所占比重分别进行分析。

2. 具有分析专项经费支出情况的能力

主要是针对财务管理中的薄弱环节和关键问题进行单独分析，进而提出相应的改进措施和方法。例如，对日常修缮和室外工程仪器设备管理和利用率的分析等，都属此列。

3. 具有特殊情况特殊分析的能力

各高等学校的发展均有自身特点，对于新建院校，设备投入大，宣传费及人才引进费用相对较大；对于建校已久的学校，房屋及设施维修费较大，人员支出中的离退休人员的开支较大。同时要针对学校所在地区的差别进行分析，比如东部和西部的经济发展基础不同，学校经济建设的步伐和所需资金也各不相同。

4. 具有分析筹资、偿债能力的能力

在市场经济体制下，风险与收益同在，高等学校也不例外。高等学校的资金来源单一，筹资能力有限，存在举债办学的现象，很可能出现赤字预算。进行筹资能力、偿债能力分析可以评价高等学校组织收益的能力和应对风险的承受能力，以便适度举债、加快发展、防范财务风险。

（三）提高管理素质

如今高等学校的财务工作已由核算型向管理型转变，从单一学科型向多学科综合型转变，办学资金的筹集逐步由以国家财政拨款为主，变成多渠道、多方式、多途径筹集资金的新格局，这对高等学校财务管理工作提出了更高的要求，如何树立管理理念、合理运筹资金已经成为每个财务人员所面临的问题。

1. 加强对预算的考核和总结

预算制定出来以后，预算的执行者应当对预算进行管理，促进预算的实施。实施过程中，总体上应按预算严格进行控制。要对预算进行定期检查，当预算指标与所要做的工作产生矛盾或情况发生重大变化时，应根据当时的实际情况作必要修订和调整，以达到预期的目的。对预算的严格考核可以帮助我们将预算指标值与预算的实际执行结果进行比较分析，肯定成绩，找出问题，改进工作。特别是通过比较，找出预算的偏差所在，以制定更符合实际、更为科学的预算。同时，通过考核，奖优罚劣，还可以调动教职工的积极性，增强责任感，激励其共同努力，确保学校总体目标的实现。

2. 资金筹集和运用的管理

在高等学校财务管理中，资金的筹集和运用是很重要的工作，稍有不慎，就会给学校造成财务窘境或资金损失。一方面学校因扩大办学规模，资金不足需向外部筹措资金时，在筹措资金方式的选择上应谨慎行事，并根据学校发展规划，充分考虑学校的偿还能力，确定筹资方案，既要防止筹资不足而影响学校发展的进程，又要防止盲目增大筹资规模导致学校无法偿还，不堪重负，举步维艰，没有发展后劲。另一方面，学校可以将暂时不用的设备、资产对外进行合作，既方便学生实习又能获取经济效益。

（四）提高财务人员的综合协调能力

要适应新形势下高等学校建设与发展的需要，财会人员不仅要有做好传统意义上规范收支、借贷平衡等专业工作的能力，还应努力提升综合协调能力。人际关系是人们在共同的活动中彼此为了满足各种需要而建立起来的相互间的心理关系，主要表现为心理距离的远近、个体对他人的心理倾向和行为表现等。财务人员有时人际关系紧张。在财务管理信息不对称的情形下，一些教职员工、学生甚至干部对财务制度的认识不全面甚至有误解是难免的，这是十分正常的现象。财务人员在各类业务活动中，首先要注意语态，正确地表达自己的意思，正确地传递财务信息。当面对来自师生的意见和批评时，要认真倾听，仔细分析，耐心解释，真心帮助，通过真诚的态度和扎实的工作来求得理解和谅解，通过对师生员工的尊重来营造和谐的财务工作氛围。高等学校财务工作涉及面宽，综合性强，需要具有较强的指导职能并善于综合协调。财务人员不仅要做好本职财务工作，还要以服务精神正确处理好与学校内各职能处室的关系，积极参与协调校外各相关部门的关系，创造良好的内外环境。

（五）提升财务人员运用现代技术手段的能力

随着现代信息技术的发展，高等学校财务全面实现计算机软件操作，现代财务软件已经越来越普遍地得到使用，涉及账务核算、固定资产、学生缴费、教师课酬、工资、预算管理、报表等，这就相应地要求财务人员具备一定的计算机操作基础以及对所使用的财务软件有全面的了解，熟悉各系统的操作。通过网络平台，及时地获取信息，有利于做出合理的会计估计和适当的会计决策，为会计管理提供强有力的支撑。网络在当今社会已经成了快速获取信息不可或缺的东西，它开阔了财务人员的思维，建立了交流的平台，提供了学习先进管理方法的快速通道，加快了数据信息的传递，使人们可以方便快捷地获取信息。财务人员要积极加强信息网络方面的知识学习和培训。

网络时代的财会人员除了必须懂得一些常规的计算机操作知识如录入、查询、打印之外，还应结合财会岗位工作特点，进行有关财务软件的简单维护。如目前常用的办公软件 Word、Excel 等的使用方法。另外，在互联网的使用方面，应掌握其常规使用方法，如电子邮件的收发，常用网址中相关信息的搜寻和检索，专业网页的设计与维护，相关文献的上传、下载等。对于负责网络管理的财务人员来说，至少应学会一门编程语言并掌握其设计方法，同时还应该掌握 VisualFoxpro、SQLServer 等的用法。

二、表现在预算的执行力方面

高等学校预算执行力是指高等学校各级预算管理部门不折不扣地实施预算以取得预期效果的能力。包括：预算决策机构执行力、预算组织机构的执行力、管理人员的执行力。

设立预算组织体系是实施全面预算管理的首要问题，预算组织体系是预算机制运行的基础环境，由预算决策机构，预算组织机构和预算执行机构三个部分组成。

（一）评价预算执行体制是否行之有效

评价预算在高等学校是否得到了学校各级领导的支持，尤其是学校党委的重视，体制运行是否科学合理。

1. 预算决策机构

（1）预算与投资管理委员会的人员构成

预算决策机构是高等学校的预算与投资管理委员会。该委员会是学校党委领导下，涉及学校预算事项的最高权力机构，是全面预算管理组织体系中的核心领导机构。预算与投资管理委员会负责学校全面预算管理工作的组织、领导，协调并解决预算管理中出现的重大问题。高等学校的预算与投资管理委员会成员应包括：校长、党委书记、总会计师（或分管财务的副校长）、财务处长。

（2）预算与投资管理委员会的主要职责

预算与投资管理委员会是学校预算的决策机构，主要职责包括：确定学校预算管理体系和制定预算管理制度等相关文件；根据学校中长期战略目标和战略规划确定预算的总目标、总方针和总体运行要求；召开年度预算会议，综合平衡、汇总公司年度财务预算方案；审议公司年度财务预算调整方案；研究、解决预算管理中出现的重大问题等。

2. 预算组织机构

高等学校预算管理办公室是预算管理的日常办事机构，应配备专职预算管理人员，负责预算的编制、执行和考核的全过程，对各部门提供的预算草案进行必要的初步审查、协调与综合平衡，避免出现部门满意但对学校整体来说不是最优的结果。同时，组织培训，指导各部门预算工作的开展，配合学校整体考核工作的进行。

3. 预算管理人员

高等学校应提高预算管理人员执行预算的能力，无论预算机制多么完备、预算指标多么准确无误，归根结底需要预算管理人员来完成。预算管理人员是学校预算执行的基础，只有预算管理人员的预算执行能力得到了提升，才能够增强整个学校的预算执行力。

（二）评价预算指标是否科学合理

学校应在认真的调查研究和科学预测的基础上，根据高等学校的特点，制度科学合理的预算指标，做到先进合理，符合实际，便于执行。预算目标应反映和体现学校的管理理念，是学校发展战略在预算中的具体体现。科学合理的预算目标有利于预算管理工作的顺利推进，有利于日常教学管理的有序和协调，反之，不符合实际的目标会使预算管理效率与效益大打折扣，使学校日常管理工作处于无序的境地。

（三）预算编制方法和程序

学校在实践中还应不断地探索更科学、有效的预算编制方法，以提高所编制预算的准确性。预算的编制程序可采用自上而下或自下而上或两者结合的方式进行，预算方案应分级编制，逐级汇总。预算编制过程实质上是个讨价还价的过程，需要各二级单位的协调和配合。在确定了预算的编制方法后，预算目标的确定及分解就成了预算编制过程中的焦点和难点问题。

（四）加强对预算执行过程的监控、分析和调整

（1）预算监控就是在预算执行过程中对预算执行情况进行日常的监督和控制，它是预算目标实现的必要保证，对预算的监控应当保证预算管理系统中数据的真实和完整。各二级单位要以预算为

依据进行控制，按基本预算进行分解，并建立责任落实制度，包括事前申请、事中控制和事后审批。

（2）预算执行过程中应当进行全程的监控，对于异常现象，尤其是接近或突破预算的项目，必须能够有效监控。

（3）要严格控制预算外项目支出，且预算项目间不得随意挪用，预算项目之间的调整要履行相应的程序。

（4）对预算的执行情况进行全面分析，其目的是找出各项业务与预算之间发生差距的原因，提出改进管理的措施和建议，适时控制预算的执行，确保预算目标的完成。对于预算执行中发现的重大问题，要及时提交预算管理决策机构决策。预算分析实际上是一种对历史资料的事后分析。

（5）财务处应当对预算差异进行追踪并出具差异分析报告，明确差异解决方法并及时了解差异解决情况。对预算调整应严格履行相关程序，预算的调整权属于预算与投资管理委员会和学校党委。因此，必须履行规定的预算审批程序。

（五）建立公正的预算考评制度

在全面预算管理循环中，考评处于承上启下的关键环节。如果没有以预算为基础的考核，预算就会流于形式，失去控制力。反之，如果考核没有预算做基础，考核就是无米之炊，既无说服力也无效果。应通过预算执行结果的考核与评价，正确考核与评价经营者及其所在单位员工的工作成果，以发挥预算的激励与约束作用。

根据目标激励和分级考核的原则，学校应设立定性指标与定量指标相结合、财务指标与非财务指标相结合的考核指标体系，如：对收入完成、费用节省、预算编制错误、预算调整次数等进行系统全面的考核，并作为考核体系的重要组成部分，纳入年度考核。

预算的考评应遵循可控性原则和公开、公平、公正原则，在考评中，要坚持动态考评和综合考评相结合的原则。动态考评是半年进行的，对于预算的实际执行结果和预算指标之间的差异应及时确认和处理。差异确认和处理越及时，对于预算执行行为的调控越主动，也就越有利于保证预算目标的实现。预算的考评应做到考核全面准确，评价公正合理。

（六）加强预算管理的信息化建设

预算管理涉及高等学校各项活动的全过程、全方位，必须实行动态管理，且需要大量及时的信息支持。由于数据资料的庞大且繁杂，需要计算机的辅助，必须充分运用网络技术，建立高效率的信息反馈机制。仅在各职能部门使用计算机来加工和处理信息而不实现信息资源的共享是不行的，应实行计算机的网络化，利用网络技术构建预算管理的信息平台，把各个子系统集成为一体化的系统，只有这样，信息才能及时、全面地取得。因此学校应重视预算管理的信息化建设，注重培养这方面的人才，同时应开发或购买适用的预算管理软件，加快预算信息的反馈速度，节省预算信息在各单位之间传递的时间，确保预算的编制、监控、分析和考评等环节的时效性，从而提升预算的执行力。

三、表现在对高等学校经济指标优劣的反映方面

（一）高等学校经济指标的优劣，是财务工作质量保证体系优劣的体现

财力指标优，则体现质量保证体系优。如果经费总收入增长率、自筹资金率、教学科研经费增长率、公用经费占事业经费比重、人员经费占事业经费比重、教学经费占事业经费比重、生均事业支出、生均公用经费、基建经费支出占全年支出比重、生均水电费支出等指标较优，说明质量保证体系发挥的效果好，财力资源使用中管理到位、制度健全、运行规范，实现了预期目标。反之，则说明质量保证体系发挥的效果差，财力资源使用中管理不到位、制度不健全、运行不规范，没有实现预期的目标，需要改进。

（二）具体的质量保证体系评价指标

1. 财务综合实力

财务综合实力是指高等学校通过建立健全财务工作质量保证体系，加强财务管理，取得的成效的体现。它表现为从政府拨款及自筹经费等渠道获得经费的能力。它一方面反映了学校为加强财务工作力度，努力争取经费的能力；另一方面也反映了学校办学的活力和发展潜力。财务综合实力指标体现为学校总经费收入、国家及地

方拨款总额、年末资产总额等指标。

2. 财务运行绩效

财务运行绩效是指高等学校在健全的财务工作质量保证体系下，其财务运行的效果和效率。它包括以下指标：

（1）事业发展效率指标：具体包括在校学生数、师生比、教职工与学生比等指标。

（2）自筹经费的能力指标：具体包括学校自筹经费、学校自筹资金占总收入的状况、学校自筹经费年增长率等指标。

（3）科研成果评价指标：主要包括教师人均科研经费、科研活动收入年增长率、科研及科技服务收入占总收入的比重、人均对外服务收入等指标。

3. 财务发展潜力

财务发展潜力体现了高等学校在健全的财务工作质量保证体系下多渠道、多领域、多元化的筹资能力。高等学校财务发展潜力，是全面考核和评价高等学校财务工作质量保证体系建设的重要内容。

参 考 文 献

[1] 李丹. 中国高校财务制度研究. 长春: 吉林大学, 2012.

[2] 赵娜. 我国国有高校资产管理问题及对策研究. 长春: 吉林大学, 2011.

[3] 郑义. 高校财务管理制度的缺陷与对策研究. 济南: 山东师范大学, 2010.

[4] 李万强. 高等院校财务管理体制优化研究. 西安: 西北农林科技大学, 2008.

[5] 冯建. 企业财务制度论. 北京: 清华大学出版社, 2005.

[6] 叶通贤. 高等学校贷款风险的控制与化解研究. 重庆: 西南大学, 2010.

[7] 欧阳珍. 高等学校后勤财务制度设计. 淮北煤炭师范学院(哲学社会科学版), 2006, (6).

[8] 柳延峥, 段春明. 财务与会计制度设计——理论与实务. 大连: 东北财经大学出版社, 2008.

[9] 张爱民. 财务制度设计. 大连: 东北财经大学出版社, 2000.

[10] 成兵. 财务管理理论与实务. 北京: 北京大学出版社, 2012.

[11] 金云美. 高校财务管理与控制. 北京: 中国经济出版社, 2012.

[12] 李露萍. 高等学校财务风险分析及防范. 沈阳农业大学学报(社会科学版), 2007 (10).

[13] 耿喜华, 刘士祥. 高等学校财务管理评价指标体系设计及其应用. 教育财会研究, 2005 (2).

[14] 谭华林. 高等学校财务管理中存在的问题及对策. 西华师范

404

大学学报（哲学社会科学版），2006（3）.

［15］财政部教科文司，教育部财务司. 教育财务管理手册. 北京：中国财政经济出版社，2005.

［16］宋淑鸿. 对高等学校预算管理体系改革的探讨. 青岛职业技术学院学报，2005（12）.

［17］杨顺利. 试论建立高等学校财务管理经济责任制. 咸阳师范学院学报，2009（7）.

［18］王同孝，金发起，李爱国. 论高校零基预算与绩效预算的有机结合. 财会通讯，2007（11）.

［19］寇铁军，彭建. 我国预算监督机制改革问题研究. 财政监督，2006（6）.

［20］陈少婷. 论高校预算管理的观念创新. 中山大学学报论丛，2007（1）.